KB174138

훈민정음 연구

저자 김광수(金光洙, JING UANG ZHU)

1989년 연변대학 졸업
1994년 연변대학 조선언어문학학과 문학석사
2001년 ≪조선어 계칭의 역사적 고찰≫로 문학박사
2003년-2004년 한국 과학기술원(KAIST) 박사후 과정
현재 연변대학 조선-한국학학원 교수, 박사생 지도교사, 중국조선언어문자 정보화기지 주임, 중국조선어학회 이사장
≪남북한 전문용어 비교연구≫(2004), ≪해방 전 중국에서의 조선어 변화, 발전 연구≫(2009), ≪중,조,한,일,영 생물학용어사전≫(2012), ≪중국조선어 발전력사 연구≫(2015) 등 저서와 <≪논어언해≫에 반영된 16세기 조선어 형태 연구> 등 논문 발표

훈민정음 연구

초판 1쇄 인쇄 2017년 9월 1일
초판 1쇄 발행 2017년 9월 8일

저 자 김광수
펴낸이 이대현
편 집 권분옥
디자인 홍성권

펴낸곳 도서출판 역락
주소 서울시 서초구 동광로 46길 6-6 문창빌딩 2층
전화 02-3409-2058, 2060
팩스 02-3409-2059
등록 1999년 4월 19일 제303-2002-000014호
이메일 youkrack@hanmail.net
역락블로그 http://blog.naver.com/youkrack3888

ISBN 979-11-5686-932-0 93710

* 책값은 표지에 있습니다.
* 파본은 구입처에서 교환해 드립니다.

이 도서의 국립중앙도서관 출판예정도서목록(CIP)은 서지정보유통지원시스템 홈페이지(http://seoji.nl.go.kr)와 국가자료공동목록시스템(http://www.nl.go.kr/kolisnet)에서 이용하실 수 있습니다.(CIP제어번호: CIP2017022535)

훈민정음 연구

김 광 수

역락

중국에서의 ≪훈민정음≫ 연구는 해방 후부터 진행하여 왔는바 해방 전에는 주로 우리말에 대한 정확한 사용과 보급을 위한 조선반도에서의 연구의 계속이고 자연발생적인 조선어에 대한 연구라고 말할 수 있다. 이 시기 일제침략 하에 조선어는 전에 없었던 박해를 받으면서 어려운 길을 걸었으나 중국으로 이주한 조선인들도 조선반도에 있는 조선인들과 함께 시종 견인분발의 정신으로 자기의 민족 언어를 유지하고 발전시키기 위한 노력이었다.

해방후부터는 중국에서는 조선어문 교육기관을 설립하고 조선어 연구기관과 연구단체가 있는 상황에서 우리말에 대한 연구도 진행하였다. 그러나 중국의 당시 사회, 경제, 역사, 정치적 원인으로 조선어에 대한 연구에서도 애로가 적지 않았다. 이 글은 훈민정음 연구사 정리 작업의 하나로서 중국에서의 훈민정음에 관한 연구 성과를 정리하고, 이를 바탕으로 앞으로의 중국에서의 훈민정음 연구방법과 방향을 모색하기 위한 데 있다.

중국에서의 훈민정음에 대한 연구는 1950년 초 연변대학에서 교편을 잡은 오봉협 선생이 처음으로 ≪훈민정음≫에 대한 학술적 가치가 높은 장편 연구 논문 <한글하도기원설>의 발표로부터 시작되었는바 이 논문은 ≪교육통신잡지≫ 2기로부터 6기까지 연재되었다. 저자는 1947년 최현배의 ≪한글갈≫을 처음 보고 거기에 주장된 한글의 여러 기원설과 최현배 선생님의 주장이 미흡한 점을 간파하고 해례 원문에서 풀기 어려운 문제들을 찾고 그에 근거하여 새로운 시도를 하기 시작하였다고 한다. 저자는 모두 16개 부분에 나누어 정린지의 상형기원설을 근본적으로 시인하는 동시에 그의 해례에 근거하여 역학의 근본원천으로 보는 하도(河圖)에 의해 한글이 만들어졌다는 새로운 하도기원설을 주장하였다.

중국에서의 훈민정음에 대한 연구는 해방초기 개별 학자들의 연구로부터 시작하여 오늘날 21세기에 이르기까지 방대한 연구 성과는 이루지 못했지만 연구사를 설정할 수 있을 만큼 업적이 축적되었다고 할 수 있다.

저자는 본 연구에서 중국에서의 훈민정음에 관한 연구 성과 단행본을 학자별 또는 시대별로 주요 내용을 정리하고, 또한 선행 연구에서 다루어진 내용들을 주제별로 나누어 관련된 연구 성과에 대해 종합해 본다.

2017년 3월 21일 연길에서

차례

제1부
훈민정음 창제 및 판본 번역

1.1. 훈민정음의 창제

1.1.1. 훈민정음창제의 사회역사적 배경

이씨조선이 고려왕조를 대체한 이후 조선의 사회생산력은 상대적으로 일정한 발전을 가져오게 되었으며 이에 따라 봉건문화도 더 크게 발전하였다. 이러한 역사적 조건은 문서의 내왕과 사람들 상호 간의 교제에 더욱 높은 요구를 제기하게 되었다. 그러나 당시 조건 하에서 사용한 한문이거나 이찰은 이러한 새 정세의 근본적인 요구를 만족시킬 수 없었다.

이런 서사체계는 한자를 알아야 하며 아울러 한자 자체는 조선어를 그대로 나타낼 수가 없었다. 이두는 조선어를 표기하는 방법이기는 하나 그것은 또 허다한 제한성을 가지고 있었다. 하여 한자와 한문의 모순, 입말과 글말의 모순은 더욱더 돌출해지게 되었다.

새 국가를 이룩한 후 15세기에 넘어서서 단일민족국가의 공통어로서의 조선어는 그 규범성을 높이지 않으면 안 되었다. 더욱 높아진 민족어의식은 봉건적 중앙집권의 진 일보적 집중 속에서 한문과 이두라는 이러한 제한된 서사형식을 뛰어넘을 수는 없었지만 감히 민족문자의 창제를 시도할 수는 있게 되었다.

이것은 훈민정음을 창제하게 되는 역사적인 필연성으로 된다. 당시 광범한 인민대중은 우리말에 알맞은 배우기 쉽고 쓰기 쉬운 자기의 문자에 대한 욕망이 아주 강렬하였다. 이두는 그 자체가 불 완정한 것이면서도 오직 봉건통치자들 사이에서만 쓰이었을 뿐 인민대중은 배우기도 어려웠고 또 배울 수도 없었다.

이와 반면에 문자생활을 독점하다 시피 한 통치계급도 한문을 올바르게 이해하고 이두가 조선어에 더욱 적응하게 하려면 조선말 음운에 대해 더욱 정확히 알아야 한다는 것을 날로 느끼고 있었으며 날로 빈번해지는 교린관계에서 일본, 여진, 몽골 그리고 인도 등 나라의 언어와 접촉하는 가운데 자기 문자에 대한 필요성을 더한층 느끼고 또한 그들의 문자에 대해서도 연구하게 되었다.

정치적으로 볼 때에도 통치계급들이 중앙집권의 봉건국가로서의 자기들의 통치를 강화하고 자기들의 의지를 백성들에게 강요하기 위하여서는 알기 쉬운 자기 문자가 있어야 된다는 것도 느꼈던 것이다. 이러한 사정도 표음문자창제의 동기로 되었다.

≪훈민정음≫ 첫머리의 어제문과 정린지의 서문이 이를 똑똑히 말해주고 있다.

○ 國之語言, 異乎中國, 與文字不相流通, 故愚民有所欲言, 而終不得伸其情者多矣, 予爲此憫然, 新制二十八字, 欲使人易習, 便於日用而.(≪훈민정음≫)

○ 假中國之字, 以通其用, 是猶枘鑿之鉏鋙也. 豈能達而無礙乎.要皆各隨所處而安, 不可强之使同也. 吾東方禮樂文章, 侔擬華夏, 但方言俚語, 不與之同學書者欲其旨趣之難曉. 治獄者痛其曲折之難通. 昔新羅薛聰始作吏頭, 宮府民間. 至

今行之, 然皆假字而用, 或澁酷窒, 非但鄙陋無稽而已. 至於言語之間, 則不能達
其萬一焉.(≪훈민정음해례≫)

　(중국의 한자를 배워서 사용하는 것은 둥근데 모난 것을 끼움과 같아 이
가 맞지 않는다. 어찌 능히 다 통하여 막힘이 없으랴? 요컨대 그 처한 바를
따라 편의케 할 것이지 억지로 같게 할 수 없다. 우리 동방의 예악문장이
중국과 대등하지만 말이 다르다. 글을 배우는 사람들이 뜻을 깨닫기 어렵고
옥사를 다스리는 사람이 에두르는 것을 알기 어려워한다. 옛날 신라의 설총
이 이두를 만들어 지금까지 관부와 민간에서 써오지만 한자를 빌려 쓰기에
격격하고 막히어 비루하고 무계할 뿐 말에 이르러서는 만분의 일도 통하지
않는다.)

　이렇게 15세기 조선의 언어현실은 새 문자창제의 조건들을 마련해주었
다. 이두가 제한성을 갖고 있었지만 그것이 또한 문자창제의 내재적 인소
로 되어 표음문자의 관념을 지어주었고 명나라초기의 음운학연구의 영향
그리고 교린관계에 있는 나라들의 표음문자와의 접촉 등은 새 문자의 창
제가능성을 촉진시켰다.

　이러한 역사적 배경에 의해 드디어 조선 문자가 세상에 태어나게 되
었다.

1.1.2. 훈민정음창제

　조선 문자는 15세기에 이르러서야 비로소 창제되었다. 문자가 언제 완
성되었는가 하는 데에 대하여서는 대체로 ≪훈민정음해례(訓民正音解例)≫
의 정린지의 서문과 ≪세종실록(世宗實錄)≫의 기록이 일치되는 점으로 보
아 세종 25년 12월에 그 예의(例義)가 공포된 것으로 알 수 있다.

　정린지의 서문에는 "계해년 겨울 우리 전하께서 정음 28자를 만드시고
간략하게 예의를 들어보시고 이름을 훈민정음이라고 하셨다.(癸亥冬, 我殿下

創制正音二十八, 略揭例義以示之, 名曰訓民正音)"고 썼으며, ≪세종실록≫ 권 102, 세종 25년 계해 12월조에는 "이달에 임금께서 몸소 언문 28자를 만드셨는데 글자가 비록 간단하고도 요긴하나 전환이 무궁한데 이를 훈민정음이라고 이른다.(是月上親制諺文二十八, 字雖簡要, 轉換無窮, 是謂訓民正音)"고 썼다. 이를 방증할 수 있는 사실로서 훈민정음이 완성되자 그 이듬해인 세종 26년 2월 16일에 집현전학사 최항 등에게 운회(韻會)를 언해(諺解)시킨 것과 또 그해 2월 20일에 최만리 등이 갑자반대상소문을 올린 것과 같은 것이 있다.

조선어 고유문자 ≪훈민정음(訓民正音)≫은 세종 25년 12월에 즉 1443년 12월(癸亥年)에 창제되었다. 이를 양력으로 계산하면 1444년 1월인 것이다. 훈민정음이 창제된 후 세종은 집현전학사들인 정린지, 최항, 박팽년, 신숙주, 성삼문, 강희안, 이개, 이선로에게 새 글자에 대하여 자세히 해석하여 여러 사람들을 가르치라고 명하였다. 이들은 모든 해(解)와 예(例)를 지어서 글자의 경개를 서술하여 보는 사람으로 하여금 스승이 없어도 깨칠 수 있도록 ≪훈민정음해례(訓民正音解例)≫를 지어 세종 28년 9월에 세상에 공포하였다.

훈민정음의 창제과정에 대하여서는 문헌적 기록이 없어 자세히 알 수는 없다. 다만 세종 24년 3월에 세종이 ≪용비어천가≫를 지으려고 전지(傳旨)를 내렸다는 사실과 연관시켜 미루어보면 세종 24년 3월 이전에 훈민정음의 창제는 착수되었으리라고 추측할 따름이다.

1.1.3. ≪훈민정음≫의 판본

≪훈민정음≫과 관련되어 "실록본", "언해본", "해례본" 등 몇 개 문헌들이 전해지고 있다.

"해례본(解例本)"은 ≪훈민정음≫의 원본이다. 문자로서의 훈민정음은 1443년 12월에 창제되었지만 저서로서의 ≪훈민정음≫은 1446년에 이루어졌는데 그것이 곧 ≪훈민정음해례(訓民正音解例)≫이다. "해례본"에는 우선 원문이 있고 그다음 해례가 있으며 마지막에 서문이 있다. 첫 부분은 세종이 쓴 원문인 예의이고 둘째 부분의 해례는 최항 등 8명에 의해 씌어졌는데 "제자해", "초성해", "중성해", "종성해", "합자해", "용자례"의 순서로 6개 부분으로 구성되었으며 세 번째 부분의 서문은 정린지가 쓴 것이다.

이 책이 세상에 나온 지 500년이 되도록 세상에 알려지지 못했다. 그러다가 경상북도 안동군 와룡면(安東郡臥龍面)의 이한걸의 집에서 발견되었다. 일찍 그의 선조께서 여진 징벌에 공이 있어 세종으로부터 이 책을 상을 받아 가보(家寶)로 남겨오다가 연산군의 언문금란(諺文禁亂)시기 부득불 첫머리 두 장(겉장과 첫 장)을 뜯어버리고 돌돌 말아서 비장(秘藏)해서 보존한 것이라고도 한다.

"언해본(諺解本)"은 한문으로 씌어진 원문인 ≪훈민정음해례(訓民正音解例)≫의 세종이 쓴 "예의" 부분을 조선말로 언해한 것이다. 보통 ≪훈민정음언해(訓民正音諺解)≫라고 한다.

"실록본(實錄本)"은 일명 "예의본(例義本)"이라고도 하는데 이는 ≪이조실록(李朝實錄)≫에 기록되어있는 것으로서 그 내용은 "해례본(解例本)"의 원문과 꼭 같다.

1.2. ≪훈민정음해례(訓民正音解例)≫

1.2.1. 訓民正音例義

國之語音, 異乎中國, 與文字不相流通, 故愚民, 有所欲言, 而終不得伸其情者, 多矣, 予爲此憫然, 新制二十八字, 欲使人人易習, 便於日用耳.

ㄱ 牙音 如君字初發聲

並書, 如虯字初發聲

ㅋ 牙音 如快字初發聲

ㆁ 牙音 如業字初發聲

ㄷ 舌音 如斗字初發聲

並書, 如覃字初發聲

ㅌ 舌音 如吞字初發聲

ㄴ 舌音 如那字初發聲

ㅂ 脣音 如彆字初發聲

並書, 如步字初發聲

ㅍ 脣音 如漂字初發聲

ㅁ 脣音 如彌字初發聲

ㅈ 齒音 如卽字初發聲

並書, 如慈字初發聲

ㅊ 齒音 如侵字初發聲

ㅅ 齒音 如戌字初發聲

並書, 如邪字初發聲

ㆆ 喉音 如挹字初發聲

ㅎ 喉音 如虛字初發聲

並書, 如洪字初發聲

ㅇ 喉音 如欲字初發聲

ㄹ 半舌音 如閭字初發聲

ㅿ 半齒音 如穰字初發聲

· 如吞字中聲

ㅡ 如卽字中聲

ㅣ 如侵字中聲

ㅗ 如洪字中聲

ㅏ 如覃字中聲

ㅜ 如君字中聲

ㅓ 如業字中聲

ㅛ 如欲字中聲

ㅑ 如穰字中聲

ㅠ 如戌字中聲

ㅕ 如彆字中聲

終聲復用初聲, ㅇ連書脣音之下則爲脣輕音, 初聲合用則並書終聲同 ・ 一
ㅗ ㅜ ㅛ ㅠ 附書初聲之下 ㅣ ㅏ ㅓ ㅑ ㅕ 附書於右凡字必合而成音左加一
點則去聲, 二則上聲無則平聲, 入聲加點同而促急.

1.2.2. 訓民正音解例

[制字解]

天地之道, 一陰陽五行而已. 坤復之間爲太極, 而動靜之後爲陰陽. 凡有生類在
天地之間者, 捨陰陽而何之. 故人之聲音, 皆有陰陽之理, 顧人不察耳. 今正音之
作, 初非智營而力索, 但因其聲音而極其理而已. 理旣不二, 則何得不與天地鬼神
同其用也. 正音二十八字, 各象其形而制之. 初聲凡十七字. 牙音ㄱ, 象舌根閉喉
之形., 舌音ㄴ, 象舌附上齶之形. 脣音ㅁ, 象口形齒音ㅅ, 象齒形. 喉音ㅇ, 象喉
形. ㅋ比ㄱ, 聲出稍厲, 故加劃. ㄴ而ㄷ, ㄷ而ㅌ, ㅁ而ㅂ, ㅂ 而ㅍ, ㅅ而ㅈ, ㅈ
而ㅊ, ㅇ而ㆆ, ㆆ而ㅎ, 其因聲加劃之義皆同, 而唯ㆁ爲異. 半舌音ㄹ, 半齒音ㅿ,
亦象舌齒之形而異其體, 無加畫之義焉. 夫人之有聲, 本於五行. 故合諸四時而不
悖, 叶之五音而不戾. 喉邃而潤, 水也. 聲虛而通. 如水之虛明而流通也. 於時爲
冬, 於音爲羽. 牙錯而長, 木也. 聲似喉而實, 如木之生於水而有形也. 於時爲春,
於音爲角. 舌銳而動, 火也. 聲轉而颺, 如火之轉展而揚揚也. 於時爲夏, 於音爲
徵. 齒剛而斷, 金也. 聲屑而滯, 如金之屑口而鍛成也. 於時爲秋, 於音爲商. 脣方
而合, 土也. 聲含而廣, 如土之含蓄萬物而廣大也. 於時爲季夏, 於音爲宮. 然水
乃生物之源, 火乃成物之用, 故五行之中. 水火爲大. 喉乃出聲之門, 舌乃辨聲之
管, 故五音之中, 喉舌爲主也. 喉居後而牙次之, 北東之位也. 舌齒又次之, 南西
之位也. 脣居末, 土無定位而寄旺四季之義也. 是則初聲之中, 自有陰陽五行方位
之數也. 又以聲音淸濁而言之. ㄱㄷㅂㅈㅅㆆ, 爲全淸. ㅋㅌㅍㅊㅎ, 爲
次淸. ㄲㄸㅃㅉㅆㆅ, 爲全濁. ㆁㄴㅁㅇㄹㅿ, 爲不淸不濁. ㄴㅁㅇ,

其聲最不厲, 故次序雖在於後, 而象形制字則爲之始, ㅅ ㅈ雖皆爲全淸, 而ㅅ比ㅈ, 聲不厲, 故亦爲制字之始. 唯牙之, ㆁ雖舌根閉喉聲氣出鼻, 而其聲與 ㅇ相似, 故韻書疑與喩多相混用, 今亦取象於喉, 而不爲牙音制字之始. 盖喉屬水而牙屬木, ㆁ雖在牙而與ㅇ相似, 猶木之萌芽生於水而柔軟, 尙多水氣也. ㄱ木之成質, ㅋ木之盛長, ㄲ木之老壯, 故至此乃皆取象於牙也. 全淸並書則爲全濁, 以其全淸之聲凝則爲全濁也. 唯喉音次淸爲全濁者, 盖以ㆆ聲深不爲之凝, ㅎ比ㆆ聲淺, 故凝而爲全濁也. ㅇ連書脣音之下, 則爲脣輕音者, 以輕音脣乍合而喉聲多也. 中聲凡十一字, ㆍ舌縮而聲深, 天開於子也. 形之圓, 象乎天地. ㅡ 舌小縮而聲不深不淺, 地闢於丑也. 形之平, 象乎地也. ㅣ舌不縮而聲淺, 人生於寅也. 形之立, 象乎人也. 此下八聲, 一闔一闢. ㅗ與ㆍ同而口蹙, 其形則ㆍ與ㅡ合而成, 取天地初交之義也. ㅏ與ㆍ同而口張, 其形則ㅣ與ㆍ合而成, 取天地之用發於事物待人而成也. ㅜ與ㅡ同而口蹙, 其形則ㅡ與ㆍ合而成, 亦取天地初交之義也. ㅓ與ㅡ同而口張, 其形則ㆍ與ㅣ合而成, 亦取天地之用發於事物待人而成也. ㅛ與ㅗ同而起於ㅣ, ㅑ與ㅏ同而起於ㅣ, ㅠ與ㅜ同而起於ㅣ, ㅕ與ㅓ同而起於ㅣ, ㅗ ㅏ ㅜ ㅓ始於天地, 爲初出也. ㅛ ㅑ ㅠ ㅕ起於ㅣ, 而兼乎人, 爲再出也. ㅗ ㅏ ㅜ ㅓ之一其圓者, 取其初生之義也. ㅛ ㅑ ㅠ ㅕ之二其圓者, 取其再生之義也. ㅗ ㅏ ㅛ ㅑ 之圓居上與外者, 以其出於天而爲陽也. ㅜ ㅓ ㅠ ㅕ之圓居下與內者, 以其出於地而爲陰也. ㆍ之貫於八聲者, 猶陽之統陰而周流萬物也. ㅛ ㅑ ㅠ ㅕ之皆兼乎人者, 以人爲萬物之靈而能參兩儀也. 取象於天地人而三才之道備矣. 然三才爲萬物之先, 而天又爲三才之始, 猶ㆍ ㅡ ㅣ三字爲八聲之首, 而ㆍ又爲三字之冠也. ㅗ初生於天, 天一生水之位也. ㅏ次之, 天三生木之位也. ㅜ初生於地, 地二生火之位也. ㅓ次之, 地四生金之位也. ㅛ再生於天, 天七成火之數也. ㅑ次之, 天九成金之數也. ㅠ再生於地, 地六成水之數也. ㅕ次之, 地八成木之數也. 水火未離乎氣, 陰陽交合之初故闔, 木金陰陽之定質 故闢. ㆍ天五生土之位也. ㅡ地十成土之數也. ㅣ獨無位數者, 盖以人則無極之眞, 二五之精, 妙合而凝, 固未可以定位成數論也. 是則中聲之中, 亦自有陰陽五行方位之數也. 以

初聲對中聲而言之. 陰陽, 天道也. 剛柔, 地道也. 中聲者, 一深一淺一闔一闢, 是
則陰陽分而五行之氣具焉, 天之用也. 初聲者, 或虛或實或颺或滯或重若輕, 是則
剛柔著而五行之質成焉, 地之功也. 中聲以深淺闔闢唱之於前, 初聲以五音淸濁和
之於後, 而爲初亦爲終. 亦可見萬物初生於地, 復歸於地也. 以初中終合成之字言
之, 亦有動靜互根陰陽交變之義焉. 動者, 天也. 靜者, 地也. 兼乎動靜者, 人也.
盖五行在天則神之運也, 在地則質之成也, 在人則仁禮信義智神之運也, 肝心脾肺
腎質之成也. 初聲有發動之義, 天之事也. 終聲有止定之義, 地之事也. 中聲承初
之生, 接終之成, 人之事也. 盖字韻之要, 在於中聲, 初終合而成音. 亦猶天地生
成萬物, 而其財成輔相則必賴乎人也. 終聲之 復用初聲者以其動而陽者乾也, 靜
而陰者亦乾也, 乾實分陰陽而無不君宰也. 一元之氣, 周流不窮, 四時之運, 循環
無端, 故貞而復元, 冬而復春. 初聲之復爲終, 終聲之復爲初, 亦此義也. 吁 正音
作而天地萬物之理咸備, 其神矣哉, 是殆天啓聖心而假手焉者乎.

訣曰
天地之化本一氣
陰陽五行相始終
物於兩間有形聲
元本無二理數通
正音制字尙其象
因聲之厲每加畫
音出牙舌脣齒喉
是爲初聲字十七
牙取舌根閉喉形
唯業似欲取義別
舌迺象舌附上腭
脣則實是取口形
齒喉直取齒喉象

知斯五義聲自明

又有半舌半齒音

取象同而體則異

那彌戌欲聲不厲

次序雖後象形始

配諸四時與冲氣

五行五音無不協

維喉爲水冬與羽

牙迺春木其音角

徵音夏火是舌聲

齒則商秋又是金

脣於位數本無定

土而季夏爲宮音

聲音又自有淸濁

要於初發細推尋

全淸聲是君斗彆

卽戌挹亦全淸聲

若迺快呑漂侵虛

五音各一爲次淸

全濁之聲虯覃步

又有慈邪亦有洪

全淸並書爲全濁

唯洪自虛是不同

業那彌欲及閭穰

其聲不淸又不濁

欲之連書爲脣輕

喉聲多而脣乍合
中聲十一亦取象
精義未可容易觀
吞擬於天聲最深
所以圓形如彈丸
卽聲不深又不淺
其形之平象乎地
侵象人立厥聲淺
三才之道斯爲備
洪出於天尙爲闔
象取天圓合地平
覃亦出天爲已闢
發於事物就人成
用初生義一其圓
出天爲陽在上外
欲穰兼人爲再出
二圓爲形見其義
君業戌彆出於地
據例自知何湏評
吞之爲字貫八聲
維天之用徧流行
四聲兼人亦有由
人參天地爲最靈
且就三聲究至理
自有剛柔與陰陽
中是天用陰陽分

初洒地功剛柔彰

中聲唱之初聲和

天先乎地理自然

和者爲初亦爲終

物生復歸皆於坤

陰變爲陽陽變陰

一動一靜互爲根

初聲復有發生義

爲陽之動主於天

終聲比地陰之靜

字音於此止定焉

韻成要在中聲用

人能輔相天地宜

陽之爲用通於陰

至而伸則反而歸

初終雖云分兩儀

終用初聲義可知

正音之字只卄八

探賾錯綜窮深幾

指遠言近牖民易

天授何曾智巧爲

[初聲解]

正音初聲, 則韻書之字母也. 聲音由此而生, 故曰母. 如牙音君字初聲是ㄱ, ㄱ 與ㅜ而爲군. 快字初聲是ㅋ, ㅋ與ㅙ而爲·쾌. 虯字初聲是ㄲ, ㄲ與ㅠ而爲뀨. 業字初聲是ㆁ, ㆁ與ㅓ而爲업之類. 舌之斗呑覃那, 脣之彆漂步彌, 齒之卽侵慈戌

邪, 喉之挹虛洪欲, 半舌半齒之閭穰, 皆倣此.

訣曰

君快虯業其聲牙

舌聲斗呑及覃那

彆漂步彌則是脣

齒有卽侵慈戌邪

挹虛洪欲迺喉聲

閭爲半舌穰半齒

二十三字是爲母

萬聲生生皆自此

[中聲解]

中聲者, 居字韻之中, 合初終而成音. 如呑字中聲是 ·, ·居 ㅌㄴ之間而爲톤. 卽字中聲是一, 一居 ㅈㄱ之間而爲즉. 侵字中聲是ㅣ, ㅣ居ㅊㅁ之間而爲침之類. 洪覃君業欲穰戌彆, 皆倣此. 二字合用者, ㅗ與ㅏ同出於·, 故合而爲ㅘ. ㅛ與ㅑ又同出於ㅣ, 故合而爲ㆇ. ㅜ與ㅓ同出於一, 故合而爲ㅝ. ㅠ與ㅕ又同出於ㅣ, 故合而爲ㆊ. 以其同出而爲類, 故相合而不悖也. 一字中聲之與ㅣ相合者十, ㆎㅢㅚㅐㅟㅔㅚㅖㅒㅒㅖ是也. 二字中聲之與ㅣ相合者四, ㅙㅞㆅㅖ是也. ㅣ於深淺闔闢之聲, 並能相隨者, 以其舌展聲淺而便於開口也. 亦可見人之參贊開物而無所不通也.

訣曰

母字之音各有中

須就中聲尋闢闔

洪覃自呑可合用

君業出則亦可合

欲之與穰戌與彆

各有所從義可推

侵之爲用最居多

於十四聲徧相隨

[終聲解]

終聲者, 承初中而成字韻. 如卽字終聲是ㄱ, ㄱ居ᄌᆞ終而爲즉. 洪字終聲是ㆁ, ㆁ居ᅘᅩ終而爲ᄬᅩᆼ之類. 舌脣齒喉皆同. 聲有緩急之殊, 故平上去其終聲不類入聲之促急. 不淸不濁之字, 其聲不厲, 故用於終則宜於平上去. 全淸次淸全濁之字, 其聲爲厲, 故用於終則宜於入. 所以ㆁ ㄴ ㅁ ㅇ ㄹ ㅿ六字爲平上去聲之終, 而餘皆爲入聲之終也. 然ㄱ ㆁ ㄷ ㄴ ㅂ ㅁ ㅅ ㄹ八字可足用也. 如빗곶爲梨花, 엿의 갗爲狐皮, 而ㅅ字可以通用, 故只用ㅅ字. 且ㅇ聲淡而虛, 不必用於終, 而中聲可得成音也. ㄷ如볃爲彆, ㄴ如군爲君, ㅂ如업爲業, ㅁ 如땀爲覃, ㅅ如諺語 ·옷爲衣, ㄹ如諺語 :실爲絲之類. 五音之緩急, 亦各自爲對. 如牙之ㆁ與ㄱ爲對, 而ㆁ促呼則變爲ㄱ而急, ㄱ舒出則變爲ㆁ而緩, 舌之ㄴ ㄷ, 脣之ㅁ ㅂ, 齒之ㅿ ㅅ, 喉之ㅇ ㆆ, 其緩急相對, 亦猶是也. 且半舌之ㄹ, 當用於諺, 而不可用於文. 如入聲之彆字, 終聲當用ㄷ, 而俗習讀爲ㄹ, 盖ㄷ變而爲輕也. 若用ㄹ爲彆之終, 則其聲舒緩, 不爲入也.

訣曰

不淸不濁用於終

爲平上去不爲入

全淸次淸及全濁

是皆爲入聲促急

初作終聲理固然

只將八字用不窮

唯有欲聲所當處

中聲成音亦可通

若書卽字終用君

洪彆亦以業斗終

君業覃終又何如

以那彆彌次第推

六聲通乎文與諺

戌閭用於諺衣絲

五音緩急各自對

君聲迺是業之促

斗彆聲緩爲那彌

穰欲亦對戌與挹

閭宜於諺不宜文

斗輕爲閭是俗習

[合字解]

初中終三聲, 合而成字. 初聲或在中聲之上, 或在中聲之左. 如君字ㄱ在ㅜ上, 業字ㆁ在ㅕ左之類. 中聲則圓者橫者在初聲之下, ㆍ ㅡ ㅗ ㅛ ㅜ ㅠ是也. 縱 者在初聲之右, ㅣ ㅏ ㅑ ㅓ ㅕ是也. 如呑字ㆍ在ㅌ下, 卽字ㅡ在ㅈ下, 侵字ㅣ 在ㅊ右之類. 終聲在初中之下, 如君字ㄴ在구下, 業字ㅂ在어下之類. 初聲二字 三字合用並書, 如諺語ㆍ짜爲地, 짝爲雙, ㆍ뽐爲隙之類. 各自並書, 如諺語ㆍ혀 爲舌而ㆍ혀爲引, 괴ㆍ여爲我愛人而괴ㆍ여爲人愛我, 소ㆍ다爲覆物而쏘ㆍ다爲射之 之類. 中聲二字三字合用, 如諺語ㆍ과爲琴柱, ㆍ홰爲炬之類. 終聲二字三字合用, 如諺語흙爲土, ㆍ낛爲釣, 돐ㆍ뺴爲酉時之類. 其合用並書 自左而右, 初中終三聲 皆同. 文與諺雜用則有因字音而補以中終聲者, 如孔子ㅣ魯ㅅ:사름之類. 諺語平 上去入, 如활爲弓而其聲平, ·돌爲石而其聲上, ·갈爲刀而其聲去, 붇爲筆而其聲 入之類. 凡字之左, 加一點爲去聲, 二點爲上聲, 無點爲平聲. 而文之入聲, 與去 聲相似. 諺之入聲無定, 或似平聲, 如긷爲柱, 녑爲脅, 或似上聲, 如 :낟爲穀, :

깁爲繒. 或似去聲, 如 ·몯爲釘, ·입爲口之類. 其加點則與平上去同. 平聲安而和, 春也, 萬物舒泰. 上聲和而擧, 夏也, 萬物漸盛. 去聲擧而壯, 秋也, 萬物成熟. 入聲促而塞, 冬也, 萬物閉藏. 初聲之ㆆ與ㅇ相似, 於諺可以通用也. 半舌有輕重二音. 然韻書字母唯一, 且國語雖不分輕重, 皆得成音. 若欲備用, 則依脣輕例, ㅇ連書ㄹ下, 爲半舌輕音, 舌乍附上齶. ㆍㅡ起ㅣ聲, 於國語無用. 兒童之言, 邊野之語, 或有之, 當合二字而用, 如 기 긷之類. 其先縱後橫, 與他不同.

訣曰
初聲在中聲左上
挹欲於諺用相同
中聲十一附初聲
圓橫書下右書縱
欲書終聲在何處
初中聲下接着寫
初終合用各並書
中亦有合悉自左
諺之四聲何以辨
平聲則弓上則石
刀爲去而筆爲入
觀此四物他可識
音因左點四聲分
一去二上無點平
語入無定亦加點
文之入則似去聲
方言俚語萬不同
有聲無字書難通
一朝

制作侔神工

大東千古開朦矓.

[用字例]

初聲ㄱ, 如 :감爲柿, ᄀᆞᆯ爲蘆. ㅋ, 如우·케爲未春稻, 콩爲大豆. ㆁ, 如러·울爲獺, 서·에爲流澌. ㄷ, 如 ·뒤爲茅, ·담爲墻. ㅌ, 如고·티爲繭, 두텁爲蟾蜍. ㄴ, 如노로爲獐, 납爲猿. ㅂ, 如불爲臂, :벌 位蜂. ㅍ, 如 ·파爲葱, 풀爲蠅. ㅁ, 如 :뫼爲山, ·마爲薯藇. ㅸ, 如사·비爲蝦, 드·븨爲瓠. ㅈ, 如 ·자爲尺, 죠·히爲紙. ㅊ, 如 ·체爲籭, 채爲鞭. ㅅ, 如 ·손爲手, :셤爲島. ㆆ, 如 ·부헝爲鵂鶹, ·힘爲筋. ㅇ, 如 ·비육爲鷄雛, ᄇᆡ얌爲蛇. ㄹ, 如 ·무뤼爲雹, 어·름爲氷. ㅿ, 如 아ᅀᆞ爲弟, :너싀爲鴇. 中聲 ·, 如 ·ᄐᆞᆨ爲頤, ·ᄑᆞᆺ爲小豆, ᄃᆞ리爲橋, ᄀᆞ래爲楸. ㅡ, 如 ·믈爲水, ·발·측爲跟, 그력爲鴈, 드·레爲汲器. ㅣ, 如 ·깃爲巢, :밀爲蠟, ·피爲稷, ·키爲箕. ㅗ, 如·논爲水田, ·톱爲鉅, 호·미爲鉏, 벼·로爲硯. ㅏ, 如·밥爲飯, ·낟爲鎌, 이·아爲綜, 사·ᄉᆞᆷ爲鹿. ㅜ, 如숫爲炭, ·울爲籬, 누·에爲蚕, 구·리爲銅. ㅓ, 如브섭爲竈, :녈 爲板, 서·리爲霜, 버·들爲柳. ㅛ, 如 :죵爲奴, ·고욤爲梬, 쇼爲牛, 삽됴爲蒼朮菜. ㅑ, 如남샹爲龜, 약爲鼅䵷, 다야爲匜, 쟈감爲蕎麥皮. ㅠ, 如율믜爲薏苡, 쥭爲飯臿, 슈룹爲雨繖, 쥬련爲帨. ㅕ, 如·엿爲飴餹, 뎔爲佛寺, 벼爲稻, :져비爲燕. 終聲ㄱ, 如닥爲楮, 독 爲甕. ㆁ, 如 :굼벙爲蠐螬, 올챵爲蝌蚪. ㄷ, 如 ·갇爲笠, 싣爲楓. ㄴ, 如·신爲屨, ·반되爲螢. ㅂ, 如섭爲薪, ·굽爲蹄. ㅁ, 如 :범爲虎, :심爲泉. ㅅ, 如 :잣爲海松, ·못爲池. ㄹ, 如 ·ᄃᆞᆯ爲月, :별爲星之類.

1.2.3. 訓民正音序

有天地自然之聲,則必有天地自然之文.所以古人因聲制字,以通萬物之情,以載三才而後世不能易也.然四方風土區別,聲氣亦隨而異焉.蓋外國之語,有其聲而無其字.假中國之字以通其用,是猶枘鑿之鉏鋙也,豈能達而無礙乎.要皆各隨所處而安,不可强之使同也.吾東方禮樂文章,侔擬華夏.但方言俚語,不與之同.學書者患其旨趣之難曉,治獄者病其曲折之難通.昔新羅薛聰,始作吏讀,官府民間,至今行之.然皆假字而用,或澁或窒.非但鄙陋無稽而已,至於言語之間,則不能達其萬一焉.癸亥冬.我殿下創制正音二十八字,略揭例義以示之,名曰訓民正音.象形而字倣古篆,因聲而音叶七調.三極之義,二氣之妙,莫不該括.以二十八字而轉換無窮,簡而要,精而通.故智者不終朝而會,愚者可浹旬而學.以是解書,可以知其義.以是聽訟,可以得其情.字韻則淸濁之能辨,樂歌則律呂之克諧.無所用而不備,無所往而不達.雖風聲鶴唳,雞鳴狗吠,皆可得而書矣.遂命詳加解釋,以喩諸人.於是,臣與集賢殿應敎臣崔恒,副校理臣朴彭年,臣申叔舟,修撰臣成三問,敦寧府注簿臣姜希顔,行集賢殿副修撰臣李塏,臣李善老等,謹作諸解及例,以敍其梗槪.庶使觀者不師而自悟.若其淵源精義之妙,則非臣等之所能發揮也.恭惟我殿下,天縱之聖,制度施爲超越百王.正音之作,無所祖述,而成於自然.豈以其至理之無所不在,而非人爲之私也.夫東方有國,不爲不久,而開物成務之大智,蓋有待於今日也歟.正統十一年九月上澣.資憲大夫禮曹判書集賢殿大提學知春秋館事世子右賓客臣鄭麟趾拜手稽首謹書

1.3. ≪훈민정음해례≫의 역문

[제자해]

하늘과 땅의 이치는 하나의 음양과 오행일 따름이다. 곤과 복의 사이가 태극이 되며 움직임과 고요함이 교차되어 음양이 된다. 무릇 하늘과 땅 사이에서 삶을 누리고 있는 무리들이 음양을 버리고 어찌 살겠는가? 그러므로 사람의 소리도 다 음양의 이치가 있거나 돌아보건대 사람이 이를 살피지 못할 따름이다.

이제 훈민정음을 만든 것도 처음부터 슬기로써 이룩하고 힘으로써 찾은 것이 아니라 다만 그 소리를 따라 그 이치를 다했을 따름이다. 이치는 이미 둘이 아닌데 어찌 하늘과 땅 그리고 귀신과 더불어 그 쓰임을 같이 하지 않을 수 있겠는가?

훈민정음 스물여덟 자는 각각 그 꼴을 본떠 만든 것이다. 첫소리(初聲)는 무릇 열일곱자인데 어금니 소리 "ㄱ"는 혀뿌리가 목구멍을 막는 꼴을 본뜬 것이며, 혀 소리 "ㄴ"는 혀가 위 잇몸에 닿는 꼴을 본뜬 것, 입술소리

"ㅁ"는 입의 꼴을 본뜬 것, 이 소리 "ㅅ"는 이의 꼴을 본뜬 것, 목구멍소리 "ㅇ"는 목구멍의 꼴을 본뜬 것이다.

"ㅋ"는 "ㄱ"에 견주어 소리가 좀 세게 나므로 획을 더한 것이다. "ㄴ"에서 "ㄷ", "ㄷ"에서 "ㅌ", "ㅁ"에서 "ㅂ", "ㅂ"에서 "ㅍ", "ㅅ"에서 "ㅈ", "ㅈ"에서 "ㅊ", "ㅇ"에서 "ㆆ", "ㆆ"에서 "ㅎ"도 각각 그 소리를 따라 획을 더한 뜻은 모두 같으나 오직 "ㆁ"만은 다르다.

반혀소리 "ㄹ"와 반이소리 "ㅿ"는 역시 혀와 이의 꼴을 본뜬 것이기는 하나 그 본을 달리하였으므로 획을 더한 뜻은 없다.

대개 사람의 소리도 오행에 근본을 두고 있으므로 사철에 어울리어 어그러지지 않으며 오음에 맞아서 어기지 않는다. 목구멍은 깊숙하고 젖어 있으므로 "물(水)"이다. 소리가 비고 통함은 마치 물의 맑고 흐르는 것과 같은 것으로 철로는 겨울이고 오음으로는 "우(羽)"가 된다.

어금니는 어긋나고 길므로 "나무(木)"이다. 소리가 목구멍소리와 비슷하지만 여문 것은 나무에 물에서 나오나 꽃이 있는 것과 같은 것으로 철에 있어서는 봄이고 오음에 있어서는 "각(角)"이 된다.

혀는 날카롭게 움직이므로 "불(火)"이다. 소리가 구르고 날램은 마치 불이 이글거리며 활활 타오르는 것과 같은 것으로 철로는 여름이고 오음으로는 "치(徵)"가 된다.

이는 단단하고 부러지므로 "쇠(金)"이다. 소리가 부스러지고 걸리므로 마치 쇠의 부스러기가 부서지지만 단련되어 이루어지는 것과 같은 것으로 철로는 가을이고 오음으로는 "상(商)"이 된다.

입술은 모가 나고 붙으므로 "흙(土)"이다. 소리가 머금고 넓으므로 흙의 만물을 머금어 넓고 큼과 같은 것으로 철로는 늦여름이고 오음으로는 "궁(宮)"이 된다.

그러나 물은 만물을 낳는 근원이며 불은 만물을 이루는 작용이므로 오행 중에서도 물과 불이 큰 것이고 목구멍은 소리를 내는 문이며 혀는 소리를 분간하는 통이므로 오음중에서도 목구멍과 혀는 주장이 되는 것이다.

목구멍은 뒤에 있고 어금니는 목구멍에 버금하므로 북동의 방위이고 혀와 이는 또다시 어금니에 버금하므로 남서의 방위이다. 입술은 끝에 있으므로 흙은 일정한 방위가 없이 사철에 붙어 왕성하다는 뜻이다. 이것은 곧 첫소리가 각각 스스로 음양오행방위의 헤아림이 있다는 것이다.

또한 소리의 맑고 흐림을 말하면 "ㄱ, ㄷ, ㅂ, ㅈ, ㅅ, ㆆ"는 온 맑음소리가 되며 "ㅋ, ㅌ, ㅍ, ㅊ, ㅎ"는 버금 맑음소리가 되고 "ㄲ, ㄸ, ㅃ, ㅉ, ㅆ, ㆅ"는 온 흐림소리가 되고 "ㆁ, ㄴ, ㅁ, ㅇ, ㄹ, ㅿ"는 맑지도 흐리지도 않는 소리가 된다. "ㄴ, ㅁ, ㅇ"는 그 소리가 가장 세지 않으므로 차례는 비록 뒤에 있으나 꼴을 본떠서 글자를 만드는 데는 처음으로 삼았으며 'ㅅ, ㅈ'는 비록 모두 온 맑음 소리이지만 'ㅅ'는 'ㅈ'에 견주어 소리가 세지 않으므로 역시 글자를 만드는 데 있어 처음으로 삼은 것이다. 오직 어금니 소리의 'ㆁ'만은 비록 혀뿌리가 목구멍을 막아 소리 내는 숨이 코로 나오지만 그 소리가 'ㅇ'와 비슷하여 운서에서도 의(疑)와 유(喻)를 서로 섞어 쓰는 일이 많으므로 이제 또한 목구멍의 꼴을 본떠서 만들었으나 어금니 소리글자를 만드는 데는 처음으로 삼지 않았다. 대개 목구멍은 물에 속하지만 어금니는 나무에 속하는 까닭이며 'ㆁ'가 비록 어금니에 있으나 'ㅇ'와 더불어 서로 비슷한 것이 마치 나무의 움이 물에서 나와 여리고 부드러워 아직 물 기운이 많음과 같기 때문이다. 'ㄱ'는 나무의 바탕이 생긴 것이고 'ㅋ'는 나무의 무성한 자람이며 'ㄲ'는 나무의 늙고 단단함이므로 이에 모두 어금니에서 꼴을 본뜬 것이다.

온 맑음소리를 나란히 쓰면 온 흐림소리가 되는 것은 온 맑음소리가 엉키면 온 흐림소리가 되기 때문이다. 오직 목구멍소리의 버금 맑음소리가 온 흐림소리가 되는 것은 대개 'ㆆ'는 소리가 깊어서 엉키지 않고 'ㅎ'는 'ㆆ'에 견주어 소리가 얕으므로 엉키여 온 흐림소리가 되는 것이다.

‘ㅇ’를 입술소리아래에 이어 쓰면 입술 가벼운 소리가 되는 것은 가벼운 소리는 입술이 조금 닫히고 목구멍소리가 많기 때문이다.

가운데소리(中聲)는 무릇 열한자니 ‘ㆍ’는 혀가 오그라들고 소리가 깊어서 하늘이 자(子)에서 열리는 것이므로 꼴이 둥근 것은 하늘을 본뜬 것이다. ‘ㅡ’는 혀가 조금 오그라들고 소리가 깊지도 얕지도 않아서 땅이 축(丑)에서 열리는 것이므로 꼴의 평탄한 것은 땅을 본뜬 것이다. ‘ㅣ’는 혀가 오그라들지 않고 소리는 얕아서 사람이 인(寅)에서 생긴 것이므로 꼴의 선 모양은 사람을 본뜬 것이다.

이 아래 여덟 소리는 하나는 닫히면 하나는 열린다. ‘ㅗ’는 ‘ㆍ’와 같지만 입이 오므라지며 그 꼴은 ‘ㆍ’와 ‘ㅡ’가 어울리어 된 것이므로 하늘과 땅이 처음 사귀는 뜻을 딴 것이다. ‘ㅏ”는 ‘ㆍ”와 같지만 입이 벌어지며 그 꼴은 ‘ㅣ’와 ‘ㆍ’가 어울리어 된 것이므로 하늘과 땅의 작용이 사물에 나타나나 사람을 기다려서 이룩된다는 뜻을 딴 것이다. ‘ㅜ’는 ‘ㅡ’와 같지만 입이 오므라지며 그 꼴은 ‘ㅡ’와 ‘ㆍ’가 어울리어 된 것이므로 역시 하늘과 땅이 처음 사귀는 뜻을 딴 것이다. ‘ㅓ’는 ‘ㅡ’와 같지만 입이 벌어지며 그 꼴은 ‘ㆍ’와 ‘ㅣ’가 어울리어 된 것이므로 역시 하늘과 땅의 작용이 사물에 나타나나 사람을 기다려서 이룩된다는 뜻을 딴 것이다.

‘ㅛ’는 ‘ㅗ’와 같지만 ‘ㅣ’에서 일어나고 ‘ㅑ’는 ‘ㅏ’와 같지만 ‘ㅣ’에서 일어나고 ‘ㅠ’는 ‘ㅜ’와 같지만 ‘ㅣ’에서 일어나고 ‘ㅕ’는 ‘ㅓ’와 같지만 ‘ㅣ’에서 일어난다. ‘ㅗ, ㅏ, ㅜ, ㅓ’는 하늘과 땅에서 비롯되므로 처음 만든 글자가 되고 ‘ㅛ, ㅑ, ㅠ, ㅕ’는 ‘ㅣ’에서 일어나 사람을 겸하게 되므로 다시 만든 글자가 되는 것이다. ‘ㅗ, ㅏ, ㅜ, ㅓ’의 둥근점을 하나로 한 것은 처음 생긴 뜻을 딴 것이며 ‘ㅛ, ㅑ, ㅠ, ㅕ’의 그 둥근점을 둘로 한 것은 다시 생긴 뜻을 딴 것이다.

‘ㅗ, ㅏ, ㅛ, ㅑ’의 둥근점이 우와 밖에 놓인 것은 그것이 하늘에서 나와 양이 된 까닭이고 ‘ㅜ, ㅓ, ㅠ, ㅕ’의 둥근점이 아래와 안에 놓인 것은 그것이 땅에서 나와 음이 된 까닭이다. '·'가 여덟 소리에 일관하고 있는 것은 양이 음을 거느려 만물에 두루 흐르는 것과 같은 것이고 'ㅛ, ㅑ, ㅠ, ㅕ'가 모두 사람을 겸한 것은 사람이 만물의 영장이 되어 능히 음양에 걸치기 때문이다.

하늘, 땅, 사람에서 본을 따 삼재(三才)의 이치를 갖춘 것이다. 그러나 삼재는 만물의 시초가 되지만 하늘이 또한 삼재의 시초가 되는 것과 같이 '·, ㅡ, ㅣ' 석자는 여덟 소리의 머리가 되며 '·'가 또한 석자의 우두머리가 되는 것이다.

'ㅗ'가 처음으로 하늘에서 나니 하늘이 첫째로 물을 내는 자리이며 'ㅏ'가 이에 버금하니 하늘이 셋째로 나무를 내는 자리이다. 'ㅜ'가 처음으로 땅에서 나니 땅이 둘째로 불을 내는 자리이며 'ㅓ'가 이에 버금하니 땅이 넷째로 쇠를 내는 자리이다. 'ㅛ'가 다시 하늘에서 나니 하늘이 일곱째로 불을 내는 수이며 'ㅑ'가 이에 버금하니 하늘이 아홉째로 쇠를 내는 수이다. 'ㅠ'가 다시 땅에서 나니 땅이 여섯째로 물을 내는 수이며 'ㅕ'가 이에 버금하니 땅이 여덟째로 나무를 내는 수이다. 물과 불이 아직 가운데서 벗어나지 못하여 음과 양이 서로 어울리는 처음이므로 닫히는 것이고 나무와 쇠는 음과 양이 정하여진 바탕이므로 열리는 것이다.

'·'는 하늘이 다섯째로 흙을 내는 자리이며 'ㅡ'는 땅이 열째로 흙을 내는 수인데 'ㅣ'만은 홀로 자리와 수가 없는 것은 대개 사람이란 무극의 진리와 수가 없는 것은 음양오행의 정기가 묘하게 어울리고 엉키어 참으로 일정한 자리와 이룩된 수를 논할 수가 없기 때문이다. 이는 곧 가운데 소리 중에서 스스로 음양오행방위의 수가 있다는 사실이다.

첫소리와 가운데소리를 대비하여 말한다면 음양은 하늘의 이치이고 단단하고 부드러움은 땅의 이치인 것이다. 가운데 소리는 하나가 깊으면 하나가 얕고 하나가 닫히면 하나가 열리는데 이는 곧 음과 양이 나뉘고 오행의 기운이 갖추어진 하늘의 작용이다. 첫소리는 비고 혹은 차며 혹은

날리고 혹은 걸리며 혹은 무겁고 혹은 가벼운 것과 같은 것은 곧 단단함
과 부드러움이 나타나서 오행의 바탕을 이루는 것으로 땅의 공로인 것
이다.

가운데소리가 깊고 얕음과 닫고 열림으로써 앞에서 부르면 첫소리가
다섯 소리와 맑고 흐림으로써 뒤에서 화답하여 첫소리도 되고 끝소리(終
聲)도 되는 것이므로 역시 만물이 처음에 땅에서 나서 다시 땅으로 돌아가
는 것을 볼 수 있다.

첫소리, 가운데소리, 끝소리가 어울려 글자가 된 것을 말하면 또한 동
정(動靜)이 서로 근본이 되고 음양이 서로 사귀여 변하는 뜻이 있는데 동
(動)은 하늘이고 정(靜)은 땅이며 동정을 겸한 것은 사람인 것이다.

대개 오행이 하늘에 있어서는 신의 운행이며 땅에 있어서는 바탕의 이
룸이 된다. 사람에 있어서는 인, 예, 신, 의, 지가 신의 운행이며 간장, 심
장, 비장, 폐장, 신장은 바탕의 이룸이 된다. 첫소리는 피여 나고 움직이는
뜻이 있으므로 하늘의 일이며 끝소리는 그치고 머무는 뜻이 있으므로 땅
의 일인데 가운데소리는 첫소리의 남을 받고 끝소리의 이룸을 이어줌으
로 사람의 일이다.

대개 자운의 요체는 가운데소리에 있으며 첫소리와 끝소리가 어울리어
소리를 이루는 것이지만 또한 하늘과 땅이 만물을 생성하더라도 그 재물
을 이룩하는 것을 깁고 돕는 일은 반드시 사람에게 힘입는 것과 같은 것
이다.

끝소리에 첫소리를 다시 쓰는 것은 움직이고 양인 것도 건(乾)이며 고요
하고 음인 것도 건이다. 건이 실제로 음과 양으로 나뉘지만 다스리지 아
니함이 없는 것이다. 일원(一元)의 기운이 두루 흘러 그치지 않고 사철의
운행이 돌고 돌아 끝이 없으므로 정에서 다시 원이 되고 겨울에서 다시
봄이 되는 것이니 첫소리가 다시 끝소리가 되고 끝소리가 다시 첫소리가
되는 것도 역시 이와 같은 것이다.

아아! 훈민정음을 만들어냄에 천지만물의 이치가 모두 갖추어졌으니 그 야말로 신기스럽기만 하구나! 이것은 거의 하늘이 어진 임금의 마음을 열어 솜씨를 빌린 것이 아닌가?

결에 이르되

천지의 조화는 본래 한 기운이니 음양과 오행이 서로 시종(始終)이라 물(物)은 두 사이에 형(形)과 성(聲)이 있으나 근본이 둘 없거니 이수가 통하도다. 정음자 지음에 그 모양을 본떠 소리 따라 거세면 획을 다시 더하다. 소리는 아, 설, 순, 치, 후에서 나오니 이것이 초성의 열일곱 글자라. 아음은 혀뿌리 목구멍 막은 모양 업(業)자만은 욕(慾)자 같이 뜻을 달리 하고 설음은 혀끝이 이몸에 붙은 모양 순음은 입 모양 바로 본뜬 것 치음과 후음도 이와 목구멍의 모양. 이 다섯 뜻을 알면 소리가 환하리.

이 밖에 반설과 반치음이 또 있으니 본뜸은 한가지로되 그 모양이 다르도다. ㄴ(那)와 ㅁ(彌), ㅅ(戌)과 ㅇ(慾) 소리가 안 세어 순서는 뒤로되 상형은 시초로다. 사철과 충기(沖氣)에 배합이 되어서 오행과 오음에 안 맞음이 없도다.

후음은 물이고 겨울이고 또 우(羽)이며 아음은 곧 봄과 나무요 그 음은 각(角)이며 설음은 곧 여름과 불이요 또 치(徵)라. 치음은 상(商)이요 가을과 금이며 순음은 위(位)나 수(數)에 정함이 없어도 흙과 늦여름과 궁음(宮音)이로다. 또 성음엔 본래부터 청탁이 있으니 첫 소리 낼 때에 자세히 살피여 알지라. 전청은 ㄱ(君)과 ㄷ(斗) 또 ㅂ(彆)의 소리며 ㅈ(卽) ㅅ(戌) ㆆ(挹)의 소리 또한 그로다. ㅋ(快) ㅌ(呑) ㅍ(漂) ㅊ(侵) ㅎ(虛)로 말하면 다섯이 각각 오음의 차청이 된 것이다. 전탁의 소리엔 ㄲ(虯)와 ㄸ(覃) ㅃ(步)이면 또한 ㅉ(慈)와 ㅆ(邪) ㆅ(洪)도 그 석이다. 전청을 병서하면 전탁이 되는데 ㆅ(洪)만은 ㅎ(虛)에서 온 것이 다르도다. ㆁ(業), ㄴ(那), ㅁ(彌)와 ㅇ(慾), 그리고 ㄹ(閭)과 ㅿ(穰) 그 소리 불청에 또 불탁에 되도다. ㅇ(慾)를 연서하면 순경음 되는데 목구멍 소리 많고 입술을 좀 합하면 되도다. 열한자 중성도 형상은 본뜻 것 깊은 뜻 쉽사리 보지 못하리라. ·(呑)소린 하는 모양 그 소리 깊은데 동그란 그 모양은 탄환과 같도다. 一(卽) 소리가 깊지도 얕지도 않은데 그 모양 평평함은 땅의 모양을 본뜸이라. 사람 선 ㅣ(侵)의 모양 그 소리 얕으니 삼재의 도리가 이로서 갖춰지다. ㅗ(洪)자는 천에서 나와 마치 합(闔)이요 그 모양 천원과 지평(地平)의 합합을 취하다. ㅏ(覃)자 또한 천에서 나오니 그 건 벽(闢)이 사물에 피어나 사람을 취해 이루도다. 초생의 뜻으로 원(圓)이 오직 하나요 천에서 나와 위와 밖에 앉도다. ㅛ(慈), ㅑ(穰)는 사람을 겸해 다시 남이니 동그람 둘 모양이 그 뜻을 보인 것 ㅜ(君) ㅓ(業) ㅠ(戌) ㅕ(彆)가 땅에서 나옴은 예로 미루어 알지니 또 무얼 평하랴.

·(呑)자가 8성에 다 통해 있음은 천의 용이 만물에 두루 통함이로다. 4성이 사람 겸함도 또 까닭이 있으니 그 천지에 참여해 가장 평한 때문이라. 3성에 대하여 지리(至理)를 살피면 저마다 강(剛)과 陰과 陽이 있으니 중성은 천의 용(用) 음양이 나뉘고 초성은 지(地)의 공(功)이 강유(剛柔)가 들어나니 중성이 부르면 초성이 화답함은 하늘이 땅에 앞선 자연의 이치이어라. 화(和)한 자가 초성이 되고 또 종성도 되는 것 물이 생겨 다시 땅에 감 같도다. 음이 변해 양되고 양이 변해 음이 되어 동과 정이 서로 써 근본이 되도다. 초성엔 또다시 발생의 뜻 있으니 양의 정이 되나니 자음이 이에서 지정(止定)은 되지만 자운 이룰 요소랑 중성에 있으나 사람이 천지를 잘 포장함 같도다. 양의 작용이 음에도 통하거나 이르러 편즉슨 되돌아 가리라. 초성과 중성이 량의(兩儀)로 나뉘어도 종성에 또 초성 쓴 뜻 가히 알리라. 정음의 글자가 다만 ㅐㅅ자 뿐이로되 엉킨 걸 찾으며 깊은 걸 뚫어서 뜻 멀고 말 가까와 계몽에 쉬우니 하늘이 주도다 슬기론 일이여!

[초성해]

훈민정음의 첫소리는 곧 운서의 자모이다. 소리가 이로부터 나므로 모(母)라 한 것이다. 어금니 소리 군자의 첫소리는 'ㄱ'이니 'ㄱ'가 'ㄱ'자와

어울려 '군'이 되고 '쾌'자의 첫소리는 'ㅋ'이니 'ㅋ'가 'ㅙ'와 어울려 '쾌'
가 되었으며 'ㄲ'자의 첫소리는 'ㄲ'이니 'ㄲ'가 'ㅠ'와 어울려 'ㄲ'가 되
고 '업'자의 첫소리는 'ㅇ'이니 'ㅇ'가 'ㅓ'과 어울려서 '업'이 되는 따위
와 같은 것이며 혀소리 'ㄷ, ㅌ, ㄸ, ㄴ'와 입술소리 'ㅂ, ㅍ, ㅃ, ㅁ'와 이
소리 'ㅈ, ㅊ, ㅉ, ㅅ, ㅆ'와 목구멍소리 'ㆆ, ㅎ, ㆅ, ㅇ'와 반혀소리 'ㄹ',
반이소리 'ㅿ'가 모두 이와 같은 것이다.

  결에 말하기를

  ㄱ(君)와 ㅋ(快) ㄲ(虯)와 ㅇ(業) 그 소리는 어금니오

  혀소리는 ㄷ(斗)와 ㅌ(呑), 그리고 ㄸ(覃)와 ㄴ(那) ㅂ(彆) ㅍ(漂)와 ㅃ(步)와
ㅁ(彌)는 곧 입술다. 치음에는 ㅈ(卽) ㅊ(侵) ㅉ(慈) ㅅ(戌) ㅆ(邪)가 있으며 ㆆ
(挹)와 ㅎ(虛) 또 ㆅ(洪)와 ㅇ(欲)는 목구멍소리 ㄹ(閭)는 반설이고 ㅿ(穰)는
반치(半齒)이니 스물세 글자로 자모가 되어서 만가지 소리가 모두 예서 나
도다.

[중성해]

  가운데소리는 자운가운데서 개재하여 첫소리 그리고 끝소리와 합하여
음을 이루는 것이다. '툰'자의 가운데소리는 'ㆍ'인데 'ㆍ'가 'ㅌ'와 'ㄴ'
사이에 개재하여 '툰'이 되고 '즉'자의 가운데소리는 'ㅡ'인데 'ㅡ'가 'ㅈ'
와 'ㄱ'사이에 개재하여 '즉'이 되며 '침'자의 가운데소리는 'ㅣ'인데 'ㅣ'
가 'ㅊ'와 'ㅁ'사이에 개재하여 '침'이 되는 것과 같은 따위이다. '뽕, 땀,
군, 업, 욕, 샹, 슗, 볋' 등도 모두 이와 같다.

  두 글자가 어울려 쓰면 'ㅗ'와 'ㅏ'가 함께 'ㆍ'에서 나왔으므로 합하여
'ㅘ'가 되고 'ㅛ'와 'ㅑ'가 또한 다함께 'ㅣ'에서 나왔으므로 합하여 'ㅑ'
가 되며 'ㅜ'와 'ㅓ'가 다같이 'ㅡ'에서 나왔으므로 합하여 'ㅝ'가 되고
'ㅠ'와 'ㅕ'가 또한 다같이 'ㅣ'에서 나왔으므로 합하여 'ㆌ'가 되는데 이
름은 같은데서 나와서 무리가 되기 때문에 서로 합하여도 어그러지지 않

는 것이다.

한 글자로 된 가운데소리가 'ㅣ'와 서로 합한 것이 열인데 'ㆎ, ㅢ, ㅚ, ㅐ, ㅟ, ㅔ, ㆉ, ㅒ, ㆌ, ㅖ'가 이것이며 두 글자로 된 가운데소리가 'ㅣ'와 서로 합한 것은 넷인데 'ㅙ, ㅞ, ㅙ, ㅞ'가 이것이다.

'ㅣ'가 깊고 얕음과 닫히고 열리는 소리에 능히 어울리어 서로 따르는 것은 혀가 펴지고 소리가 얕아서 입을 여는데 참여하여 통하지 않는 바가 없음을 볼 수 있다.

결에 이르되

매자의 소리에 중성이 있나니 반드시 거기서 중성의 벽(闢)와 합(闔)을 찾으라.

ㅗ(洪)와 ㅏ(覃)는 ·(呑)에서 왔으므로 합용하고

ㅜ(君)와 ㅓ(業)는 ㅡ(則)에서 나와 또 합한다.

ㅛ(欲)와 ㅑ(穰), ㅠ(戌)와 ㅕ(彆)이 서로 합함도 쫓는바 뜻이 있음을 미루어 알 것이다.

ㅣ(侵)의 쓰임이 그 가장 많아서 열넷의 소리에 두루 다 따르도다.

[종성해]

끝소리는 첫소리와 가운데소리를 이어받아 자운을 이루는 것이다. '즉'자의 끝소리는 'ㄱ'인데 'ㄱ'는 '즈'의 끝에 있어서 '즉'이 되고 '훙'자의 끝소리는 'ㆁ'인데 'ㆁ'가 '호'의 끝에 있어서 '훙'이 되는 따위와 같으며 혀, 입술, 이, 목구멍 소리도 모두 같은 것이다.

소리에서 느리고 빠름의 다름이 있으므로 평성, 상성, 거성은 끝소리가 입성의 빠름과 같지 않은 것이다. 맑지도 흐리지도 않는 글자는 그 소리가 세지 않으므로 끝소리에 쓰면 평성, 상성, 거성에 마땅하고 온 맑음과 버금 맑음 그리고 온 흐림 글자는 그 소리가 세므로 끝소리에 쓰면 입성에 마땅한 것이다.

그러므로 'ㆁ, ㄴ, ㅁ, ㅇ, ㄹ, ㅿ' 여섯 자는 평성, 상성, 거성의 끝소리가 되고 그 나머지는 모두 입성의 끝소리가 된다. 그러나 'ㄱ, ㆁ, ㄷ, ㄴ, ㅂ, ㅁ, ㅅ, ㄹ'의 여덟 자만으로 넉넉히 쓸 수 있는 것이다. 이화(梨花)는 '빗곳'으로 'ㅈ'이 되고 호피(狐皮)는 '엿의 갗'으로 'ㅊ'이 되지만 'ㅅ'자로 넉넉히 통용할 수 있으므로 오직 'ㅅ'자만 쓰는 것과 같다. 또한 'ㆁ'는 소리가 산뜻하고 비어서 반드시 끝소리에 쓰지 않더라도 가운데소리가 소리를 이룰 수 있다.

'ㄷ'는 '볃'의 끝소리와 같고 'ㄴ'는 '군'의 끝소리가 되며 'ㅂ'는 '업(業)' 의 끝소리와 같고 'ㅁ'는 '땀(汗)'의 끝소리가 되며 'ㅅ'는 우리말 '옷(衣)'의 끝소리가 되며 'ㄹ'는 우리말 '실(絲)'의 끝소리가 되는 따위와 같다.

오음의 느리고 빠름이 또한 각각 절로 짝이 된다. 어금니 소리 'ㆁ'는 'ㄱ'와 짝이 되는데 'ㆁ'를 빠르게 발음하면 'ㄱ'로 변하여 급해지고 'ㄱ' 를 서서히 발음하면 'ㆁ'로 변하여 늘어진다. 혀 소리의 'ㄴ, ㄷ', 입술소 리의 'ㅁ, ㅂ', 이 소리의 'ㅿ, ㅅ', 목구멍소리의 'ㅇ, ㆆ'도 그 느리고 빠 름이 서로 짝이 됨이 또한 이와 같은 것이다.

또 반혀소리 'ㄹ'은 마땅히 우리말에서 쓰고 한자의 끝소리에는 쓸 수 없는 것이다. 입성의 '彆'자와 같은 것은 끝소리에 마땅히 'ㄷ'로 써야 하 는 데 습관적으로 'ㄹ'로 읽는 것은 대개 'ㄷ'가 변하여 가볍게 된 것이기 때문이다. 만일 'ㄹ'로 '彆'자의 끝소리를 삼는다면 그 소리는 늘어져서 입성이 되지 못하는 것이다.

결에 이르되

불청불탁을 종성에 쓴다면 평, 상, 거성이 되어서 입성이 안되고 전청 과 차청과 전탁의 소리는 모두 촉급하여 입성이 되도다. 초성이 종성됨은 이치에 옳으나 여덟자만 가지고도 막힘이 없도다. 다만 ㅇ(欲)자를 둘 자 리에는 중성만 두어도 소리가 되어 통한다. 즉(卽)자의 종성에 쓰려면 종성 에 ㄱ(君)이요, 洪, 彆은 ㆁ(業), ㄷ(斗)로 끝나니 君, 業, 覃의 종성은 또 어떠 할고 ㄴ(那), ㅂ(彆), ㅁ(彌)차례로 미루어 알지라. 여섯 글자는 우리말과 한

문에 어디나 통하되 ㅅ, ㄹ 우리말 종성에만 쓰도다. 오음(五音)의 완급이
다 각기 대(對)가 되니 ㄱ 소리는 ㆁ 소리를 빠르게 내거요 ㄷ, ㅂ 가 느리
면 ㄴ와 ㅁ가 되게라. ㅿ ㅇ이 또한 ㅅ ㆆ의 대(對)이로다. ㄹ는 우리말에
쓰고 한문에는 안 쓰나니 ㄷ소리 가벼워서 ㄹ 됨은 곧 속습이라.

[합자해]

　초, 중, 종의 세소리가 합하여 글자를 이룬다. 초성은 혹은 중성의 위에
두고 혹은 중성의 왼쪽에 둔다. 군(君)자의 ㄱ의 위의 위에 두고 업(業)자의
ㅇ는 ㅓ의 왼쪽에 두는 것과 같다.

　중성으로 둥근 것과 가로된 것은 초성 밑에 두나니 '·, ㅡ, ㅗ, ㅛ, ㅜ,
ㅠ'가 그것이요 새로된 것은 초성의 오른쪽에 두나니 'ㅣ, ㅏ, ㅑ, ㅓ, ㅕ'
가 그것이다. 呑(톤)자의 ·는 ㅌ밑에 두고 卽(즉)자의 'ㅡ'는 'ㅈ' 밑에 두
고 侵(침)자의 'ㅣ'는 'ㅊ' 오른쪽에 두는 것과 같다.

　종성은 초성과 중성의 밑에 있다. 군(君)자의 ㄴ은 '구' 밑에 두고 업(業)
자의 ㅂ은 '어' 밑에 두는 것과 같다.

　초성의 두자나 석자를 합용하려면 병서(竝書)하는데 우리말의 짜가 地가
되고 딱이 雙이 되고 뿜이 隙이 되는 것과 같다. 각각 저희끼리 합용하려
면 병서하는데 우리말의 혀가 舌 이 되고 혀가 引이 되고 괴여가 我愛人
되고 괴여가 爲人愛가 되고 소다가 覆物이 되고 쏘다가 射之가 되는 것과
같다. 중성의 두자나 석자를 합용하려면 병사(竝書)하는데 우리말의 과가
琴柱가 홰가 炬가 되는 것과 같다.

　종성도 두자난 석자를 합용하려면 병서하는데 우리말의 흙이 土가 되
고 낛이 釣가 되고 돐빼가 酉時가 되는 것과 같다.

　그 합용의 병서는 왼쪽에서 오른 쪽으로 나가니 초, 중, 종의 세소리가
다 한가지다. 한문과 우리말을 섞어서 쓰려면 자음에 따라서는 중성이나
종성으로 집어야 할 것이 있으니 孔子ㅣ, 魯ㅅ사룸 따위와 같다.

우리말의 평, 상, 거, 입은 활이 弓이 됨과 같은 것은 평성이요 돌이 石이 됨과 같은 것은 상성이요 갈이 刀가 됨과 같은 것은 거성이요 붓이 筆이 됨과 같은 것은 입성이 됨과 같은 것이다.

무릇 글자의 왼쪽에 한 점을 더하면 거성이오, 두점을 더하면 상성이오 점이 없으면 평성이다. 한문의 입성은 거성과 비슷하다. 우리말의 입성은 정함이 없어서 혹은 평성과 같아서 긷이 柱가 되고 녑이 脅이 됨과 같은 것이며 혹은 상성과 같아서 낟이 穀이 되고 깁이 繒이 됨과 같은 것이고 혹은 거성과 같아서 몯이 釘이 되고 입이 口가 되는 따위와 같은 것이다. 그 점을 더하는 법은 평, 상, 거와 한가지다. 평성은 평안하고 화(和)하니 봄이라. 만문이 舒泰하고 사성은 화하고 들리는 여름이라 만물이 점점 성하고 거성은 들리고(擧) 장(壯)하니 가을이라 만물이 성술하고 입성은 빠르고 막히니 겨울이라 만물이 폐장(閉藏)된다. 초성의 ㆆ은 ㅇ와 서로 비슷하니 우리말에서 통용할 수 있다.

반설에는 경(輕) 중(重) 두 가지 소리가 있다. 그러나 운서의 자모는 오직 하나이다. 우리말에서도 경, 중을 가리지는 아니 하나 다 소리를 이룰 수 있으니 만약에 갖추어 쓰려면 순경음의 예를 쫓아 ㅇ을 ㄹ 밑에 연서하여 반설경음을 만들 것이니 혀가 잠시 우 이몸에 붙는다.

ㆍ, ㅡ가 ㅣ에서 일어나는 것은 우리말에 소용이 없으나 아이들 말이나 변야(邊野)의 말에 혹 있은즉 마땅히 두 자를 합하여 쓸 것이니 긔, 긔 따위와 같은 것이다. 새로된 것을 먼저 적고 가로된 것을 나중 적음이 다른 것과 다르다.

결에 말하기를

초성은 중성의 우거나 왼쪽이다. ㆆ와 ㅇ이 우리말에서 쓰임이 한가지다. 중성의 열한자는 초성에 붙는데 원(圓)과 횡(橫)을 아래에 종(縱)은 오른쪽에 종성을 쓰려면 어디에 두런가. 총, 중성 밑에 잇대어 쓸지라. 초, 종성 합용은 다 각각 병서하니 중성 또는 합용하니 적는 순서는 왼쪽에서부터라. 우리말의 사성은 어떻게 가릴고. 평성은 활이요, 상성은 돌이라. 갈은 거성이 되고 물은 입성이 되니 이 넷을 보아서 남아지는 미루어 알리라. 왼쪽의 점으로 우리말 입성은 일정치 않고 한문의 입성인즉 거성과 비슷하다. 방언과 리어가 만부동하여서 소리가 있고 글자가 없어 글이 통하기 어렵더니 일조에 만들어 신공(神工)에 견주어 대동천고(大東千古)에 몽롱함을 열도다.

[용자례]

초성 ㄱ은 감이 柿가 되고 굴이 蘆가 됨과 같으며 ㅋ은 우케가 未舂稻가 되고 콩이 大豆가 됨과 같고 ㆁ은 러·울이 獺이 되고 서·에가 流澌가 됨과 같고 ㄷ은 뒤가 茅가 되고 담이 墻이 됨과 같다. ㅌ는 고·티가 繭이 되고 두텁이 蟾蜍가 됨과 같고 ㄴ은 노로가 獐이 되고 납이 猿이 됨과 같으며 ㅂ는 불이 臂와 됨과 같고 벌이 蜂과 됨과 같다. ㅍ는 ·파가 葱이 되고 풀이 蠅이 됨과 같으며 ㅁ는 :뫼가 山이 되고 ·마가 薯藇과 됨과 같으며 ㅸ은 사·비가 蝦이 됨과 같으며 드·븨가 瓠과 됨과 같고 ㅈ은 ·자가 尺이 되고 죠·히가 紙가 되고 ㅊ는 ·체가 麗가 되고 채가 鞭이 된 것과 같으며 ㅅ은 ·손이 手가 되며 :셤이 島가 됨과 같으며 ㅎ은 ·부헝이 鵂鶹가 되고 ·힘이 筋이 되는 것과 같다. ㆆ은 ·비육이 鷄雛가 되고 ·ᄇ얌이 蛇가 됨과 같으며 ㄹ은 ·무뤼가 雹이 되고 어·름이 氷이 됨과 같음 ㅿ은 아ᅀ가 弟가 되고 :너싀가 鴇가 되는 것과 같다.

중성 ·은 ·톡이 頤가 되고 ·ᄑ이 小豆가 되며 ᄃ리가 橋가 되고 ·ᄀ래가 楸가 되는 것과 같다. ㅡ는 ·믈이 水가 되고 ·발·측이 跟이 되며 그력이 雁이 되고 드·레가 汲器가 되는 것과 같다. ㅣ는 ·깃이 巢가 되고 :밀이 蠟이 되며 ·피가 稷이 되고 ·키가 箕가 되는 것과 같다. ㅗ는 ·논이 水田이 되고 ·톱이 鉅가 되며 호·믜가 鉏가 되고 벼·로가 硯이 되는 것과 같다. ㅏ는 ·밥이 飯이 되고 ·낟이 鎌이 되며 이·아가 綜이 되고 사·ᄉᆞᆷ이 鹿이 되는 것과 같다. ㅜ는 숫이 炭이 되고 ·울이 籬가 되며 누·에가 蚕이 되고 구·리가 銅이 되는 것과 같다. ㅓ는 브섭이 竈가 되고 :널이 板이 되며 서·리가 霜이 되고 버·들이 柳가 되는 것과 같다. ㅛ는 :죵이 奴 ·고욤이 梬이 되며 ·쇼가 牛가 되고 삽됴가 蒼朮菜가 되는 것과 같다. ㅑ는 남샹이 龜가 되고 약이 鼅鼄이 되며 다·야가 匜가 되고 쟈감이 蕎麥皮가 되는 것과 같다. ㅠ는 율믜가 薏苡가 되고 쥭이 飯臿이 되며 슈·룹이 雨繖이 되고 쥬련이 帨가 되는 것과 같다. ㅕ는 ·엿이 飴餹이 되고 ·뎔이 佛寺가 되며 ·벼가 稻가 되며 :져비가 燕이 되는 것과 같다. 정셩 ㄱ는 닥이 楮가 되고 독이 甕이 되는 것과 같다. ㆁ은 :굼벙이 蠐螬가 되고 ·올챵이 蝌蚪가 되는 것과 같다. ㄷ은 ·갇이 笠이 되고 싣이 楓이 되는 것과 같다. ㄴ은 ·신이 屨이 되고 ·반되가 螢이 되는 것과 같다. ㅂ은 섭이 薪,이 되고 ·굽이 蹄가 되는 것과 같다. ㅁ는 :범이 虎가 되고 :심이泉이 되는 것과 같다. ㅅ는 :잣이 海松이 되고 ·못이 池가 되는 것과 같다. ㄹ은 ·돌이 月이 되고 :별이 星이 되는 것과 같다.

[훈민정음 서]

천지자연의 소리가 있으면 반드시 천지자연의 글이 있는 것이다. 그러므로 옛사람들이 소리를 좇아 글자를 만들어 만물의 정을 통하게 하고 삼재의 도를 싣게 하였으니 이것은 후세에 능히 바꾸지 못할 바이다. 그러나 풍토가 구별되고 성기(聲氣)에 따라 또한 다르다. 대개 외국의 말에는 그 소리가 있어도 이를 적는 글자가 없어서 중국글자를 빌어서 통용하게 되니 마치 모난데 둥근 것을 끼움과 같은지라 어찌 능히 통하여 막힘이 없을 수 있으랴. 요컨대 다 각각 처한 바를 따라서 편이하게 할 것이요 억지로 같게 할 것이 못된다. 우리나라의 예악 문물이 중국에 비길 만 하되 다만 방언리어가 서로 같지 않아서 한문을 배우는 자 그 뜻을 깨닫기 어려움을 걱정하고 옥사 다스리는 자는 그 곡절이 통하기 어려움을 병통으로 옛적에 신라의 설총이 이두를 처음으로 만들어 지금도 관부와 민간에 쓰이나 한자를 빌어서 쓰는 것이 혹은 걸리고 혹은 막히어 비루(鄙陋)하고 무계(無稽)할 뿐만 아니라 언어의 사이에 이르러서는 그만의 하나도 통달할 수 없는 것이다. 계해(癸亥) 겨울에 우리 임금이 정음 28자를 창제하여 대강의 설명을 붙이어 보이었는데 이름은 훈민정음이라고 하니 모양을 본뜨되 글자는 고전(古篆)을 본을 삼았고 소리에 따라 음을 칠조(七調)에 맞추어 삼극(三極)의 뜻의 이기(二氣)의 모가 포괄되지 않음이 없다. 28자를 가지고 전환(轉換)함이 무궁하고 간단하되 요긴하고 정(精)하되 통하는 고로 슬기 있는 자는 하루아침에 통하고 어리석은 자라도 열흘 안에 배울 수 있다. 이로써 한문을 풀면 그 뜻을 알 수 있고 이로써 송사를 들으면 그 뜻을 얻을 수 있다. 자운으로서 청탁이 분별되고 악가로는 율려가 고르게 되어 쓰기에 구비치 않음이 없고 가서 통달하지 못할 바가 없으니 비록 바람 소리와 학의 울음과 닭의 홰침과 개의 짖음도 다 적을 수가 있다. 드디어 우리 신등(臣等)에게 자세한 해석을 더하여 모든 사람에게 알리게 하라 명령하니 이에 신이 집현전 응교 최항, 부교리 박팽년, 신숙주, 수찬 성삼문, 돈녕 주부 강희안, 집현전 부수찬 이개, 이선로 등과 더불어 모든 해석과 예를 지어서 그 개략을 서술함으로써 보는 자로 하여금 스승이 없이 스스로 깨달아 알게 하였거니와 그 연원정의(淵源精義)의 묘함이란 신등이 발휘할 수 있는 바는 아니다. 생각하건대 우리 임금은 제도(制度) 시위(施爲)가 백왕을 초월하여 정음을 지으심도 조술(祖述)한 바 없이 자연에서 이룬 것이니 그 지극한 이치가 있지 아니 한 곳이 없으니 어찌 인위(人爲)의 사사로움일소냐. 대저 동방에 나라가 있음이 오래지 안한 것 아니로되 개물성무(開物成務)의 큰 지혜가 대개 오늘에 있던 것이구나.

세종 28년(정통11년) 9월 상한에 자헌대부 예조판서 집현전 대제학 지춘추관사 세자 우빈객 정린지 삼가 씀

1.4. ≪훈민정음언해(訓民正音諺解)≫

[世宗御製 訓民正音]

世·솅宗중御·엉製졩訓·훈民민正·졍音흠 製는 글 지슬 씨니 御製는 님금 지스샨 그리라 訓은 フ르칠 씨오 民운 百姓이오 音운 소리니 訓民正音은 百姓 フ르치시논 正훈 소리라.

國·귁之징語:어훔흠이 國운 나라히라 之는 입겨지라 語는 말ᄊᆞ미라

나랏말ᄊᆞ미 異·잉乎ᅘᅩᆼ中듕國·귁ᄒᆞ야 異는 다룰 씨라 乎는 아모그에 ᄒᆞ논 겨체 쓰는 字ㅣ라 中國운 皇帝 겨신 나라히니 우리나랏 常談애 江南이라 ᄒᆞᄂᆞ니라.

中듕國·귁에 달아 與:영文문字·쫑로 不·붏相샹流률通통홀·씨 與는 이와 뎌와 ᄒᆞ논 겨체 쓰는 字ㅣ라 文운 글와리라 不운 아니 ᄒᆞ논 ᄠᅳ디라 相운 서르 ᄒᆞ논 ᄠᅳ디라 流通운 흘러 ᄉᆞ모출 씨라.

文문字·쫑와로 서르 ᄉᆞ못디 아니홀씨故·공·로 愚웅民민·이 有:윱所:송欲·욕言언·ᄒᆞ야·도 故는 젼치라 愚는 어릴 씨라 有는 이실 씨라 所는 배라

欲욕 ᄒᆞ고져 ᄒᆞᆯ 씨라 言언은 니를 씨라.

이런 젼ᄎᆞ로 어린 百ᄇᆡᆨ姓셩이 니르고져 홇배 이셔도而ᅀᅵᆼ終즁不·붏得·
득伸신其끵情·쩡者:쟝ㅣ 多당矣:ᅌᅴᆼ·라 而ᅀᅵᆫ 입겨지라 終즁은 ᄆᆞᄎᆞ미라 得득은
시를 씨라 伸신온 펼 씨라 其끵ᄂᆞᆫ 제라 情쩡은 ᄠᅳ디라 者쟝ᄂᆞᆫ 노미라 多당ᄂᆞᆫ 할 씨라
矣ᅌᅴ는말 ᄆᆞᆺᄂᆞᆫ 입겨지라.

ᄆᆞ참내 제 ᄠᅳ들 시러 펴디 몯ᇙ 노미 하니라

予영ㅣ 為·윙此:충憫:민然연·ᄒᆞ·야 予영ᄂᆞᆫ 내 ᄒᆞ숩시ᄂᆞᆫ ᄠᅳ디시니라 此충ᄂᆞᆫ
이라 憫민然연은 어엿비 너기실 씨라

내 이를 為윙ᄒᆞ야 어엿비 너겨

新신制·졩二·ᅀᅵᆼ十·씹八·밣字·쫑·ᄒᆞ노·니 新신은 새라 制졩ᄂᆞᆫ 밍ᄀᆞᄅᆞ실 씨
라 二ᅀᅵᆼ十씹八밣온 스믈여듧비라

새로 스믈여듧 字쫑ᄅᆞᆯ 밍ᄀᆞ노니

欲·욕使:숭人신人신·ᄋᆞ·로 易·잉習·씹·ᄒᆞ·야 便뼌於헝日·ᅀᅵᆶ用·용耳:ᅀᅵᆼ
니·라 使:숭ᄂᆞᆫ 히여 ᄒᆞ논 마리라 人신온 사ᄅᆞ미라 易잉ᄂᆞᆫ 쉬ᄫᅳᆯ 씨라 習씹온 니길
씨라 便뼌은 便安ᄒᆞᆯ 씨라 於헝ᄂᆞᆫ 아모그에 ᄒᆞ논 겨체 ᄡᅳᄂᆞᆫ 字쫑ㅣ라 日ᅀᅵᆶ온 나리
라 用용온 ᄡᅳᆯ 씨라 耳ᅀᅵᆼ는 ᄯᆞᄅᆞ미라 ᄒᆞ논 ᄠᅳ디라

사ᄅᆞᆷ마다 히여 수ᄫᅵ 니겨 날로 ᄡᅮ메 便뼌安한킈 ᄒᆞ고져 홇 ᄯᆞᄅᆞ미니라

ㄱ·ᄂᆞᆫ 牙ᅌᅡᆼ音ᅙᅳᆷ·이·니 如셩 君군ㄷ字·쫑初총發·벓聲셩ᄒᆞ·니 並·뼝書셩
ᄒᆞ·면 如셩 虯뀸ᇦ 字·쫑 初총 發·벓 聲셩ᄒᆞ·니·라 牙ᅌᅡᆼᄂᆞᆫ 어미라 如ᅀᅧᆼ는 ᄀᆞ
ᄐᆞᆯ 씨라 初총發發聲셩은 처엄 펴아 나는 소리라 並書셩는 ᄀᆞᆲ바 쓸 씨라

ㄱᄂᆞᆫ 엄쏘리니 君군ㄷ 字쫑 처엄 펴아 나는 소리 ᄀᆞᄐᆞ니 ᄀᆞᆲ바쓰면 虯뀸
ᇦ字쫑 처엄 펴아 나는 소리 ᄀᆞᄐᆞ니라

ㅋ·ᄂᆞᆫ 牙ᅌᅡᆼ音ᅙᅳᆷ·이·니 如ᅀᅧᆼ 快·쾡ᅙ 字·쫑 初총 發·벓 聲셩ᄒᆞ·니·라

ㅋᄂᆞᆫ 엄쏘리니 快쾡ᅙ 字쫑 처엄 펴아 나는 소리 ᄀᆞᄐᆞ니라

ᅌ·ᄂᆞᆫ 牙ᅌᅡᆼ音ᅙᅳᆷ·이·니 如ᅀᅧᆼ 業·업 字·쫑 初총 發·벓 聲셩ᄒᆞ·니·라

ᅌᄂᆞᆫ 엄쏘리니 業업 字쫑 처엄 펴아 나는 소리 ᄀᆞᄐᆞ니라

ㄷ는 舌·썷音흠·이·니 如ᅌᅧ 覃땀ㄷ字·쫑 初총 發·벓 聲셩ᄒ·니 並·뼝
書셩ᄒ·면 如ᅌᅧ 覃땀字·쫑 初총 發·벓 聲셩ᄒ·니·라 舌은 혀라

ㄷ는 혀쏘리니 斗둘ᇦ 字쫑 처엄 펴아 나는 소리 ᄀᆞᇀ니 글바쓰면 覃땀
ㅂ 字쫑 처엄 펴아 나는 소리 ᄀᆞᇀ니라

ㅌ는 舌·썷音흠·이·니 如ᅌᅧ 呑톤ㄷ字·쫑 初총 發·벓 聲셩ᄒ·니·라

ㅌ는 혀쏘리니 呑톤ㄷ字쫑 처엄 펴아 나는 소리 ᄀᆞᇀ니라

ㄴ는 舌·썷音흠·이·니 如ᅌᅧ 那낭ㆆ 字·쫑 初총 發·벓 聲셩ᄒ·니·라

ㄴ는 혀쏘리니 那낭ㆆ 字쫑 처엄 펴아 나는 소리 ᄀᆞᇀ니라

ㅂ는 脣쓘音흠·이·니 如ᅌᅧ 彆·볋 字·쫑 初총 發·벓 聲셩ᄒ·니 並·뼝書
셩ᄒ·면 如ᅌᅧ 步·뽕 字·쫑 初총 發·벓 聲셩ᄒ·니·라 脣은 입시우리라

ㅂ는 입시울쏘리니 彆볋 字쫑 처엄 펴아 나는 소리 ᄀᆞᇀ니 글바쓰면 步
뽕ㆆ 字쫑 처엄 펴아 나는 소리 ᄀᆞᇀ니라

ㅍ는 脣쓘 音흠·이·니 如ᅌᅧ 漂푱ᇦ 字·쫑 初총 發·벓 聲셩ᄒ·니·라

ㅍ는 입시울쏘리니 漂푱 ᇦ 字쫑 처엄 펴아 나는 소리 ᄀᆞᇀ니라

ㅁ는 脣쓘音흠·이·니 如ᅌᅧ 彌밍 字·쫑 初총 發·벓 聲셩ᄒ·니·라

ㅁ는 입시울쏘리니 彌밍ㆆ 字쫑 처엄 펴아 나는 소리 ᄀᆞᇀ니라

ㅈ는 齒:칭音흠·이·니 如ᅌᅧ 卽·즉 字·쫑 初총 發·벓 聲셩ᄒ·니

並·뼝書셩ᄒ·면 如ᅌᅧ 慈쫑ㆆ 字·쫑 初총 發·벓 聲셩ᄒ·니·라 齒는 니라

ㅈ는 니쏘리니 卽즉 字쫑 처엄 펴아 나는 소리 ᄀᆞᇀ니 글바쓰면 慈쫑ㆆ
字쫑 처엄 펴아 나는 소리 ᄀᆞᇀ니라

ㅊ는 齒:칭音흠·이·니 如ᅌᅧ 侵침ㅂ 字·쫑 初총 發·벓 聲셩ᄒ·니·라

ㅊ는 니쏘리니 侵침ㅂ 字쫑 처엄 펴아 나는 소리 ᄀᆞᇀ니라

ㅅ는 齒:칭音흠·이·니 如ᅌᅧ 戌·슗 字·쫑 初총 發·벓 聲셩ᄒ·니 並·뼝書
셩ᄒ·면 如ᅌᅧ 邪썅ㆆ 字·쫑 初총 發·벓 聲셩ᄒ·니·라

ㅅ는 니쏘리니 戌슗 字쫑 처엄 펴아 나는 소리 ᄀᆞᇀ니 글바쓰면 邪썅ㆆ
字쫑 처엄 펴아 나는 소리 ᄀᆞᇀ니라

ㆆ는 喉ᅘᅮᇢ 音ᅙᅳᆷ·이·니 如ᅀᅧᆼ 挹·ᅙᅳᆸ 字·ᄍᆼ 初총發·ᄫᅡᇙ 聲셩ᄒᆞ·니·라 喉는
모기라

ㆆ는 목소리니 挹ᅙᅳᆸ 字ᄍᆼ 처ᅀᅥᆷ 펴아 나는 소리 ᄀᆞ트니라

ㅎ는 喉ᅘᅮᇢ音ᅙᅳᆷ·이·니 如ᅀᅧᆼ 虛헝ㆆ 字·ᄍᆼ 初총 發·ᄫᅡᇙ 聲셩ᄒᆞ·니 並·삥書
셩ᄒᆞ·면 如ᅀᅧᆼ 洪ᅘᅩᆼ 字·ᄍᆼ 初총 發·ᄫᅡᇙ 聲셩ᄒᆞ·니·라

ㅎ는 목소리니 虛헝ㆆ 字ᄍᆼ 처ᅀᅥᆷ 펴아 나는 소리 ᄀᆞ트니 굴ᄫᅡ쓰면 洪ᅘᅩᆼ
ㄱ 字ᄍᆼ 처ᅀᅥᆷ 펴아 나는 소리 ᄀᆞ트니라

ㅇ는 喉ᅘᅮᇢ音ᅙᅳᆷ·이·니 如ᅀᅧᆼ 欲·욕 字·ᄍᆼ 初총 發·ᄫᅡᇙ 聲셩ᄒᆞ·니·라

ㅇ는 목소리니 欲욕 字ᄍᆼ 처ᅀᅥᆷ 펴아 나는 소리 ᄀᆞ트니라

ㄹ는 半·반舌·ᄸᅥᇙ音ᅙᅳᆷ·이·니 如ᅀᅧᆼ 閭령ㆆ 字·ᄍᆼ初총 發·ᄫᅡᇙ 聲셩ᄒᆞ·니·
라

ㄹ는 半반혀쏘리니 閭령ㆆ 字ᄍᆼ 처ᅀᅥᆷ 펴아 나는 소리 ᄀᆞ트니라

ㅿ는 半·반齒:칭音ᅙᅳᆷ·이·니 如ᅀᅧᆼ 穰ᅀᅣᆼㄱ 字·ᄍᆼ 初총 發·ᄫᅡᇙ 聲셩ᄒᆞ·니·
라

ㅿ는 半반니쏘리니 穰ᅀᅣᆼㄱ 字ᄍᆼ 처ᅀᅥᆷ 펴아 나는 소리 ᄀᆞ트니라

·는 如ᅀᅧᆼ 呑ᄐᆫㄷ 字·ᄍᆼ 中듕 聲셩ᄒᆞ·니·라 中은 가온ᄃᆡ라

·는 呑ᄐᆫㄷ 字ᄍᆼ 가온딧소리 ᄀᆞ트니라

ㅡ는 如ᅀᅧᆼ 卽·즉 字·ᄍᆼ 中듕 聲셩ᄒᆞ·니·라

ㅡ는 卽즉 字ᄍᆼ 가온딧소리 ᄀᆞ트니라

ㅣ는 如ᅀᅧᆼ 侵침ㅂ 字·ᄍᆼ 中듕 聲셩ᄒᆞ·니·라

ㅣ는 侵침ㅂ 字ᄍᆼ 가온딧소리 ᄀᆞ트니라

ㅗ는 如ᅀᅧᆼ 洪ᅘᅩᆼㄱ 字·ᄍᆼ 中듕 聲셩ᄒᆞ·니·라

ㅗ는 洪ᅘᅩᆼㄱ 字ᄍᆼ 가온딧소리 ᄀᆞ트니라

ㅏ는 如ᅀᅧᆼ 覃땀ㅂ 字·ᄍᆼ 中듕 聲셩ᄒᆞ·니·라

ㅏ는 覃땀ㅂ 字ᄍᆼ 가온딧소리 ᄀᆞ트니

ㅜ는 如ᅀᅧᆼ 君군ㄷ 字·ᄍᆼ 中듕 聲셩ᄒᆞ·니·라

ㅜ는 君군ㄷ 字쭝 가온딧소리 ᄀᆞᄐᆞ니라

ㅓ는 如ᅌᅧ 業·업 字·쫑 中듕 聲셩ᄒᆞ·니·라

ㅓ는 業업 字쭝 가온딧소리 ᄀᆞᄐᆞ니라

ㅛ는 如ᅌᅧ 欲·욕 字·쫑 中듕 聲셩ᄒᆞ·니·라

ㅛ는 欲욕 字쭝 가온딧소리 ᄀᆞᄐᆞ니라

ㅑ는 如ᅌᅧ 穰샹ㄱ 字·쫑 中듕 聲셩ᄒᆞ·니·라

ㅑ는 穰샹ㄱ 字쭝 가온딧소리 ᄀᆞᄐᆞ니라

ㅠ는 如ᅌᅧ 戌·슗 字·쫑 中듕 聲셩ᄒᆞ·니·라

ㅠ는 戌슗 字쭝 가온딧소리 ᄀᆞᄐᆞ니라

ㅕ는 如ᅌᅧ 彆·볋 字·쫑 中듕 聲셩ᄒᆞ·니·라

ㅕ는 彆볋 字쭝 가온딧소리 ᄀᆞᄐᆞ니라

終즁聲·은 復·뿔用·용 初총 聲셩·ᄒᆞ·ᄂᆞ니·라 復는 다시 ᄒᆞ논 ᄠᅳ디라

乃냉終즁ㄱ소리는 다시 첫소리를 ᄡᅳᄂᆞ니라

ㅇ를 連련書셩 脣쓘音흠之징下:행ᄒᆞ·면 則·즉 爲윙脣쓘輕켱音흠·ᄒᆞ·ᄂᆞ
니·라 連은 니슬 씨라 下는 아래라 則은 아ᄆᆞ리 ᄒᆞ면 ᄒᆞ는 겨체 ᄡᅳ는 字
ㅣ라 爲는 ᄃᆞ욀 씨라 輕은 가ᄇᆡ야ᄫᆞᆯ 씨라

ㅇ를 입시울쏘리 아래 니ᅀᅥ 쓰면 입시울가ᄇᆡ야ᄫᆞᆫ소리 ᄃᆞ외ᄂᆞ니라

初총聲셩을 合·ᄒᆞᆸ用·용·ᄒᆞᇙ디면 則·즉 並·뼝書셩ᄒᆞ·라 終즁聲셩·도 同
똥ᄒᆞ·니·라 合은 어울 씨라 同은 ᄒᆞᆫ가지라 ᄒᆞ는 ᄠᅳ디라

첫소리를 어울워 ᄡᅮᇙ디면 ᄀᆞᆲ바쓰라 乃냉終즁ㄱ소리도 ᄒᆞᆫ가지라

·ㅡ ㅗ ㅜ ㅛ ㅠ·란 附·뿡書셩 初총聲셩之징下:행ᄒᆞ고 附는 브틀 씨라

·와 ㅡ와 ㅗ와 ㅜ와 ㅛ와 ㅠ와란 첫소리 아래 브텨 쓰고

ㅣ ㅏ ㅓ ㅑ ㅕ ·란 附·뿡書셩 於헝右:울ᄒᆞ·라

右는 올ᄒᆞᆫ 녀기라

ㅣ와 ㅏ와 ㅓ와 ㅑ와 ㅕ와란 올ᄒᆞᆫ 녀긔 브텨 쓰라

凡뻠字·쫑ㅣ 必·빓合·ᄒᆞᆸ而ᅀᅵᆼ成쎵音흠·ᄒᆞ·ᄂᆞ·니凡은 믈읫 ᄒᆞ논 ᄠᅳ디라

必온 모로매 호논 뜨디라 成은 일 씨라

믈읫 字쭝ㅣ 모로매 어우러ᅀᅡ 소리 이ᄂᆞ니

左:장加강一·ᅙᆞᆫ點:뎜ᄒᆞ·면 則·즉去·컹聲셩·이·오 左ᄂᆞᆫ 왼녀기라 加ᄂᆞᆫ 더을 씨라 一온 ᄒᆞ나히라 去聲은 ᄆᆞᆺ노ᄑᆞᆫ 소리라

왼녀긔 ᄒᆞᆫ 點뎜을 더으면 ᄆᆞᆺ노ᄑᆞᆫ소리오

二·ᅀᅵᆼ 則·즉 上:쌍聲셩·이·오 二ᄂᆞᆫ 둘히라 上聲은 처ᅀᅥ미 ᄂᆞᆺ갑고 乃終이 노ᄑᆞᆫ 소리라

點뎜이 둘히면 上쌍聲셩이오

無뭉 則·즉 平뼝聲셩·이·오 無ᄂᆞᆫ 업슬 씨라 平聲은 ᄆᆞᆺᄂᆞᆺ가ᄫᆞᆫ 소리라

點이 업스면 平聲이오

入·ᅀᅵᆸ聲셩·은 加강點:뎜·이 同똥而ᅀᅵᆼ促·쵹急·급ᄒᆞ·니·라 入聲은 ᄲᆞᆯ리 긋듣ᄂᆞᆫ 소리라 促急은 ᄲᆞᆯ롤 씨라

入ᅀᅵᆸ聲셩은 點뎜 더우믄 ᄒᆞᆫ가지로ᄃᆡᄲᆞᄅᆞ니라

漢·한音ᄒᆞᆷ齒:칭聲셩은 有:울齒:칭頭뚱正·졍齒:칭之징別·뼔ᄒᆞ·니 漢音은 中國 소리라 頭는 머리라 別은 굴힐 씨라

中듕國귁 소리옛 니쏘리는 齒칭頭뚱와 正졍齒칭왜 굴히요미 잇ᄂᆞ니

ㅈ ㅊ ㅉ ㅅ ㅆ 字쭝는 用·용於헝齒:칭頭뚱ᄒᆞ고

이 소리는 우리나랏 소리예셔 열ᄫᅳ니 혓 그티 웃닛머리예 다ᄂᆞ니라

ㅈ ㅊ ㅉ ㅅ ㅆ 字쭝는 齒칭頭뚱ㅅ소리예 쓰고

ㅈ ㅊ ㅉ ㅅ ㅆ 字·쭝는 用·용於헝正·졍齒:칭·ᄒᆞᄂᆞ·니

이 소리는 우리나랏 소리예셔 두터ᄫᅳ니 혓 그티 아랫 닛므유메 다ᄂᆞ니라

ㅈ ㅊ ㅉ ㅅ ㅆ 字쭝는 正졍齒칭ㅅ소리예 쓰ᄂᆞ니

牙앙舌·쎯脣쓘喉ᅘᅮᆼ之징字·쭝는 通통用·용於헝漢·한音ᄒᆞᆷ·ᄒᆞ·ᄂᆞ니·라

엄과 혀와 입시울와 목소리옛 字쭝는 中듕國귁 소리예 通통히 쓰ᄂᆞ니라

訓훈民민正졍音음흠

제2부
중국에서의 훈민정음 연구

2.1. 훈민정음 연구 및 연구방향

2.1.1. 단행본 시기별 연구

단행본은 주로 조선어 발전역사를 가르치기 위해 집필한 교재를 말하는바 여기에 여러 장절로 나누어 훈민정음에 대한 지식과 저자의 훈민정음에 대한 연구 성과를 기술한 내용들이다. 여기에는 주로 최윤갑 교수, 안병호 교수, 이득춘 교수의 연구 성과가 주를 이루며 주요내용들은 훈민정음의 창제원리, 훈민정음 글자의 유형, 자음과 모음의 어음체계, 중국의 주자성리학사상과 음운학의 관계, 자모의 배열순서, 철자원칙, 한자음정리, 성조(방점) 등 내용들이 주를 이룬다.

2.1.1.1. 훈민정음 연구에는 우선 안병호(1983), ≪조선어발달사≫(요녕인민출판사)를 들 수 있다.

저서의 서술체계는 "서론, 제1장 고대조선어의 형성, 제2장 고구려, 백제, 신라의 언어, 제3장 조선어와 문자, 제4장 고대조선어, 제5장 초기중세조선어, 제6장 후기중세조선어, 제7장 근대조선어, 제8장 현대조선어, 제9장 조선한자음, 제10장 조선어의 계통"으로 되어 있다.

≪조선어발달사≫의 후기중세조선어(p109~170)의 기술을 보면 이조는 수도를 서울로 옮긴 뒤 자기의 봉건적 통치지반을 공고화하기 위하여 비단 정치적 면에서뿐만 아니라 문화발전의 측면에서도 많은 정력을 기울여 조선역사에 있어서 찬란한 문화의 개화발전을 가져오게 하였다고 지적하였다. 특히 조선어의 깊은 관심을 가졌던 이조 제4대왕인 세종은 조선에서 처음으로 자기의 표음문자인 정음자를 창조하게 되었던 것이고 세종은 훈민정음의 창제와 실천적 방법을 연구하기 위하여 1444년에 집현전(集賢殿)에 언문청(諺文聽)을 설치하고 정린지, 최항, 박팽년, 신숙주, 성삼문, 강희안, 이개, 이선로 등 우수한 학자들을 이곳에 망라시켜 여러 가지 귀중한 재료들을 편찬케 하였는바 우선 세종자신이 발표한 훈민정음예의(訓民正音例義)가 너무 간단하므로 1446년에는 보충설명을 위하여 훈민정음해례(訓民正音解例)를 편찬하게 하였다고 하였다.

저자는 우선 후기중세조선어의 음운체계에 대해 설명하면서 아래와 같이 기술하였다. 15세기 정음문자의 창제는 바로 그 당시의 조선어의 음운체계를 깊이 있게 연구한 토대 위에서 이룩된 새로운 표음문자인 것이다. 그러므로 정음문자 자체는 바로 후기중세조선어의 음운체계를 그대로 반영한 것으로 볼 수 있다. 그러나 정음문자는 곧 다름 아닌 후기중세조선어의 음운체계라는 결론을 짓기 어렵다. 왜냐하면 오늘날 세계의 어떠한 문자도 문자와 음운체계가 완전히 일치한 것은 없는 것이다. 특히 정음문자는 그 창제자 자신들이 조선어의 음운체계만 고려한 것이 아니라 조선의 한자음을 규범화하기 위하여서도 많은 관심을 두었던 것이다. 그러므로 그 당시 현실적인 발음과는 별로 큰 관계가 없는 동국정운의 표기방법

을 반영하도록 정음자 자체가 고려되어있었다고 보아지므로 이런 면에
있어서는 정음문자는 후기중세조선어의 음운체계와 완전히 일치되지 않
는 점이 있게 된다.

후기중세조선어의 자음체계:
순한소리: ㄱ, ㄷ, ㅂ, ㅅ, ㅈ
거센소리: ㅋ, ㅌ, ㅍ,　ㅊ

순한소리와 거센소리가 초기중세조선어에서와 마찬가지로 대응관계를
이루고 있지만 그 사용되는 면에 있어서 역시 거센소리의 빈도수가 매우
적은바 특히 ㅋ와 ㅍ는 이와 같은 형편에 처하여 있었으며 그 단적인 실
례로서는 현대조선어에서는 거센소리로 발음되는 어휘들이 후기 중세조
선어에서는 여전히 순한소리로 발음되는 실례들을 찾아볼 수 있다.

팔-넓/ 코-곻/ 칼-갏

또한 후기중세조선어에서도 이미 거센소리 'ㅎ'가 순한소리 ㄱ, ㄷ,
ㅂ, ㅈ와 어울리게 되면 순한소리가 모두 거센소리 ㅋ, ㅌ, ㅍ, ㅊ로 변
하였다.

예를 들면:
그러ㅎ다이다-기러타이다, 편안ㅎ긔-편안킈, 리익게ㅎ고져-리익게코저

필자는 위의 실례에서 보여주는 바와 같이 후기중세조선어에서까지도
순한소리였던 음들이 근세, 현대에 내려오면서 거센소리로 변화하고 있
는 경향들이 많지만 오늘에 이르기까지 거센소리체계의 어음들은 순한
소리체계의 어음들에 비하여 사용빈도가 매우 적다는 것을 알 수 있다고

하였다.

저자는 후기중세조선어의 된소리에 대하여 훈민정음해례제자해에서는 "全淸竝書則爲全濁 以其全淸之聲凝則爲全濁也 唯喉音次淸爲全濁者 盖以ㆆ聲 深不爲之凝 ㅎ比ㆆ聲淺 故凝而爲全濁也"와 같이 설명하고 있는데 이와 같은 이론에 근거하여 표기된 것은 바로 동국정운과 같은 한자음이라고 하였다.

> 예를 들면: 虯(뀨), 覃(땀), 步(뽕), 慈(쯩), 洪(뽕) 등의 표기

저자는 동국정운편찬자들의 설명을 통해 후기중세조선어에서 ≪동국정운≫과 같은 한자음에서만 된소리가 있는 것이 아니라고 말했다.

훈민정을 창제자들은 된소리문제에 대하여 다음과 같이 설명하였다고 하였다.

> "我國語音 其淸濁之辨與中國無異 而于字音獨無濁聲豈有此理"

즉 우리나라 어음은 중국과 다름이 없다. 그런데 조선한자음에서만 된소리가 없는 까닭은 무엇인가라고 문제를 제기하였다. 바꾸어 설명한다면 조선어의 고유어휘의 어음에서는 중국과 마찬가지로 된소리가 있는데 무엇 때문에 유독 조선한자음에서만 된소리가 없는가 마땅히 조선한자음에도 있어야 합리적으로 될 수 있다고 인정하였다는 것이다.

훈민정음을 창제할 당시의 이론에 근거한다면 된소리표기에는 다음과 같이 쓰고 있다.

> "初聲二字三字合用竝書 如諺語 짜爲地 딱爲只 쯤爲隙之類 各字竝書 如諺語 혀爲舌而혀爲引 괴여爲我愛人而괴여爲人愛我 소다爲覆物而쏘다爲射之之類"

이를 통해 훈민정음을 창제할 당시의 이론에 근거한다면 된소리체계에서는 두 가지 형태들이 있음을 알 수 있다고 하였다.

각자병서: ㄲ, ㄸ, ㅃ, ㅉ, ㅆ, ㆅ, ㆀ, ㅥ
합용병서: ㅺ, ㅼ, ㅽ, ㅳ, ㅄ, ㅶ, ㅷ, ㅴ, ㅵ

이상의 실례를 들면서 저자는 훈민정음을 창제할 당시에 된소리가 있은 것은 사실이요 그 이후 16세기에 이르면서 된소리가 확대됨을 알 수 있다고 하였다. 그것은 15세기까지만 하여도 순한소리로 적던 단어들이 16세기에는 벌써 된소리로 표기된 단어들을 볼 수 있는데 “구짓(叱)-ᄭᅮ짓, 십(噙)-씹, 긇(沸)-끓, 사홀(剉)-싸홀” 등과 같은 예를 들었다.

이상의 실례와 훈민정음창제 당시의 이론으로 보아 후기중세조선어에서 된소리가 있었음은 조금도 의심할 수 없다고 하였다.

저자는 훈민정음 창제 당시의 자모 “ㅸ, ㅿ, ㆁ, ㅇ, ㆆ”에 대해서도 기술하였다. 훈민정음의 창제자들은 “ㅸ, ㅿ, ㆁ, ㅇ, ㆆ” 등 자모들을 창조하였는바 그러면 이와 같은 글자들을 무엇을 반영하고 있는가를 분석하여 보았다.

우선 ‘ㅸ’에 대하여 설명하였다. 훈민정음해례 제자해에서는 ‘ㅸ’에 대하여 “ㅇ連書脣音之下 則爲輕脣音者 以輕音脣乍合而喉聲多也”같이 쓰고 있다. 즉 ㅇ를 순음아래에 연서하면 순경음이 되는데 가벼운 소리로서 입술이 잠간 합해서 목구멍소리가 막히기 때문이라고 주장하고 있다면서 순경음의 표기에 대하여 몇 개 실례를 들어보았다.

예:
사ᄫᅵ(蝦), 글ᄫᅡᆯ(文), 우ᇫᄫᅵ(笑), 즐거ᄫᅮᆫ(愉快), 쉬ᄫᅮᆫ(容易), 더러ᄫᅮᆫ(臟)

만약 훈민정음을 창제하기 이전 중국한자음으로 표기된 형태에서 보면

'ㅸ'는 다음과 같다고 하였다.

> 예:
> 蝦蟹~酒必格以(사비게)
> 鄰舍~以本直(이봇집)
> 妹~餕必(누비)
> 酒~數本(수볼)
> 熱酒~得貢數本(더본수볼)
> 瘦~耶必大(야비다)

저자는 이상의 실례들은 화이역어(華夷譯語)의 조선관역어(朝鮮館譯語) 중에 수록된 재료인데 15세기 초에 편찬된 것으로 보고 있다고 하면서 15세기 초만 하여도 'ㅸ'의 표기는 적지 않았으나 그 뒤시기에 이르러서는 점차적으로 소실되는 형편에 처하게 되었다고 하였다.

> 예:
> 글발(文)~글왈~글월
> 더버(署)~ 더위
> 스ᄀ볼(鄕)~ 스ᄀ올
> 사오나ᄫ(猛)~사오나온~사나운
> 어려본(難)~어려운

위의 실례들을 종합하고 자음 'ㅸ'는 주로 모음과 모음사이에 나났던 자음으로서의 어두음에는 별로 보이지 않는데 이는 모음과 모음사이에 있던 'ㅸ'는 약화의 일로를 걷게 되어 현대조선어에서는 기본상 소실되고 말았다고 하였다.

저자는 'ㅿ'에 대하여도 상세히 설명하였다. 훈민정음해례 제자해(訓民正音解例制字解)에서는 'ㅿ'을 불청불탁(不淸不濁)의 반치음(半齒音)으로 취급하고 있는바 15세기 중엽에 나타난 재료들에 표기된 형태들을 예로 들었다.

예: ᄆᆞᅀᆞᆯ(村), 아ᅀᆞ(弟), ᄀᆞᅀᆞᆯ(秋), ᄀᆞ애(剪), ᄉᆞᅀᅵ(間), 한숨(嘆), ᄆᆞᅀᆞᆷ(心), 엿
(狐)

그러나 16세기에 이르러서는 'ㅿ'가 탈락하기 시작하였는데 "ᄆᆞ술(마을),
아ᅀᆞ(아우), ᄀᆞ술(가을), 한숨(한숨), ᄀᆞ애(가위), ᄆᆞ숨(마음), 사ᅀᅵ(사이), 엿(여호)"
등 위의 실례에서 보면 초성에서 'ㅿ'는 대부분이 탈락되어 없어져 버렸
으나 일부 개별적인 어휘에 있어서는 'ㅿ'가 'ㅅ', 'ㅎ'로 변하는 경우도
볼 수 있다고 하였다.

이밖에도 "ㆁ, ㅇ, ㆆ" 등의 음가에 대해 사용에 대해 설명하였다.[1]

이와 같이 후기중세조선어에서 자음체계의 주요한 형태들을 분석하고
자음체계를 종합하였다.

순한소리: ㄱ, ㄷ, ㅂ, ㅅ, ㅈ
거센소리: ㅋ. ㅌ, ㅍ,　　ㅊ
된소리: ㄲ, ㄸ, ㅃ, ㅉ, ㅆ, ㆅ
울림소리: ㆁ, ㄴ, ㄹ, ㅁ, ㅸ, ㅿ, ㅇ

저자는 후기중세조선어의 모음체계에 대해서도 상세히 분석하면서 아
래와 같이 기술하였다.

훈민정음해례 제자해(訓民正音解例制字解)에서는 중성자(中聲字) 열한자 "·,
ㅡ, ㅣ, ㅗ, ㅏ, ㅜ, ㅓ, ㅛ, ㅑ, ㅠ, ㅕ"로 취급하고 있으며 ·는(舌縮而聲深)
소리가 끌려들며 깊지도 않고 ㅡ는(舌小縮而聲不深不淺) 소리가 조금 끌려들
며 깊지도 않고 ㅣ는(舌不縮而聲淺) 소리가 끌려들지 않고 얕은 것이라고 설
명하였다. 또한 ㅗ는(口蹙) 입을 오무리는 것이요 ㅏ는(口張) 입을 벌리는

---

1) 이하 략(略)

것이다.

훈민정음해례 제자해에서는 다음과 같이 해석하고 있다.

"中聲者居字韻之中 合初終而成音 如呑字中音 · ·居ㅌㄴ之間而爲톤 卽字
中聲是一居ㅈㄱ之間而爲즉 侵字中聲ㅣㅣ居ㅊㅁ之間而爲침之類洪覃君業慾穰
戌彆皆倣此(중성이란 것은 자운의 한가운데 있어서 초성과 종성이 합하여 음
을 이루는데 呑자의 중성은 《 · 》이며 《 · 》는 ㅌ, 사이에 있어서 《톤》
이 되고 卽자의 중성은 《一》인데 《一》가 ㅈ, ㄱ사이에 있어 《즉》이
되며 侵자의 중성은 《ㅣ》인데 《ㅣ》가 ㅊ, ㅁ사이에 있어 《침》이 되는
류와 같으니 洪(홍), 覃(담), 君(군), 業(업), 慾(욕), 穰(양), 戌(술), 彆(별)도 모두
이와 같다고 하였다.)"

저자는 위의 해석을 종합해보면 훈민정음창제자들이 언급한 중성(中聲)
이란 바로 오늘 우리가 말하는 모음을 염두에 두고 이야기한 것이며 또한
중성자(모음) 열한 자는 주로 혀의 위치의 앞과 뒤 입을 벌리는 정도에 따
라 설명하고 있는데 이와 같은 분석은 현대의 음운학이론으로 놓고 볼 때
도 매우 중요한 분석이라고 인정할 수 있다고 하였다.

훈민정음창제자들은 중성자를 모음으로 취급하였는데 이것은 바로 그
당시 조선어의 모음체계에서 단모음이 열하나가 있었다는 것을 의미하는
것이 아니고 문자의 창조하는 체계에서 설명된 해석으로서 단모음과 이
중모음의 구별이 아니라고 하였다. 그러면서 후기 중세조선어의 단모음은
초기중세조선어의 단모음과 마찬가지로 "·, 一, ㅣ, ㅏ, ㅗ, ㅓ, ㅜ"의 형
태로 특별한 변화가 없었으며 만약 이것을 혀의 위치에 따라 분류하여 보
면 아래와 같이 된다고 하였다.

전설고위모음: ㅣ[i]
중설고위모음: 一[ɯ]
후설고위모음: ㅜ[u]
중설중위모음: ㅓ[ə]

후설중위모음: ㅓ[o]
중설저모음: ㅏ[a]
중설저모음: ·[ʌ]

후기중세조선어의 이중모음에 대하여서 저자는 후기중세조선어의 이중모음에는 "ㅑ, ㅕ, ㅛ, ㅠ, ㅘ, ㅝ"의 계열과 "ㆎ, ㅐ, ㅔ, ㅚ, ㅟ, ㅢ"의 두 계열이 있었다고 하였다.

이상의 실례 이외에도 'ㅣ', 'ㅢ' 등 형태들이 있는데 이것은 훈민정음해례 합자해에서의 설명 즉 "· 一起 ㅣ聲 與國語無用 兒童之言 邊野之語 或有之 當合 二字而用如ㄱ|, ㄱㅣ之類(≪·≫, ≪一≫가 ≪ㅣ≫소리에서 일어나는 것은 우리나라 말에 소용이 없으나 어린이의 말이나 변강의 말에 더러 있는데 마땅히 두자를 합하여 ≪ㄱ|≫, ≪ㄱㅣ≫와 같이 써야 한다.)"가 하였는데 이 이론에 근거한다면 후기중세조선어의 이중모음에서 'ㅣ[iʌ]', 'ㅢ[ii]'가 일부 방언에서 쓰인 것이나 실지 자료에서는 이 실례를 찾아볼 수 없다는 뜻이라고 하였다.

저자는 ≪조선어발달사≫에는 훈민정음 창제 당시 모음조화와 성조에 대해서도 상세히 기술하였다.

저자는 현대조선어에서는 모음조화현상이 많이 파괴되고 있으나 후기중세조선어에서만도 이 법칙을 엄격하게 지키고 있다고 하였다. 모음조화의 원칙은 훈민정음창제에서 반영되고 있다고 하면서 훈민정음해례에서는 '·', 'ㅡ', 'ㅣ'를 天地人의 삼재(三才)로 비기고 'ㅗ', 'ㅏ', 'ㅛ', 'ㅑ'는 '·'에서 나왔기에 양(陽)이라고 하였으며 'ㅜ', 'ㅓ', 'ㅠ', 'ㅕ'는 'ㅡ'에서 나왔기에 음(陰)이라고 하였으며 'ㅣ'만은 음양(陰陽) 그 어디에도 귀속시키지 못한다고 설명하였다고 하였다. 그러므로 훈민정음해례의 이와 같은 해석은 오늘 조선어의 단어들에서 양성모음은 양성모음대로 음성모음은 음성모음대로 중성모음은 그 어디에나 결합되는 원칙과 맞는 것이라고 하였다. 그러면서 후기중세조선어에서 이 법칙을 지킨 형태들을 몇 개 실례를 들어보여 주었다.

실례:

·는 呑ㄷ字…	根온 불휘라
ㅡ는 卽字…	能은 몯하ᄂ다
ㅣ는 侵ㅂ字…	人온 사ᄅ미라
ㅗ는 洪ㄱ字…	獨온 ᄒ오ᅀ오
ㅜ는 君ㄷ字…	運은 뮈울씨라
ㅛ는 慾字…	慾온 하고져훓씨라
ㅑ는 穰ㄱ字…	多量온 몯내헬씨라
ㅠ는 戌字…	聿은 말쓈始作ᄒᄂ거지오
ㅕ는 彆字…	天은 하ᄂᆯ히라

虛空애 ᄂ라 돋니며
空中에 머므러 잇거늘
오ᄉᆞᆯ 바사 ᄯᅡ해 ᄭᆞᄅ시고
닐굽산이 둘러 잇ᄂ니
天下애 病이 업어
다ᄉᆞᆫ 소내 ᄃ롤 자보니
흔그를 밍ᄀ라
내이롤 爲ᄒ야
鹿皮오ᄉᆞᆯ 바사
일후믈 月印天江이라 ᄒ시니
法을 護持ᄒ야
八敎롤 너비 부르샤
精舍롤 디나아가니
魔兵衆을 하야 ᄇ리시고
男女를 내ᅀᅡ볏니

위의 많은 실례에서 보여주는 바와 같이 격토, 도움토, 이음토나를 할 것 없이 모두 모음조화의 법칙에 따라 각각 표기를 달리하고 있음을 알 수 있다고 하였다. 그러나 후기중세조선어에서는 이미 모음조화의 법칙이 파괴되고 있음도 더러 볼 수 있는데 '사룸올', '사르믈'로도 표기하는 현상은 벌써 모음조화에서 일부 동요되고 있었음을 실증하여 준다고 하였다.

저자는 후기조선어의 성조에 대하여서도 우선 후기중세조선어에 성조가 있었는가라는 의문을 제기하고 이 문제에 대하여 오늘 학자들의 견해가 일치하다고는 보기 어렵다고 하였다.

현대조선어의 형편으로 놓고 본다면 조선어에서는 성조가 없는 것만 사실이며 현대조선어의 입장에서 일정한 역사시기의 내용을 운운할 수 없는 것만큼 어디까지나 역사적 형편과 그 재료에 근거하여 판단하여야 한다고 하면서 훈민정음창제자들의 견해들을 살펴보았다.

저자는 훈민정음창제자들의 이론에 근거한다면 조선어에는 비단 한어 어휘에서뿐만 아니라 고유어휘에서도 성조가 있었다는 것을 긍정할 수 있다고 하면서 훈민정음언해에서 사성(四聲)에 대한 해석을 예로 들었다.

'평성(平聲)'은 "뭇눗가본소리이며", '상성(上聲)'은 "처서미 눗갑고 乃終이 노폰소리라"라고 하였으며 '거성(去聲)'은 "뭇노폰소리"라 하고 '입성(入聲)'은 "샐리 긋둧는 소리"

이와 같은 해석을 오늘 현대조선어로 풀이한다면 평성(平聲)은 제일 낮은 소리오, 상성(上聲)은 처음이 낮았다가 뒤에 높이는 소리이며 거성(去聲)은 높은 소리로 되는 것이고 또한 이 이론에 근거하여 조선어의 단어에서 사성을 구별하기 위하여 평성에서는 점을 찍지 않았고 상성에서는 두점을 찍었으며 거성과 입성에서는 각각 한 점을 찍어 사성을 분간하였다고 하였다. 저자는 몇 개 단어를 실례로 들어보았다.

상성(上聲)
:돌(石), :냘(谷), :깁(繒), :감(柿), :벌(蜂), :뫼(山), :셤(島)
:지스산그리라, :말쏨미라, :겨신나라히라, :무춤내, :수비니겨

위의 실례에서 두 점을 찍은 부분은 상성인데 오늘 현대조선어에서도
다른 단어들보다 좀 길게 발음되고 있음을 알 수 있고;

거성(去聲)
드·레(汲器), ·마(薯), 서·에(流澌), 호·미(鋤), 죠·히(紙), ·되(茅)
나랏말쏨·미, 中國·에 달아,
이런전추·로 엄·과 혀·와, 이르고·져, 便安·킈, 흔가지로·디

위의 실례에서 본다면 일부 단어들을 거성으로 취급한 것만 사실이지
만 위의 실례에서 특수한 것은 조선어에서 토들은 대부분 거성(去聲)으로
읽은 것이 많음을 알 수 있다고 하였다.

입성(入聲)
·굴(蘆), ·못(池), ·논(水田), ·별(星), ·둘(月), ·턱(頤), ·깃(巢),
·엿(飴餹), ·발· 측(跟), 사·슴(鹿), ·뎔(佛寺), ·갇(笠), ·신(履)

저자는 훈민정음창제자들은 이와 같이 이론적으로 중국의 음운학 이론
에 맞추어 사성을 구별하였지만 현실언어에 있어서는 저조(低調)와 고조(高
調)의 차이와 장음(長音)과 단음(短音)에 따라 단어의 뜻이 구별되었던 것이
라고 하였다.

예를 들면:
손(客)~· 손(手) ·솔(松)~ :솔(刷), ·발(足)~ :발(帘), 서· 리(霜)~·
·서리(間), 가· 지(種)~· 가지(枝)

또한 성조라는 것은 후기중세조선어에서 고정불변한 것이 아니라 단어의 결합형태에 따라 성조가 변할 수 있는 것이라고 지적했다.

·ᄒᆞ느니~ ·ᄒᆞ· 느니· 라, ·ᄀᆞᇀ· 니~· ᄀᆞ· ᄐᆞ니· 라, :사ᄅᆞ· 몰~· ·사· ᄅᆞ미· 라, :말쓰· 미~말· 쓰미· 라

즉 위의 실례에서 본다면 사성은 고정되어 있지 않고 늘 변화될 수 있는 것이다. 그러므로 조선어에서 성조는 음운론적으로 커다란 작용을 일으키지 못하고 뒤에 가서는 완전히 혼란에 빠지며 자기의 기능을 상실하고 말게 되는 것이라고 하였다.

성조에 대한 표기는 15세기 정음자가 창조되어서부터 훈몽자회(訓蒙字會)를 편찬할 때까지만 하여도 엄격하게 성조의 법칙을 준수하였으나 훈몽자회(訓蒙字會) 이후에 간행된 재료로부터는 완전히 법칙성이 없으며 후기에 내려올수록 그 구별을 곤란하게 하였으며 현대조선어에 있어서는 아무런 구별도 없게 되어 버렸다고 하였다.

안병호(1983) ≪조선어발달사≫는 이밖에도 후기중세조선어의 어휘와 어휘구성, 후기중세조선어의 문법형태에 대한 분석이 보인다.

2.1.1.2. 최윤갑(1987), ≪중세조선어문법≫(연변대학출판사)에도 훈민정음에 대한 연구업적이 반영되어 있다.

≪중세조선어문법≫은 문자어음론, 품사론, 형태론, 문장론의 4편으로 나누어 주로 15세기중엽 조선어의 어음체계, 문법구조에 대하여 서술하였다. 중세조선어의 어음체계, 문법구조를 서술함에 있어서 될수록 현대어와 대비하면서 서술하기에 노력하였고 될수록 간략하게 서술하기에 노력하였으며 독자들의 이해를 돕게 하기 위하여 15세기이후의 조선어 어음

체계와 문법구조의 변화에 대하여서도 개략적으로 서술하였다고 하였다.

《중세조선어문법》(최윤갑, 1987년 연변대학출판사)의 제1편 문자어음론 부분에는 "제1장 조선 문자 훈민정음, 제2장 15세기 조선어어음체계, 제3장 15세기 조선어 한자음체계, 제4장 15세기 조선어의 음절구성의 특성, 제5장 어음론, 제6장 사성, 제7장 어음의 역사적 변화", 제2편 품사론 부분에 "제1장 명사, 제2장 수사, 제3장 대명사, 제4장 동사, 제5장 형용사, 제6장 기타 품사, 제7장 중세조선어의 철자법과 그 변화", 제3편 형태론 부분에는 "제1장 체언토, 제2장 용언토, 제3장 토의 변화", 제4편 문장론 부분에는 "제1장 단어결합, 제2장 문장성분"으로 되어 있고 마지막에 고어해석부분을 더 넣었다.

저자는 제1편, 제1장(p1~19), 제1절 부분에서 주로 훈민정음의 창제에 대해 아래와 같이 기술하였다.

조선 문자 훈민정음은 기원 1444년 1월에 이조 제4대왕 세종과 정린지, 최항, 박팽년, 신숙주, 성삼문, 강희안, 이개, 이선로 등 학자들에 의하여 창제되었다. 훈민정음의 창제는 조선민족의 물질문화사에서 중요한 사건의 하나로 되고 조선어발달사에서 획기적인 사건의 하나이며 이때로부터 조선민족은 진정한 자기의 서사어를 이루게 되었고 조선민족이 이룩한 물질문화성과들을 자기의 언어문자로 기사하여 남길 수 있게 되었다.

조선 문자 훈민정음은 자기의 과학성과 인민성으로 하여 살아나왔으며 오늘 조선민족의 공용서사도구로 되어 민족의 서사교제에서 막대한 역할을 놀고 있다고 하였다. 조선 문자 훈민정음은 창제된 초기에는 28자였다고 하였다.

자음자: ㄱ ㅋ ㆁ, ㄷ ㅌ ㄴ, ㅂ ㅍ ㅁ, ㅈ ㅊ ㅅ, ㆆ ㅎ ㅇ, ㄹ ㅿ(17자)

모음자: · ㅡ ㅣ, ㅗ ㅏ ㅜ ㅓ, ㅛ ㅑ ㅠ ㅕ(11자)

이외에 저자는 훈민정음해례본과 훈민정음으로 된 문헌에는 병서한 글자 "ㄲ ㄸ ㅃ ㅆ ㅉ ㆅ ㄴ ㆀ", 연서한 글자 "ㅸ ㅱ", 합용한 글자 "ㆍㅣ ㅢ ㅚ ㅐ ㅟ ㅔ ㅢ ㅖ ㅘ ㅝ ㅙ ㅞ ㆇ ㆉ ㆈ ㆊ"가 보인다고 하면서 합용한 글자 에서 "ㅚ ㅘ ㅙ"는 만들 수 있다고 하였을 뿐 그 용례는 없다고 하였다.

제2절에서는 훈민정음의 제자원리에 대해서도 설명하였다. 우선 해례 본의 작가들의 설명에 의하면 조선 문자 훈민정음은 발음기관의 생리적 특성과 매개음의 발음특성을 포착하여 훌륭히 만든 과학적인 문자라는 것을 알 수 있다고 지적하였다. 정음창제자들은 음절을 단위로 발성의 순 차에 따라 초성, 중성, 종성의 삼성으로 나누었고 그 삼성이 다 갖추어져 야 음을 이룰 수 있다고 보았다고 하였다.

> "正音初聲卽韻書之字母也"
> "中聲者居字韻之中,合初聲終而成音"
> "終聲者承初中而成字韻"

그러나 정음창제자들은 결코 어음의 삼분법에만 머무른 것이 아니라 초성과 종성의 음운상의 일치성을 보아 냈으며 "終聲復用初聲"이라 하여 마침내 문자제정에서는 초성과 종성을 합쳐 한자를 만들었는바 이는 기 본상에서 자음과 모음을 갈라내는데 성공한 것이라고 하였다.

초중종성이 합하여야 소리가 이룬다고 보았기 때문에 단독으로 발음되 는 모음에도 초성이 있다고 보았고 이 원리에 의하여 음절의 처음에 나는 하나의 모음을 두개의 자모로 "아, 오…"(초성자 <ㅇ>와 중성자 <ㅏ>로 표 시하였다고 하였다. 이것은 음절의 첫소리로 나는 모음을 초성과 중성으 로 나눈 점에서는 자음과 모음으로 나눈 것과는 일치하지 않다고 지적하 였다. 그리고 정음창제자들은 발음위치와 발음방식에 따라 오음(五音)과 청 탁(淸濁)으로 분류하였는바 오음이란 발음위치에 의한 분류로서 아음(牙音), 설음(舌音), 순음(脣音), 치음(齒音), 후음(喉音)을 말하는 것이며 청탁(淸濁)이란 발음방식에 의한 분류로서 전청(全淸), 차청(次淸), 전탁(全濁), 불청불탁(不淸不濁)을 말하는 것이라고 하였다. 이것은 한어음운학에서의 36자모에서 직접적인 영향을 받은 것이라 하였다.

훈민정음 해례본:
"不淸不濁之字, 其聲不厲… …全淸次淸全濁之字, 其聲爲厲", "ㅋ比ㄱ聲出稍厲"

여기에서 알 수 있는바 전탁이란 소리의 거셈을 말하는 것으로서 전청, 차청, 전탁은 그 경중을 가리키는 것이며 불청불탁이란 거세지 않은 소리를 말하는 것으로서 전청보다 더 경함을 가리키는 것이라고 하였다.

훈민정음 해례본제자해에서는 "ㄱ ㄷ ㅈ ㅅ ㆆ爲全淸, ㅋ ㅌ ㅍ ㅊ ㅎ 爲次淸, ㄲ ㄸ ㅃ ㅉ ㅆ ㆅ爲 全濁, ㆁ ㄴ ㅁ ㅇ ㄹ △爲不淸不濁"이라고 하였고 해례본문에서는 "ㄱ ㅋ ㄲ ㆁ"는 아음에 "ㄷ ㅌ ㄸ ㄴ"는 설음에 "ㅂ ㅍ ㅃ ㅁ"는 순음에 "ㅈ ㅊ ㅅ ㅉ ㅆ"는 치음에 "ㆆ ㅎ ㆅ ㅇ"는 후음에 ㄹ는 반설음에 '△'는 반치음에 넣고서 설명하였다고 지적했다.

정음창제자들은 심천(深淺), 합벽(闔闢), 음양(陰陽)으로 분류하였다. 심천이란 혀의 앞뒤위치에 의한 분류로서 깊은 소리와 옅은 소리를 말하며 합벽이란 입술의 모양에 의한 분류로서 원순모음과 평순모음을 말하며 음양이란 주로 혀의 높이에 의한 분류로서 상대적으로 높은 소리와 낮은 소리를 말한다고 하였다.

훈민정음 해례본: "中聲凡十一字. ·舌縮而聲深, 天開於子也. 形之圓, 象乎天也. 一舌小縮而聲不深不淺, 地闢於丑也, 形之平, 象乎地也. ㅣ舌不縮而聲淺, 人生於寅也, 形之立, 象乎人也."
"此下八聲, 一闔一闢, ㅗ與·同而口蹙, 其形則·與一合而成, 取天地初交之義也. ㅏ與·同而口張, 其形則ㅣ與·合而成, 取天地之用發於事物待人而成也. ㅜ與一同而口蹙, 其形則一與·合而成, 亦取天地初交之義也. ㅓ與一同而口張, 其形則·與ㅣ合而成, 亦取天地之用發於事物待人而成也."

"ㅛ與ㅗ同而起於ㅣ, ㅑ與ㅏ同而起於ㅣ, ㅠ與ㅜ同而起於ㅣ, ㅕ與ㅓ同而起於ㅣ."

"ㅗ ㅏ ㅛ ㅑ之圓居上與外者, 以其出於天而爲陽也. ㅜ ㅓ ㅠ ㅕ之圓居下與 內者, 以其出於地而爲陰也"

우와 문장으로부터 알 수 있는 바와 같이 훈민정음 창제자들은 이런 분류법을 안받침하면서 훈민정음을 창제하였음을 확인할 수가 있다고 지적하였다.

저자는 정음 28자는 각각 형태를 본떴는데 자음자는 오음의 다섯 개 음에서 각각 기본자를 정하고 기본자는 그 발음이 이루어지는 위치를 모상하였다면서 아음 즉 혀뿌리소리에서는 'ㄱ'를 정하였는데 혀뿌리가 입천장에 닿는 모양을 본떴고 설음 즉 혀끝소리에서는 'ㄴ'를 정하였는데 혀끝이 위 잇몸에 닿는 모양을 본떴고 순음 즉 입술소리는 'ㅁ'를 정하였는데 입술의 모양을 본떴고 치음 즉 이소리(센입천장소리)에서는 'ㅅ'를 정하였는데 이를 맞쫓는 모양을 본떴고 후음 즉 목구멍소리에서는 'ㅇ'를 정하였는데 목구멍모양을 본떴다고 하였다.

정음창제자들은 모양을 본뜸에 있어서 될수록 한자체와 가깝게 하기에 노력하였는바 입술소리는 'ㅁ'는 'ㅁ'와 같고 이소리 'ㅅ'는 한자 '齒'의 'ㅅ'와 같다고 하였다. 정음창제자들은 기본자를 정함에 있어서 가장 거세지 않는 불청불탁의 음들로 하였는데 불청불탁의 음이 없는 데서는 그 다음 거센 전청음들로 기본자를 정하였고 아음에 있어서는 불철불탁에 속하는 'ㅇ'가 있으면서도 전청음 'ㄱ'로 기본자를 정한 까닭은 'ㅇ'가 실질상으로 후음에 가깝다고 보았기 때문이라고 하였다.

정음창제자들은 기본자들을 만들어내고 이 기본자에 기초하여 소리의 거셈에 따라 즉 전청, 차청의 순으로 한 획씩 더하였는데 이것을 도식으로 표시하면 "ㄱ→ㅋ, ㄴ→ㄷ→ㅌ, ㅁ→ㅂ→ㅍ. ㅇ→ㆆ→ㅎ"와 같이 된다는 것이다.

아음 'ㆁ'는 후음의 성질이 있음으로 제자의 방식을 달리하였는데 아음과 후음이 어울린 모양으로 'ㆁ'로 만들었고 반설음 'ㄹ'와 반치음 'ㅿ'는 획을 더하지 않고 각각 혀와 이를 모상하였는데 'ㄹ'는 혀를 만 모양을 본떴고 'ㅿ'는 이에 혀가 닿은 모양을 본떴으며 전탁은 가장 거센 소리인데 그 거셈을 나타내기 위하여 전청자를 병서하여 "ㄲ ㄸ ㅃ ㅉ ㅆ ㆅ"로 만들었다고 하였다. 그리고 'ㅇ'를 순음아래 이어쓴 "ㅸ ㅱ ㆄ ㅹ"를 순경음이라고 하였다.

모음자의 제자에서도 저자는 훈민정음 창제 당시에 기본자를 정하고 깊은 소리에서는 양성음 'ㆍ'를 기본자를 정하였는데 깊은 소리에서는 양성음 'ㆍ'를 기본자로, 중간소리에서는 음성자 'ㅡ'를 기본자로, 옅은 소리에서는 중성자 'ㅣ'를 기본자로 정하였고 기본자로 정함에 있어서 모두 입을 오무리지도 벌리지도 않은 불합불벽에 속하는 음들로 정하였고 자형은 양성음 'ㆍ'는 하늘이 둥근 모양을, 음성음 'ㅡ'는 땅이 평평한 모양을, 중성음 'ㅣ'는 사람이 선 모양을 본떴다고 하였다. 다음으로 기본자들에 의하여 여러 개의 단모음들을 만들어냈는데 그것은 기본자를 서로 결합시키는 방식이었는바 모음 'ㅣ'를 선행음으로 하는 이중모음자들은 'ㆍ'를 하나 더하여 'ㅣ'선행음을 표시하였다고 하였다.

저자는 제3절 훈민정음 28자와 그 배열순서에서는 훈민정음을 자음과 모음을 오음청탁, 심천합벽에 따라 배열하였다고 하였다. 초성자 즉 자음자는 오음별로 배열하고 각 음에서는 전청, 차청, 불청불탁의 순서로 배열하였는바 "ㄱ ㅋ ㆁ, ㄷ ㅌ ㄴ, ㅂ ㅍ ㅁ, ㅈ ㅊ ㅅ, ㆆ ㅎ ㅇ, ㄹ ㅿ"의 순으로 배열하였고 중성자 즉 모음자는 심천으로 기본자를 먼저 배열하고 그 다음으로 일합일벽(ㅡ闔ㅡ闢)의 순으로 배열하였는데 "ㆍ ㅡ ㅣ, ㅗ ㅏ ㅜ ㅓ, ㅛ ㅑ ㅠ ㅕ"의 순으로 되었다고 하였다.

저자는 정음창제 시에 매개자의 이름에 대하여서는 설명이 없다고 하면서 ≪훈민정음≫ 언해본에서 매개자의 음가를 설명할 때 모음 "ㆍ ㅗ

ㅏ ㅛ ㅑ” 아래에는 양성모음(개음절) 아래에 오는 토 ‘는’을 달아놓은 것
으로 보아 모음자는 현재와 같이 모음 그대로 불렀다는 것을 알 수 있고,
자음자 “ㄱ ㅋ ㄲ ㅇ…” 아래에는 모조리 양성모음(개음절) 아래에 오는
토 ‘는’을 달아놓았는데 이것은 자음자는 모음 ‘·’를 더하여 즉 현재 자
음자의 아래 ‘ㅡ’를 더하여 “그 느 드 르…”로 부르는 것 같이 “ᄀᆞ ᄏᆞ ᄁᆞ
ᅌᆞ…”로 불렀으리라고 보아진다고 하였다.

저자는 제4절 훈민정음의 철자에서는 조선 문자 훈민정음은 과학적으로
만들어진 자모문자이라고 하면서 철자를 함에 있어서 네모글자 한자와 같
이 음절을 단위로 하여 묶어 씀으로써 음절자로 만들어놓았는바 “象形而字
仿古篆”이라고 한 까닭은 철자에서도 똑똑히 드러나고 있다고 하였다.

정음창제자들은 음절을 단위로 자모를 배열함에 있어서 초성, 중성, 종
성이 각각 여럿이 잇닿을 경우에는 왼쪽으로 가로 배열하였고 초성자와
중성자를 결합시킬 때에는 중성자의 형태에 따라 즉 세로 그은 자 “ㅣ ㅏ
ㅓ ㅑ ㅕ”는 자음의 오른쪽에 붙이고 가로 그은 자 “ㅡ ㅗ ㅜ ㅛ ㅑ”와
‘·’는 초성의 아래쪽에 붙여썼고 종성은 모조리 중성의 아래쪽에 붙였다
고 하였다.

자모의 철자에서 음절을 단위로 하여 가로세로 묶어놓았기 때문에 실
지에 있어서는 음절자로 되었고 활자수는 음절수와 같거나 그것을 초과
하지 않으면 안된다고 말하고 이것은 조선 문자가 가지고 있는 최대의 결
함으로서 인쇄와 타자에 막대한 불편을 가져오게 된다고 지적하였다.

다음으로 정음창제자들은 “凡字必合而成音”이라고 보았기에 철자에서도
초중종성을 다 갖추는 것을 원칙으로 하였다고 기술하였다. 때문에 하나
의 모음을 가진 한자 ‘與, 異’자와 같은 것도 ‘영, 잉’로 표기하여 종성에
후음 ‘ㅇ’를 달아 놓았다. 그러나 순조선어표기에서는 종성에 ‘ㅇ’를 달지
않았다고 하였다. ≪훈민정음≫ 해례본 종성해에는 “且ㅇ聲淡而虛, 不必用
於終, 而中聲可得成音也”라고 기술하였는데 이것은 한 음절로 형태가 고정

된 한자에 한하여서는 'ㅇ'까지 달아 이른바 종성을 갖추어 두었으나 "此는 이라"와 같이 형태변화가 다양하여 형태부에서의 음절을 고정시키기 어려운 순 조선어에서는 "ㅇ"를 달지 않았으며 한자음표기에서 종성 'ㄹ'을 쓰면 소리가 느리어 입성을 이룰 수 없다고 하여 '不(붏)'와 같이 'ㄹ' 아래 'ㆆ'를 더 보태여 'ㄹㆆ'을 썼다고 하였다.

저자는 제5절 훈민정음의 변화에서는 조선 문자 훈민정음도 역사의 흐름과 함께 변화되었다고 하면서 아래와 같이 기술하였다.

우선 자모의 수가 적어졌는데 자모 "ㆆ, ㅸ, ㆅ, ㅿ, ㆁ, ·"가 없어졌다. 자모 'ㆆ'는 1464년에 나온 ≪금강경언해≫로부터 벌써 고유조선어표기에서 쓰이지 않았고 그 후 차차 한자교정음에서도 쓰이지 않아 1527년에 나온 ≪훈몽자회≫에서는 'ㆆ'를 제거하여 28자모를 27자모로 고쳤다.

자모 'ㅸ'는 1462년 ≪릉엄경언해≫에서 벌써 쓰이지 않았다. 물론 일부 문헌에서(1464년 아미타경언해) 보이기는 하나 대체로 이 시기로부터는 소실되었다.

자모 'ㆅ'는 고유조선어표기에서 1464년에 나온 ≪금강경언해≫까지 쓰이고 기 다음해에 나온 ≪원각경언해≫에서는 쓰이지 않았다. 그러나 한자음표기에서(교정음표기에서) 그후 약 10여 년 간 계속 쓰이었다.

자모 'ㅿ'는 대체로 16세기초엽까지 쓰이었다. 1527년에 나온 ≪훈몽자회≫에서는 적지 않게 보이나 그 후에 나온 일부 문헌에서는 간혹 보일 뿐이다.

자모 'ㆁ'는 16세기초엽부터 벌써 초성에서 쓰이지 않고 종성에서만 쓰이었다. ≪훈몽자회≫범례에서 민간에서 초성을 쓰면 모두 'ㅇ'로 바뀌었는데 17세기부터는 완전히 'ㅇ'를 쓴다고 하였다. 종성에서도 자형이 점차로 'ㅇ'로 바뀌었는데 17세기부터는 완전히 'ㆁ'는 자취를 감추었다. 1751년에 나온 ≪삼운성휘≫에서는 25자모로 하여 "ㆆ, ㅿ, ㆁ"를 빼버렸다.

이외에도 'ㆀ, ㅥ'도 1465년에 나온 ≪원각경언해≫부터는 쓰이지 않았고 모음자 '·'는 1933년 ≪한글맞춤법통일안≫에서 정식으로 폐지되었다.

저자는 자모의 수뿐만 아니라 자형도 변화되었는데 모음자의 '·'와 "·ㅡ, ㅣ·, ㅡ·, ·ㅣ"의 점이 동그라미이던 것이 ≪용비어천가≫에서는 지금의 글자모양대로 "ㅗ, ㅏ, ㅜ, ㅓ, ㅛ, ㅑ, ㅠ, ㅕ"로 되었고 '·'만 그 대로 동그람이었으며 그러던 것이 그 후에 나온 문헌에서는 빗점으로 되었다고 하였다.

훈민정음의 배열순서에서도 변화가 있었는데 최세진의 ≪훈몽자회≫에서 크게 변화되었다고 하였다. 최세진은 ≪훈민정음≫ 해례본에서와 마찬 가지로 오음에 따라 즉 아음, 설음, 순음, 치음, 후음으로 배열하되 초성과 종성에 두루 쓰이는 자들을 한데 모아 앞에 놓고 초성에만 쓰이는 자들을 한데 모아 뒤에 놓았다고 하였다. 그리고 반설음과 반치음은 각각 설음과 치음에 귀속시켰는데 같은 성질의 음에서 획수가 많은 것은 뒤에 놓았다. 즉 "ㄱ ㄴ ㄷ ㄹ ㅁ ㅂ ㅅ ㆁ ㅋ ㅌ ㅍ ㅈ ㅊ ㅿ ㅇ ㅎ", "ㅏ ㅑ ㅓ ㅕ ㅗ ㅛ ㅜ ㅠ ㅡ ㅣ"와 같이 되었다고 하였다. 그 후 자음 'ㅿ ㆁ'가 없어 지고 'ㅈ ㅊ'가 'ㅋ ㅌ'의 앞에 놓이게 되어 현재와 같이 되었다.(≪삼운성 휘≫에서는 'ㅈ ㅊ'를 현재와 같이 'ㅋ ㅌ'의 앞에 놓으면서도 'ㅌ'를 'ㅋ'의 앞에 놓 았다.) 모음의 배열은 ≪훈몽자회≫의 순서 그대로 되었고 자모 '·'가 없 어졌을 뿐이라고 하였다. 자모의 이름은 ≪훈몽자회≫에서 처음으로 달게 정식으로 달게 되었는데 초성과 종성에 두루 쓰이는 자들은 그 자들의 초 성음에 모음 'ㅡ'와 합하여 "니은, 리을, 미음"과 같이 이름을 지었고 초 성에만 쓰이는 자들은 그 자들의 초성음에 'ㅣ'를 함하여 "키, 티, 피"와 같이 이름을 지었으며 모음은 그 자의 발음그대로를 이름으로 삼았다고 하였다. 그리고 자음자에서 'ㄱ'을 '기역'으로 한 것은 한자음이 '윽'이 없 기 때문에 근사음 '역'을 쓴 것이라고 하였다.

훈민정음의 자모이름은 이렇게 그대로 내려오다가 1933년 ≪한글맞춤 법통일안≫에 와서 초성자에만 쓰이는 자들은 '키읔, 티읕'으로 이름을 달았고 "기역, 디긋, 시옷"은 해방 후에 "기윽, 디은, 시읏"으로 고쳤다고 하였다.

저자는 제2장 15세기 조선어 어음체계(p19~38)의 자음체계에는 소음자음으로서 순한소리 "ㄱ, ㄷ, ㅂ, ㅅ, ㅈ, ㆆ", 거센소리 "ㅋ, ㅌ, ㅍ, ㅊ"가 있었으며 된소리는 'ㅆ'가 방금 산생되고 된소리에 가까운 설근마찰음 'ㆅ'가 있었을 뿐 아직 그 체계를 이루지 못했다고 하였다. 그 대신 된소리의 전신으로 되는 복자음 "ㅺ, ㅼ, ㅄ, ㅅ"와 "ㅲ, ㅄ, ㅳ, ㅽ, ㅶ"가 있었으며 그리고 유성자음 'ㅸ, ㅿ', 향음자음으로서는 "ㄴ, ㄹ, ㅁ, ㅇ"가 있었다고 하였다. 모음체계에는 단모음 "·, ㅡ, ㅣ, ㅗ, ㅏ, ㅜ, ㅓ"가 있었고 중모음으로서는 이중모음 "ㅛ, ㅑ, ㅠ, ㅕ, ㅘ, ㅝ", "·ㅣ, ㅢ, ㅚ, ㅐ, ㅟ, ㅔ"가 있었으며 삼중모음 "ㅒ, ㅖ, ㅙ, ㅞ"가 있었다고 하였다. 15세기 받침소리에 대해서도 설명하였는데 현대조선어의 받침소리 "ㄱ, ㄷ, ㅂ, ㄴ, ㄹ, ㅁ, ㅇ"밖에 'ㅅ'가 더 있었고 여덟 개의 받침소리가 엄격히 구별되어 사용되었다고 하였다.

≪훈민정음≫ 해례본 종성해에는 "然 ㄱ ㆁ ㄷ ㄴ ㅂ ㅁ ㅅ ㄹ 八字可足用也. 如빗곶爲梨花, 영의 갗爲狐皮, 而ㅅ字可以通用."라고 하였고 ≪훈몽자회≫에서는 초성과 종성에 통용하는 것이 여덟자라 하여 거기에 "ㄱ, ㄴ, ㄷ, ㄹ, ㅁ, ㅂ, ㅅ, ㅇ"를 넣었는바 오늘날에 받침소리로서 구별이 없는 'ㅅ'와 'ㄷ'를 당시에는 엄격히 구별하였음을 알 수 있다고 하였다. 이것은 15세기 조선어의 마찰음이 받침소리에서 현대어와 같이 폐쇄음화되지 않았다는 것을 설명하여 준다고 하였다.

15세기 문헌에서는 둘 받침도 그대로 표기하였는데 이것은 그 당시에 자음들이 어말이나 자음 앞에서 연속으로 발음된 것이라고 짐작된다고 하면서 당시 둘 받침가운데 어느 하나가 빠져서 발음되면 간혹 그 발음대로 표기되어 빠질 수 있겠는데 그런 현상은 찾아보기 힘들다고 하였다.

예: ㄹㄱ:

　　흙爲土(정음해례본합자해)

　　히와 돌와 별왜 다 붉디 아니ᄒ며(월석2.15)

ㄹㅂ:

　　스믈 여듧字(훈민정음언해)

　　國人도 ᄉᆞᆲ거니(룡가 72)

ㄹㅁ:

　　나랏 말로 옮겨 써 펴면(월석 서23)

ㄱㅅ:

　　낛爲釣(정음해례본합자해)

이 예들에서 '흙'은 [hʌlk]로 '붉디'는 [[pʌlkt'i]로 '여듧'은 [jətɨlp]으로 '삶거니'는 [sʌlpk'əni]로 '옮겨'는 [olmkjə]로 '낛'은 [naks]으로 발음되었으리라고 본다고 하였다.

2.1.1.3. ≪한조언어문자관계사≫(리득춘, 1992년, 동북조선민족교육출판사)에서도 훈민정음 연구성과가 반영된다.

저자는 ≪한조언어문자관계사≫(1992)에서는 훈민정음 관련 연구에 대해 문자의 창제배경, 이론적 기초와 중국음운학과의 관계, 혼용체문장의 형성, 한문의 성행이 정음에 가져다 준 영향이라는 네 개 부분으로 나누어 기술하였는데 구체적으로 다음과 같다.

2.1.1.3.1. 세종의 문자창제에 대한 연구

저자는 이씨조선왕조는 단일민족국가인 봉건적 중앙집권국가로서 1392년에 성립되었는데 단일민족의 단일어로, 다시 말해서 민족공통어인 조선어로 중세기적 발전을 밀고나가려는 당시에 있어서 팽팽한 민족어의식과 함께 자기 문자를 창제하지 않으면 안 될 세기적 욕구가 물결치고 있었다고 하면서 이러한 가운데 이씨조선의 제4대 임금인 세종의 주도로 ≪훈민정음≫은 1444년 1월에 창제되어 1446년 10월에 세상에 공포되었다고 하였다. 물론 문자의 창제가 세종대에 이르러 봉건군주에 의하여 실현된 것에 대해서는 이의가 없으나 다른 한 방면으로 이 속에 배어 있는 민중의 지혜와 시대적 욕구가 봉건통치계급상층에서 취한 대책으로 인하여 실현된 것에 불과하다는 점도 간과할 수 없다고 지적하였다.

저자는 이씨왕조가 고려를 대체한 후 사회생산력은 일정한 발전을 가져왔고 봉건문화도 발전하게 되었다고 하였다. 이러한 정세에 한문이거나 이두는 근본적으로 적응할 수 없었고 광범한 백성들은 조선말에 적합하고도 쓰기 쉬운 자기만의 문자를 요구하였고 또한 봉건국가 자신도 통치를 강화하기 위해서는 알기 쉽고 사용하기 편리한 문자를 창제해야 될 필요를 절실히 느꼈던 것이라고 하면서 훈민정음의 창제는 바로 이러한 현실 하에서 추동되었고 이와 더불어 여진, 일본, 몽골 그리고 인도와 접촉하는 가운데서 표음문자의 우월성을 느낀 데다가 당시 명나라초기 음운연구의 영향 밑에서 조선 문자는 싹트기 시작하였다고 하였다.

세종은 훈민정음을 창제하기에 앞서 세종 2년(1420년) 3월 16일에 집현전을 신설하고 학사들이 정음창제를 비롯한 학문에 열중하도록 권장했으며 세종 자신도 학문에 상당한 조예가 있었는데 특히 중국의 음운학에 깊은 중시를 돌렸다고 하였다. 세종은 소옹(邵雍)의 "황극경세서(皇極經世書)"를 탐독했을 뿐만 아니라 훈민창제와 관련하여 중국사신이 올 적마다 음운에 대해 물어보았고 또 친히 사람을 중국에 띄우기까지 하여 음을 결정했으며 지어는 서울을 떠나 청주 초수리 약수터로 안질치료를 떠날 때에도 운회(韻會)번역에 관련된 사람들이 수행하게 했다고 하였다. 또한 신숙주가 "홍무정운역훈(洪武正韻譯訓)"의 서문에서 "우리 세종장헌대왕께서 운학에 유심하시고 그 저온(底蘊)을 깊이 연구하시어 훈민정음 약간 자를 창제하셨다(我世宗莊憲大王留心韻學, 窮研底蘊, 創製訓民正音若干字)"고 한 기재들은 모두 이를 입증해준다고 하였다.

이상에서 세종의 중국음운학연구와 관련된 사실들을 간단히 말했는데 문자창제과정에 이러저러한 중국의 문화와 관계되는 일들이 있은 것은 결국 중국문화에서 받은 영향을 말해주는 것이라고 하였다.

이와 같이 세종이 만들어낸 훈민정음은 당시 한문의 세계였던 동아시아에서 한자와는 다른 표음문자의 탄생을 고하였는바 자모문자인 동시에 표음문자인 정음은 어디까지나 조선어를 적기 위한 독창적인 문자임이 틀림없으며 그렇다고 하여 훈민정음창제와 그 이론적 기초에 중국문화의 영향이 전혀 있을 수 없다고 말할 수는 없으며 세종자신의 학문과 실제적 창제에 반영된 중조문화관계는 지워버릴 수 없는 사실로 되고 있는 것이라고 하였다.

2.1.1.3.2. 문자창제의 이론적 기초와 중국음운학

저자는 글에서 훈민정음은 그 제자원리나 어음이론 면에서 일련의 과학적이고 독창성을 갖고 있으면서도 이따금 중국문화의 영향과 흔적을 보여주고 있다고 지적하였다. 이러한 중국문화의 흔적은 독창적인 이 문자에 손색을 주지 않았는바 이는 중조문화의 교류 및 언어문자의 관계의 밀접성을 보여준 것이라고 하였고 아울러 봉건적 유교사상이 지배하던 시대적 제한성을 면치 못하고 있었다는 점도 외면할 수 없는 사실로 되어 맹목답습의 흔적도 없지는 않다고 하면서 아래와 같이 기술하였다.

첫째, "제자해"에서는 "각각 그 모양을 본떠서 만들었다(各象其形而制之)"고 하였으나 정린지가 쓴 서문에서는 "모양을 본뜨면서 중국의 고전을 모방하였다(象形而字倣古篆)"고 앞뒤가 서로 다른 서술을 하고 있다면서 이에 대한 해명을 위하여 먼저 다른 기록들을 살펴보았다.

세종실록에는 "글자는 고전을 본떴다(其字倣古篆)"는 기록이 있고 최만리의 갑자반대상소문에도 이와 비슷하게 "글자의 모양은 비록 옛 전문을 모방했다 하나 용음합자가 모두 고전과 반대된다(字形雖倣古之篆文, 用音合字盡反於古)"고 언급한바 있는데 이조실록의 기록이나 최만리의 상소문에 나온 "고전모방론"은 정린지의 말보다 시간적으로 모두 앞섰다.

하지만 이러한 원인으로 하여 "제자해"의 발음기관모방설을 부정할 수는 없는바 이를 자세히 분석해보면 중국의 옛 전자가 조선 문자의 창제에 간접적으로 작용하고 있음을 알 수 있게 된다. 즉 발음기관 상형적 원리가 확정된 후 직접적으로 발음기관을 모방하여 자형으로 하는가 아니면 다른 그 어떤 형태를 매개로 삼겠는가 하는 문제가 제기되었던 것이다. 이에 그들은 전자의 선획 관념에 의해 문제를 고려해보았을 수 있으며 전자의 해당 글자들을 참조하였을 수 있고 또한 고전의 선획을 참조한 경우가 전반 문자에 모두 적용된 것이 아니라 일부의 글자들에서만 체현되고 있다는 점도 간과할 수 없다고 하였다. 아래 입술소리 'ㅁ'의 경우를 예로 들어 책에서는 아래와 같이 설명하였다.

'ㅁ'가 입의 모양을 본떴다고 하는데 직접적인 상형은 네모꼴이 될 수 없음은 자명하기에 여기서 우리는 전자를 연상하지 않을 수 없다. ≪설문해자≫에서 "人所以言食也"라 하고 상형에 귀속시킨 한자의 입구자(口)는 전자로 그림1에 반영한 것과 같고 ≪강희자전≫에서 보면 그림2와 같은 모양도 가졌었음을 알 수 있다.

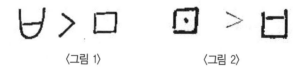

<그림 1>   <그림 2>

훈민정음가운데의 'ㅁ'는 상형과정에 바로 고전을 비롯한 상기의 선획을 도입했을 수 있다. 아울러 한자에서도 입구자(口)는 상형이고 조선어에

서도 자모 'ㅁ'는 상형인바 조선글자의 상형과정은 전자거나 또는 그 후
시기의 입구자(口)를 참조하였다고 보아야 한다.

이처럼 자음자들은 발음기관의 모양을 모방하면서 그 모방과정에 일부
글자들에서 전자의 형태를 매개로 함으로써 상형원리에 입각했음에도 그
림으로 표시하는 단계를 거치지 않고 고도로 세련된 글자형태를 구비할
수 있었던 것이다.

역사적으로 "고전모방설"을 주장하는 사람들은 정음자의 일체를 고전
에 연결시켰는바 이는 정음문자의 독특한 점을 전혀 무시하는 허무주의
입장에서 나온 것이다.

둘째, ≪훈민정음≫ 제자해에서 모음자에 대하여 먼저 소리의 깊고 얕
음에 따라 기본자 셋을 만들고 그에 기초하여 나머지 8자는 기본자를 상
하좌우로 호상 조합하여 만들었다고 했는데 우리가 생각하건대 모음자도
발음기관모상과 관계된다고 하면서 그것은 우선 "제자해"에서 모음 11자
를 포함하여 각각 그 모양을 본떴다고 하였는바 결국 모음자도 혀의 상태
를 비롯하여 입술의 상태를 고려하면서 기본자부터 만든 것으로 된다.

그러나 해례의 작자들은 모음자 'ㆍ'에서 혀가 끌려들고 소리가 깊은
것은 "하늘(天)이 자(子)에서 열리기 때문이며, 그 모양이 둥근 것은 하늘을
본떴기 때문이다."라고 함과 동시에 "ㅡ"에서 혀가 조금 끌려들고 소리가
깊지도 얕지도 않은 것은 "땅(地)이 축(丑)에서 열렸기 때문이며 그 모양이
평행한 것은 땅을 본떴기 때문이다."라고 했으며 'ㅣ'에서 혀가 끌려들지
않고 소리가 얕은 것은 "사람(人)이 인(寅)에서 생겼기 때문이며 그 모양이
선 것은 사람을 본떴기 때문이다."라고 말했다.

이처럼 하늘과 땅과 사람의 형상에 모음자의 자형을 귀결시키고 있는
데 오늘에 와서 보면 이는 시대적 제한성에서 온 것이지만 창제당시로 보
면 봉건주자철학을 받아들인 산 표본으로 된다. 일찍 ≪주역(周易)≫의 "계

사(系辭)"에 "천도가 있고 인도가 있고 지도가 있어서 3재를 겸하면 짝으로 된다(有天道焉, 有人道焉, 有地道焉, 兼三材而兩之)"라는 말이 나오는데 정음창제자들은 모음 모음자창제에서 아주 명확히 이런 관념론의 외의를 쓰고 있으며 또 그것으로써 일체를 설명하려 하고 있는데 이는 중국철학의 영향과 갈라놓을 수 없다.

또한 기본자 3자 외의 자들에 대하여 3재설로 다음과 같이 설명했다.

〈표 1〉 3재설의 원리로 설명한 기타 중성(기본자 제외)

중성	천지인 3재설
ㅗ	천지가 처음 사귐
ㅏ	천지의 쓰임이 사람의 힘을 입음
ㅜ	천지가 처음 사귐
ㅓ	천지의 쓰임이 사람의 힘을 입음

이렇게 말한 다음 "ㅗ, ㅏ, ㅜ, ㅓ"는 하늘과 땅에서 시작하고 "ㅛ, ㅑ, ㅠ, ㅕ"는 'ㅣ'에서 일어나 사람을 겸하였다고 하였다. 아울러 "훈민정음" 제자해는 비단 중성에서뿐만 아니라 초중종 3성에도 이 이론을 씌워놓았는데 관련 기재를 보면 다음과 같다.

  "초성에는 발성의 뜻이 있으니 하늘의 일이요, 종성에는 끝맺는 뜻이 있으니 땅의 일이다. 중성은 초성의 남을 잇고 종성의 이룸을 받으니 사람의 일이다.(初聲有發動之義, 天之事也。終聲有止定之義, 地之事也。中聲承初之生, 接終之成, 人之事也。)"

셋째, 훈민정음에 있어서 글자는 그것이 표시하는 음소와 직접적이고도 체계적인 관계에 놓여있는데 이렇게 된 것은 훈민정음이 음운이론의 기초 상에서 이루어졌기 때문이다. 아울러 훈민정음의 이러한 높이는 당시 세종을 비롯한 집현전학사들의 중국음운학에 대한 깊은 이해와 그에 기초한 독창정신과 갈라놓을 수 없다고 하면서 아래와 같이 기술하였다.

중국의 음운학이나 세종의 연구에 있어서 음절을 중심으로 하는 이론을 벌려나간 것은 마찬가지이나 근본적 차이는 이 음절에 대한 분석과 인식이 다른 것이다. 중국음운학에서는 이른바 성운(聲韻)2분법을 사용하여 어두자음을 성이라 하고 모음과 어말자음은 통털어 하나의 운으로 하였다. 그러나 훈민정음은 이 전통적 분석법을 벗어나서 자음과 모음을 음절 가운데서의 위치에 따라 초성, 중성, 종성으로 분할하면서 초중종3분법을 도입했다. 이뿐만 아니라 훈민정음에서 제기한 중성의 경우, 이것은 한어 음운학에는 없는 독자적 명칭이기에 독창적인 서술을 보여주고 있는바 중국의 등운학(等韻學) 이론에 구애되지 않고 소리의 깊고 옅은 정도, 입의 오무림 정도를 척도로 하는 심천합벽(深淺闔辟)의 원리에 따라 독특하게 모음을 나누었는데 다음의 도표에 제시된 바와 같다.

〈표 2〉 심천합벽의 원리에 따라 분류된 모음

			不縮	小縮	縮
			淺	不深不淺	深
			中聲	陰聲	陽聲
			ㅣ	ㅡ	·
口蹙	闔	初出		ㅜ	ㅗ
		再出		ㅠ	ㅛ
口張	辟	初出		ㅓ	ㅏ
		再出		ㅕ	ㅑ

아울러 훈민정음은 이렇게 창조적으로 중국의 음운이론에서 벗어나면서도 또 그에 얽매이는 양상도 보였는데 특히 초성의 어음분류와 이론기초에서 보아낼 수 있다고 하였다. 고대중국의 음운학자들은 발음위치에 따라 성모를 목구멍소리(喉音), 어금니소리(牙音), 혀소리(舌音), 이소리(齒音),

입술소리(脣音)로 나누었는데 이것을 흔히 '5음'이라 하였고 송나라 때에 이르러 반설음(半舌音)과 반치음(半齒音)을 갈라 '7음'으로 되고 원명(元明)이 후시기에 또 입술소리가 중순(重脣)과 경순(輕脣)으로, 이소리가 정치(正齒)와 치두(齒頭)로 분할되어 '9음'이라고도 하였다. 또한 발음방법에 따라서는 '전청(全淸)', '차청(次淸)', '전탁(全濁)', '차탁(次濁)' 등으로 나누었다.

훈민정음은 그 창제 시에 이러한 이론을 그대로 받아들였는데 오직 "경순(輕脣)"이 극히 제한되고 정치와 치두가 조선어에서 분할되지 않기에 그런 것들을 설정하지 않았을 따름이고 제자해의 서술에 근거하면 초성은 7음청탁의 분류법을 도입하고 있는바 이 분류는 완전히 중국의 음운학이론에 물젖은 것이었다. 그들은 조선어어음체계에 존재하지도 않는 전탁자와 영모(ㆆ)자를 만들어 인위적인 ≪동국정운≫의 한자음에 사용하였다. 자모의 순서도 칠음청탁의 순서대로 정해졌으며 그러하기 때문에 자모의 명칭도 정해지지 않았다고 하였다. 저자는 다음의 문제에서도 중국음운학의 이론을 그대로 수용했음을 알 수 있다고 하면서 아래와 같이 서술하였다.

고대 중국에서는 음악의 음계를 가리켜 "궁, 상, 각, 치, 우(宮商角徵羽)"의 5성으로 나누었는데 점차 어음에 사용되어 처음에는 자음(字音)의 높낮이 — 성조의 개념을 나타내다가 당나라와 송나라 때에 이 5성을 성모의 발음부위와 배합하게 된 것이라고 하였다. 훈민정음에서 이 이론을 받아들인 연고로 초성은 아래와 같은 관계를 이루게 되었다.

〈표 3〉 성모의 발음부위와 배합시켜 제시한 5성

5성	5음	성질	음상
角	牙	錯而長	實
徵	舌	銳而動	轉而颺
宮	脣	方而合	含而廣
商	齒	剛而斷	屑而滯
羽	喉	邃而潤	虛而通

  넷째, 훈민정음은 형이상학적인 입장에 서서 언어의 생성원리와 조직원리를 중국의 음양오행설로 설명하고 있는데 ≪훈민정음해례≫의 작자들은 이미 만들어진 문자에 이러한 이론들을 연용함으로써 자기들의 관념론적사상과 사대주의적 입장을 드러내고 있다.

  구체적으로 보면 훈민정음 제자해에서는 5음과 5행, 5시, 5성, 5방을 결부하여 초성을 설명하였고 음양과 태극, 또는 5행과 태극으로 중성을 설명하였는바 아래의 도표들을 통해 제시하였다.

〈표 4〉 5음, 5성, 5행, 5시, 5방과 연관시켜 설명한 초성

五音	五聲	五行	五時	五方
喉	羽	水	冬	北
牙	角	木	春	東
舌	徵	火	夏	南
齒	商	金	秋	西
脣	宮	土	季夏	無定

〈표 5〉 음양과 태극의 원리로 설명한 중성

中聲	點	出處	陰陽	太極
ㅗ, ㅏ, ㅛ, ㅑ	上, 外	天	陽	
ㅜ, ㅓ, ㅠ, ㅕ	下, 內	地	陰	兼乎人, 參兩儀
·		天	陽	於八聲, 陽之統陰

〈표 6〉 5행과 태극의 원리로 설명한 중성

中聲	順次	關係
ㅗ	初生於天	天一生水之位
ㅏ	次之	天三生木之位
ㅜ	初生於地	地二生火之位
ㅓ	次之	地四生金之位
ㅛ	再生於天	天七成火之數
ㅑ	次之	天九成金之數
ㅠ	再生於地	地六成水之數

ㅕ	次之	地八成木之數
·	天	天五生土之位
ㅡ	地	地十成土之數
ㅣ	人	獨無位數, 未可以定位成數

상기의 도표들에 반영된 훈민정음과 중국의 이학(理學)이론의 관계는 당시의 시대적제한성을 말해줌과 아울러 중조문화관계의 밀접성을 말해줌에 있어서 아주 귀중한 자료로 된다.

다섯째, 훈민정음에서는 성조를 표기하기 위하여 사성점(四聲點)을 찍었고 조선어에서 성조가 의미분화적 역할을 하는 비음질음운으로 존재하였는가에 대해서는 아직 명확한 결론을 내릴 수 없지만 당시에 고유어거나 한자어에 사성표기를 하였는데 그들이 사용한 "평성, 상성, 거성, 입성"의 술어 자체가 중국음운학을 본뜬 것임에는 의심이 없다고 하였다. 그리고 그 구체적인 양상에 대해 다음과 같이 기술하였다.

우선, 조선한자음에 표시된 성조는 두 가지로 구분되는데 하나는 "동국정운"을 비롯한 운서들에 표시된 성조인바 이는 중국운서의 성조를 교조적으로 따온 것으로서 중고한어와 일맥상통하다. 다른 하나는 "훈몽자회"를 비롯한 자서들에 표시된 성조로 중고한어와는 좀 다른데 기존의 연구에 따르면 상고한어의 성조와 대응된다.

다음, 사성이란 한자음운학과 등운학에 내원을 둔 것이기는 하나 "훈민정음"은 고유어의 악센트현상에까지 사성을 적용했다는 것을 보아낼 수 있다. 아래의 예문을 보기로 하자.

예: 내① 어저픠 다숫가짓 꾸믈 꾸우니… 셰흔 생중둘히내② 몸안해 들며 ("월인석보"一, 17)

원문을 보면 ①은 거성이고 ②는 평성이다. 바로 이렇게 고유어의 주격과 속격의 구별을 거성과 평성으로 나타냈는데 사실상 이는 성조가 아니라 악센트현상으로서 음운적 현상은 아니다.

아울러 4성의 음조에 대한 설명은 당시에 약간의 차이들을 보이고 있다고 하였다.

　　　　평성: 편안하고 고르롭다 (≪합자해≫)
　　　　　　　가장 낮은 소리 (≪훈민정음언해≫)
　　　　　　　낮은 소리 (≪훈몽자회≫)
　　　　상성: 고르롭고 들리다 (≪합자해≫)
　　　　　　　처음이 낮고 나중이 높은 소리 (≪훈민정음언해≫)
　　　　　　　길게 끌어 나종이 들치는 소리 (≪훈몽자회≫)
　　　　거성: 들리고 굳세다 (≪합자해≫)
　　　　　　　가장 높은 소리 (≪훈민정음언해≫)
　　　　　　　곧고 바로 높은 소리 (≪훈몽자회≫)
　　　　입성: 빠르고 막히다 (≪합자해≫)
　　　　　　　빨리 끝닿는 소리 (≪훈민정음언해≫)
　　　　　　　곧고 빠른 소리 (≪훈몽자회≫)

저자는 또한 성조의 각도에서 받침소리에 대하여 다음과 같이 썼다고 기술하였다.

"소리에는 느림과 빠름의 차이가 있기에 평성, 상성, 거성은 그 종성이 빠르게 끝나는 입성의 종성과 다르다. 불청불탁의 자는 그 소리가 거세지 않아 종성에 쓰면 평성, 상성, 거성에 해당한다. 전청, 차청, 전탁의 자는 그 소리가 거세기 때문에 종성으로 쓰면 입성에 해당한다. 그러므로 'ㆁ, ㄴ, ㅁ, ㅇ, ㄹ, ㅿ'는 평성, 상성, 거성의 종성이 되고 그 나머지는 모두 입성의 종성이 된다.(聲有緩急之殊, 故平上去其終聲不類入城之促急。 不清不濁之字, 其聲不厲, 故用於終則宜於平上去, 全清次清全濁之字, 其聲爲厲, 放用於終則宜於入。

所以, ㅇㄴㅁㅇㄹㅿ 六字爲平上去聲之終, 而餘皆爲入聲之終也。)"

이와 결부하여 한어음운학의 기술을 보면 한어음운학에서는 양성운과 입성운을 한개 섭에 귀속시켰기에 예컨대 [-ŋ, -n, -m]운은 그와 서로 짝을 이루는 [-k, -t, -p]운을 가진다고 하면서 이것은 주로 그들의 주요모음 및 운미의 발음위치가 동일한데서 기인된다고 하면서 [-ŋ][-k]는 설근음, [-n][-t]는 설단음, [-m][-p]는 양순음인 것이라고 하였다. 하지만 이들의 발음방법은 오히려 다른 양상을 보이면서 [-ŋ][-n][-m]는 다만 평성, 상성, 거성에 쓰이고 [-k][-t][-p]는 입성에 쓰이며 아울러 ≪광운≫에는 34개의 입성운이 아주 정연하게 양성운과 짝을 이루도록 설정되어 있는데 "운경"의 예를 들어봐도 '東董送'과 '屋'운이 한줄에 놓여있는 등은 이를 입증해준다고 하였다.

이상의 분석을 통해 ≪훈민정음≫이 한어 등운학의 영향을 받아 입성과 기타 성조를 배열했음을 명확히 보아낼 수 있는 것이라고 저자는 지적하였다. 그 외 "훈민정음"은 종성위치에서의 무성음과 유향음의 대립을 한어의 음운이론으로 설명하면서 그것을 조선어에 적용하여 조선어에서의 이들의 호상전환을 서술하고 있다고 하였다.

"5음의 느림과 급함이 각각 스스로 상대가 된다. 어금니 소리의 'ㆁ'는 'ㄱ'의 대가 되어 'ㆁ'를 빨리 내면 'ㄱ'로 변하여 급하고 'ㄱ'를 펴서 내면 'ㆁ'로 변하여 느리며 혀 소리의 'ㄴ, ㄷ', 입술소리의 'ㅁ, ㅂ', 이 소리의 'ㅿ, ㅅ', 목구멍소리의 'ㅇ, ㆆ'도 다 서로 느림과 급함의 대가 됨이 또한 이와 같다.(五音之緩急亦各自爲對。如牙之爲對, 而ㆁ促呼則變爲ㄱ而急。ㄱ舒出則變爲ㆁ而緩。舌之ㄴㄷ, 脣之ㅁㅂ, 齒之ㅿㅅ, 喉之ㅇㆆ, 其緩急相對亦猶是也。)"

이를 종합하면 다음과 같다고 설명한다.

[-k]—[-ŋ], [-t]—[-n], [-p]—[-m], [-s]—[-z], [-ʔ]—[-o]

훈민정음은 "ㄹ"종성에 관하여 고유어에만 쓸 수 있고 한자에는 쓰지 않을 것으로 정하였다. 그들의 근거라면 그것이 "ㄷ"가 변하여 가볍게 된 것이기에 'ㄹ'받침으로 하면 입성이 되지 않는다고 여겨 조선어에서 'ㄹ'로 읽는 한자를 한어입성에 맞추어 'ㄹㆆ' 종성으로 고쳐놓았다. 예컨대 '彆'자 하나만 보아도 "볃, 볋, 별" 등으로 부동하게 표시되었는데 이것은 언어적 현실을 이탈하고 억지로 중국음에 맞추려는 의도로 보인다고 하였다.

여섯째, 상형원리에 의하여 창제된 정음문자는 표음문자인 동시에 자모문자로서 비록 상형원리에 입각했지만 그림단계를 거치지 않고 고도로 세련된 글자형태를 구비한 문자이지만 훈민정음은 음절식철자법을 사용함으로써 서사생활에서 일정한 결함을 갖게 된 것도 사실이다.

훈민정음의 창제자들은 "초성, 중성, 종성"이 합하여야 비로소 하나의 완전한 음과 글자를 이룬다는 음운관점과 글자관념을 지녔고 이러한 사상에는 한자의 영향이 체현되어 있다. 한자에서 그 음은 성모와 운모로 나누어지는데 그것은 꼭 한자의 네모꼴 글자 안에서 체현되는 것인 바 정음창제자들은 자모문자를 창조한 다음 하나의 음절이 반드시 하나의 글자형체를 가져야 한다고 생각했을 수 있으며 그 형체 속에는 반드시 초성, 중성, 종성이 있어야 한다고 생각했을 수 있다. 이러한 전제하에서 ≪훈민정음≫ 합자해에서는 다음과 같은 서사규칙들을 규정했다.

① 초중종 3성이 있어야 글자가 되며 따라서 초성은 중성의 위에 쓰거나
　　중성의 왼쪽에 쓴다.
　　예: 君 군, 業 업
② 중성에서 둥근자 'ㆍ'와 가로글자는 초성의 아래에 쓰고 세로글자는
　　초성의 오른쪽에 쓴다.
　　예: 呑 톤, 卽 즉, 侵 침

③ 종성은 초성과 중성이 합한 아래에 쓴다.
　　예: 君 군, 業 업
④ 초성을 둘이나 셋을 어울려 쓸 때는 옆으로 나란히 쓴다.
　　예: 따(地), 딱(只), 뽐(隙)
또한 같은 초성자를 어울려 써도 나란히 쓴다.
　　예: 혀(引), 괴여(人愛我), 쏘다(射)
⑤ 중성을 둘이나 셋을 어울려 쓸 때도 옆으로 붙여 쓴다.
　　예: 과(琴柱), 홰(炬)
⑥ 종성을 둘이나 셋을 어울려 쓸 때도 옆으로 나란히 쓴다.
　　예: 흙(土), 낛(釣), 둙째(酉時)

이렇게 어울려 쓰는 것은 초성, 중성, 종성이 마찬가지인바 왼쪽에서 오른쪽의 방향으로 나란히 쓴다.

이상과 같은 규정으로 하여 자모식문자인 훈민정음의 우월성을 서사생활에서 나타낼 수 없게 되었는바 이러한 것은 자모식글자의 본성을 떠난 규정으로서 한자의 영향이라고 말하지 않을 수 없다고 저자는 강조하였다.

2.1.1.3.3. 혼용체문장의 시초

훈민정음이 세상에 나오기 전에 한자로 표기된 한문이 시종 서사생활의 주선을 이루었고 그 외에 한자로 표기된 이두문도 사용되었었고 이렇듯 음성언어와 문자언어의 불일치에 의한 기형적인 서사생활이 계속되는 정황 하에서 훈민정음의 출현은 민족의 염원을 반영하는 역사적 필연성에 입각한 하나의 대사변이 아닐 수 없었다고 저자는 지적하면서 아쉬운 점이라면 훈민정음이 문자생활에 혁신을 가져오지 못한 것이라고 하였다.

저자는 세종은 한자의 사용을 폐지하지 않았으며 또 세종 자신으로서는 그렇게 할 수도 없었고 나라의 치국사상이 중국의 유교와 갈라질 수 없었으며 대명정책에서도 "지성사대(至誠事大)"였던 당시에는 사대부들로부터 일반 선비에 이르기까지 한문만을 지식으로, 글로 보았기 때문에 나라의 서사생활에는 3중체계가 되었는데 결국 정음이 응당 차지해야 할 자리를 차지하지 못했고 이러한 국면은 19세기말엽까지 이어졌다고 하였다.

저자는 그럼 정음으로는 어떻게 서사생활을 하여왔는가 하는 질문을 제기하면서 정음이 창제되어 서사형식에서 그 규범을 보여준 것은 ≪용비어천가(龍飛御天歌)≫이라고 하였다. 이는 훈민정음을 창제한 세종이 정음철자 및 서사형식에서의 시금석으로 내놓은 것으로서 조선말을 조선글로 기록한 첫 문헌으로 되며 당시 조선어서사형식의 제 면모를 그대로 보여준다는 점에서 큰 의의를 가지며 아울러 구체적인 서사형식은 대체로 다음과 같은 두 가지 경우로 되어있다고 하였다.

하나는 한 장의 노래를 순수 정음으로만 기록한 것이다.

예:

불휘기픈 남ᄀᆫ ᄇᆞᄅᆞ매 아니 뮐쌔 곶됴코 여름 하ᄂᆞ니
시미기픈 므른 ᄀᆞᄆᆞ래 아니 그츨쌔 내히 이러 바ᄅᆞ래 가ᄂᆞ니 (제2장)

다른 하나의 경우는 정음과 한자를 섞어 쓴 것이다.

예:

海東六龍이 ᄂᆞᄅᆞ샤
일마다 天福이시니
古聖이 同符ᄒᆞ시니 (제1장)

용비어천가의 전부를 보게 되면 첫째 경우는 극히 적고 둘째 경우가 압도적으로 우세하는데 이로부터 새로 창제된 조선 문자는 그 독자성이 약하고 한자를 섞어 씀으로써 이중서사수단이 혼용된 혼용체를 그 서사형식으로 하였다는 것을 알 수 있다고 하였다.

이러한 혼용체문장은 당시에 대량으로 나왔던 언해서들에서 계속 발전해나갔는데 일부 경우에는 "한자어의 잡동사니"라고 할 수 있을 정도로

한자가 장황하게 혼용되기도 하였다고 하면서 "오륜전비언해"의 언해문 한 단락을 보기로 하였다.

예:

　　더 溫溫和和ㅎ거슨 春風이 처음으로 扇홈이오

　　蒼蒼涼涼ㅎ거슨 曉日이 쟝춧올음이오

　　霏霏微微ㅎ거슨 一天香露이오

　　稀稀朗朗ㅎ거슨 幾點殘星이오

　　半空에 巍巍峨峨ㅎ거슨 龍樓鳳閣이오

　　三殿에 寬寬敞敞ㅎ거슨 金屋銀屛이오

　　前殿後殿에 嚶嚶雍雍ㅎᄂ거슨 門軸를 推開홈이오

　　文樓武樓에 軟軟款款ㅎᄂ거슨 簾旌을 捲起홈이오

　　槍叉ㅣ 들어다딜리매 支支査査ㅎ소리오

　　刀劍이 버러비최매 光光晃晃히 붉고

　　… …

　　　　　　　　　　　　　　("오륜전비언해" 권3 · 13)

저자는 근대로 들어오면서 이러한 현상은 언문문학의 충격을 받기 시작하여 언문시가(가사, 잡가), 언문소설(산문소설, 운문소설)들이 도시평민들과 천대받던 부녀자들 속에서 창작되고 보급됨에 따라 언문의 세력이 종전과 달리 차츰 커져갔기에 18~19세기에 들어서면서부터는 전통적인 혼용체를 지키려는 경향과 새로운 언문만으로 글을 쓰려는 경향이 대치되었다고 하였다. 하지만 이러한 역사적 환경에 처했다고 하여도 한문위주의 경향과 한문이 공용적서사도구로 우선시되는 현실은 개변되지 않았기에 이른바 언문일치(言文一致) 운동이 시작되었던 것이라고 지적하였다.

근대문명과 개화사상의 영향은 급격히 새로운 방향으로 향했고 자본주의생산관계의 발전, 반봉건반침략투쟁의 영향 밑에 1884년의 자산계급혁명과 1894년의 갑오농민전쟁 및 갑오경장은 민족어사용에 커다란 추동력으로 되었는바 이 시기에 이르러 사람들은 새롭게 변화하는 사회현실에 비추어 더 이상 한문만으로 사회적 욕구를 반영할 수 없음을 느끼면서 조선말과 글을 살리고 한문과 한문투의 서사어를 배격하기 시작했으며 말과 글의 일치를 더욱 절실히 요구하게 되었음도 필자는 긍정적으로 보았다. 그후 1895년에 드디어 "법률명령을 다 국문으로써 근본을 삼고 한역을 부하며 혹 국한문을 혼용한다(法律勅令總之國文爲本, 漢文附譯或混用國漢文。)"는 법령이 나왔는바2) 이 조치는 조선어를 공식적 서사수단으로 하였다는 점에서 의의가 자못 크다고 하였다.

아울러 "언문일치운동"은 19세기말 내지 20세기 초에 이르러 이봉운, 주시경, 최광옥, 지석영 등 애국애족의 학자들에 의해서 더욱 본격화되었지만 이 운동은 자체의 제한성과 일제의 야수적 탄압에 의하여 중도에 무산되고 말았으며 이러한 가운데 1896년 4월 7일에 ≪독립신문≫이 순조선문신문으로 발간되었는데 이 신문은 창간호사설에서 "우리 신문이 한문은 아니 쓰고 다만 국문으로만 쓰는 것은 상하귀천이 다 보게 홈이라"라고 아주 명확히 언급했고 이를 실천에 옮겼다고 하였다. 그러나 상기의 조치들로 혼용체문장을 배격하지는 못했고 실제상 법령은 혼용체를 공문서에 적용하는 것을 주되는 목적으로 하다 시피 되었기에 수 백 년 동안 써오던 혼용체는 계속 유지되었으며 공문서들에서는 구결식 한문에 토를 붙여놓는 정도의 것도 나타났고 혹은 그 어순을 우리말 식으로 풀어놓은 정도의 것도 나타났다고 하였다.

저자는 국한문을 혼용하는 현실은 20세기에 와서도 큰 개변을 보지 못하였다가 해방 후에 이르러 자기 말과 글을 자유롭게 쓸 수 있는 형편에서 비로소 한자를 철폐하였던 것이라고 하였다.

---

2) "고종실록" 제32권, 31년 갑오 11월 21조.

2.1.1.4. ≪한글과 중국음운(韓文與中國音韻)≫(이득춘, 1998년, 흑룡강민족교육출판사)에서도 훈민정음 연구성과가 반영된다.

저자의 ≪한글과 중국음운(韓文與中國音韻)≫(1998)에서는 훈민정음과 중국음운학의 관계를 집중적으로 조명하면서 다음과 같은 문제들에 대해 상응한 관점을 피력했다.

2.1.1.4.1. 훈민정음 창제의 내적동기

저자는 훈민정음의 창제는 "언문불일치"의 모순을 해결하여 사람마다 쉽게 익히고 쓸 수 있는 서사수단을 제공하려는데 주요한 동기가 있었으나 다른 한 방면으로는 세종이 봉행했던 "척불숭유(斥佛崇儒)"의 치국방침과도 긴밀한 연계가 있다고 하였다.

세종은 "훈민정음"을 창제하고 반포함과 동시에 집현전의 학자들을 소집하여 선후로 ≪동국정운≫(1447년), ≪홍무정운역훈≫(1455년)과 ≪사성통고≫(1455년)의 편찬을 완성하였다. 이 세 가지 언어 사업은 시간적으로 가까울 뿐만 아니라 그 편찬진의 구성에 있어서도 대부분 일치하다. 이는 일정한 정도에서 "훈민정음"의 창제, 조선어 한자음의 정리와 통일 및 중국 한자음에 대한 연구는 세종의 언어문자 총체규획의 유기적인 구성부분으로서 불가분리의 내재적 연계를 지닌다는 것을 가늠케 한다고 하였다.

아울러 훈민정음이 창제된 후 세종이 곧바로 운서의 편찬과 번역에 착수하게 된 것에 대해서는 세종 본인의 언어, 문자관, 그리고 당시의 문자사용 상태와 사회학술사조의 영향을 간과할 수 없다고 본다고 하면서 아래와 같이 기술하였다.

첫째, 훈민정음의 창제에는 두 가지 학술적 배경이 있는데 하나는 중국의 음운학이고 다른 하나는 송나라 시기의 성리학이었다. 전자는 당시 동방의 선진적인 언어학원리이고 후자는 그 철학적 기초를 이루고 있었는데 세종의 언어문자관은 바로 이 양자가 성행하던 시기에 형성된 것이다. 역사적으로 고찰해보면 고려시기에 ≪예부운락(禮部韻略)≫을 인입하여 과거시험의 과목으로 설정했고 충렬왕 시기에는 성리학도 안육(安裕)을 통해 고려에 전해졌다. 세종 시기에 이르러 이씨조선에서는 "척불숭유(斥佛崇儒)"를 국사로 하고 "지성사대(至誠事大)"를 대명정책으로 하면서 "경학을 근본으로 하고 실천에 옮기고자 하는(經學爲體, 經學爲用)" 학술적 방침 하에 일련의 조치들을 통하여 학문에 대한 정리, 통일, 심열 및 문자창제 활동을 진행해나갔다.

둘째, 글자의 형체, 소리, 의미를 동시에 겸비한 한자가 조선반도에 인입된 후 시간의 흐름에 따라 전해지는 과정에 조선어 한자음과 중국 한자음의 거리가 점점 멀어져 각종 "속음(俗音)"과 "그릇된 음(誤讀)"이 출현하게 되었는데 세종은 이러한 언어적 실태가 "경학을 근본으로 하는(以經爲本)" 국사에 부합되지 않는다고 여겨 조선 한자음에 대한 교정을 명했던 것이다.

≪동국정운≫은 바로 이러한 맥락에서 당시의 한자음을 교정하여 표준적인 한자음을 내놓기 위하여 편찬된 것이다. 비록 ≪동국정운≫식의 인위적인 한자음체계는 실제와 부합되지 않는 양상을 보이지만 세종이 추진한 언어문자정책의 목표는 매우 뚜렷했는바 혼잡해진 한자음을 바로잡아 백성들의 한문교육에 모본을 제공함으로써 문화로 민중을 교화하는 유풍을 이어나가기 위함이었다. 즉 세종은 당시에 이미 민족과 나라의 통일을 이룩하기 위한 선결조건의 하나가 언어와 문자의 통일임을 인식했던 것이다.

셋째, 통치자의 입장과 당시의 학술적 사조로부터 볼 때 음운을 장악하는 것은 "유가를 숭상하고 도를 중시하며(崇儒重道) 음악을 알고(知樂) 나라를 잘 다스리는(知政)" 선결 조건이었다.

이에 신숙주는 "동국정운"의 서문가운데서 다음과 같이 밝혔다.

"書契未作, 聖人之道寓於天地 ; 書契旣作, 聖人之道載諸方策。 俗究聖人之
道, 當先文義, 欲知文義之要, 當自聲韻, 聲韻乃學道之權輿也。"

≪홍무정운≫의 서문가운데도 비슷한 서술이 있다.

"備萬物之體用者, 莫過於字, 包衆字之形聲者, 莫過於韻, 所謂三才之道, 性命
道德之奧, 禮樂刑政之原, 皆有系於此, 誠不可不愼也。"

이렇듯 "소리(聲)", "이치(道)", "정치(政)"를 결합하는 사상은 유가의 "예
악(禮樂)으로 치국안민(治國安民)을 달성한다."는 경전적인 논술에서 비롯된
것인바 그 서술을 보면 다음과 같다.

"是故審聲以知音, 審音以知樂, 審樂以知政, 而治道備矣。"

즉 성운(聲韻)으로부터 글의 뜻(文義)에 이르고 궁극적으로 성인의 이치를
깨닫거나 성운(聲韻)에 대한 검토로 음악을 알게 되고 궁극적으로 정치의
도를 터득하게 된다는 사상은 바로 세종이 실시하고자 했던 바이다. 아울
러 그는 "성운에 대한 검토(審聲)"와 네모글자인 한자 사이의 모순을 의식
했고 동방의 기타 표음문자들의 우월성을 알게 되었다. 이러한 현실은 그
로 하여금 중국음 및 조선한자음을 정확히 표기하고 교정할 수 있는 새로
운 표음문자계통을 고안하도록 추동했다. 왜냐하면 표음문자만이 근본 상
에서 전통적인 "독약법(讀若法)", "직음법(直音法)", "반절법(反切法)" 등 표음
방법들의 국한성을 극복하고 진정으로 "성운에 대한 검토로부터 음악을
알게 되는"목적에 도달할 수 있다고 생각했기 때문이다.

저자는 총체적으로 훈민정음은 이중적인 창제동기를 지니고 있는데 외
적 동기는 "언문불일치(言文不一致)"로 야기된 모순을 해결하여 백성들의
정상적인 문자생활에 배우기 쉽고 사용에 편리한 서사도구를 제공하기

위함이었고 내적동기를 살펴보면 중국의 한자음을 정확히 표기하고 조선한 자음을 교정하기 위함이었다. 이로부터 훈민정음의 창제는 ≪동국정운≫ 및 ≪홍무정운역훈≫의 편찬과 유기적인 내적관계를 지니고 있는바 그 사이에 중국음운학의 이론을 참조하는 것은 빼놓을 수 없는 선결조건이 었다고 생각한다.

2.1.1.4.2. 초성과 중고음운의 대응관계

저자는 훈민정음은 중국음운학가운데의 7음청탁 분류법과 관련 명칭을 거의 그대로 인용했으며 중고음운의 36개 자모를 참조하여 음가를 추측 한 기초 상에서 23자모를 선택해 고유음과 한자음의 표기에 사용했는바 이를 도표로 보이면 다음과 같다고 하였다.

〈표 7〉 중고음운을 참조하여 선정한 23자모

清濁 \ 七音	全清	次清	全濁	次濁 (不清不濁)
牙	見 君 ㄱ	溪 快 ㅋ	郡 ㅺ ㄲ	凝 業 ㆁ
舌	端 知 } 斗 ㄷ	透 徹 } 呑 ㅌ	定 澄 } 覃 ㄸ	泥 娘 } 那 ㄴ
脣	幫 非 } 別 ㅂ	滂 敷 } 漂 ㅍ	并 奉 } 步 ㅃ	明 微 } 彌 ㅁ
齒	精 照 } 卽 ㅈ / 心 審 } 戌 ㅅ	清 穿 } 侵 ㅊ	從 床 } 慈 ㅉ / 邪 禪 } 邪 ㅆ	
喉	影 挹 ㆆ	曉 虛 ㅎ	匣 洪 ㆅ	諭 欲 ㅇ
半舌				來 閭 ㄹ
半齒				日 穰 △

상기의 도표를 통해 보아낼 수 있듯이 훈민정음의 창제자들은 이미 중

조 음운사이의 구별적인 특징을 인식했는바 이는 보귀한 발견이 아닐 수 없다고 하였다. 또한 대표문자의 한자를 갱신함('邪'자 제외)에 있어서 하나의 글자로 초성과 중성의 음가를 동시에 표시하려 했음을 보아낼 수 있는데 예하면 '君[kun]'자의 경우, 이 한자를 통해 초성 'ㄱ[k]'와 중성 'ㅜ[u]'를 인지할 수 있는 것이라고 하였다.

2.1.1.5. 조선어사 연구에서 ≪조선어발달사≫(이득춘, 이승자, 김광수 등 2006년 연변대학출판사)에도 훈민정음에 대한 연구업적이 반영되어 있다.

저자는 ≪조선어발달사≫는 조선어의 형성 및 그 발전과정을 연구하는 학문이고 본 교과목의 학습을 통해 각 역사시기 조선어의 어음, 어휘, 문법 및 문자의 발전, 변화과정을 체계적으로 장악함으로써 오늘날의 조선어가 어떠한 변화를 거쳐 이루어진 것인가 하는 언어발전역사에 대하여 종합적인 지식체계를 갖출 수 있게 되고 나아가 언어의 내부발달법칙에 대하여 보다 깊이 요해할 수 있게 된다고 하였다.

본 교재는 편찬시 언어자료를 충분히 활용하고 각 학자들의 이견과 부동한 관점에 대해서도 적당하게 취급하였고 또한 복잡한 기술을 피하고 체계적으로 되도록 알아보기 쉽게 내용을 조직하였기에 조선어의 발전역사를 요해하려는 모든 학도들도 부담없이 읽고 배울 수 있다고 하였다. 본 교재가 이루어질 수 있은 것은 한국과 조선, 중국의 많은 학자들의 선행연구와 업적이 있었기 때문이라고 하였다.

시간의 흐름에 따라 간단없이 변화발전하고 있는 조선어의 발전행정에 있어서 어느 한 시대를 구분할 때는 그 구분하는 근거가 확실해야 하지만 실제로 각 시기구분에 뚜렷한 선을 긋기란 매우 어려운 작업이다. 특히 언어사적인 견지에서만 시대를 구분한다는 것은 더욱 그러한바 그 가장 중요한 원인은 아직 조선어의 변천에 대하여 전면적이고도 체계적으로 정밀한 검토와 연구를 진행하지 못하고 있는데 있다고 하면서 ≪조선어

발달사≫에서는 조선어의 발전시기를 아래와 같이 구분한다고 하였다.

1. 고대조선어: 선사시대 ~ 신라의 멸망
2. 중고조선어: 고려의 건립 ~ 고려의 멸망
3. 중세조선어: 조선왕조의 건립 ~ 임진왜란 직전
4. 근대조선어: 임진왜란 ~ 갑오경장 직전
5. 현대조선어: 갑오경장 ~ 현재

훈민정음에 대한 연구는 주로 제5장 중세조선어 부분에서 볼 수 있다.
제5장 중세조선어의 체계를 보면 아래와 같다.

제1절 역사개황 및 자료
제2절 조선 문자의 창제와 표기체계
　　1. 세종과 ≪훈민정음≫의 창제
　　2. 훈민정음의 제자 및 이론기초
　　3. 중세조선어의 표기체계
　　　1) 문자의 서사규칙과 자모배열
　　　2) 철자법
　　　3) 한자음
제3절 중세조선어의 음운체계
　　1. 자음체계
　　2. 모음체계
　　3. 어음변화 및 어음의 결합적 특성
　　　1) 모음조화
　　　2) 어음의 첨가와 탈락
　　　3) 자음동화
　　　4) 두음법칙
　　　5) 혀앞소리와 모음 'ㅣ'의 결합
　　　6) 입술소리와 모음 'ㅡ'의 결합
　　　7) 자음과 겹모음 'ㅢ'의 결합
제4절 중세조선어의 문법적 형태

1. 품사
   1) 명사
   2) 수사
   3) 대명사
   4) 동사
   5) 형용사
   6) 관형사
   7) 부사
   8) 감탄사
2. 형태
   1) 중세조선어의 형태적 특징
   2) 문법형태
3. 구문
   1) 문장성분
   2) 확대성분 및 복합문
제5절 중세조선어의 어휘
1. 중세어휘의 기원적 분류
   1) 고유어휘
   2) 한자어휘
   3) 차용어휘
2. 중세어휘의 교차
   1) 음절증가에 의한 어휘의 교차
   2) 음절축소에 의한 어휘의 교차
   3) 순수한 어휘론적 교차
   4) 어음변화에 의한 어휘의 교차
3. 중세어휘의 의미
   1) 단어의 다의성과 동음어
   2) 동의어, 반의어
   3) 단어의미의 변화
4. 중세어휘의 조어법
   1) 파생어간의 조성

　　2) 합성어간의 조성
　　3) 어음교체에 의한 새 어간의 조성
　　4) 품사전성과 어간반복에 의한 새 어간의 조성

　제5장의 제1절과 제2절 그리고 제3절을 통하여 ≪훈민정음≫에 대한 연구 성과를 분석해본다.

　저자는 조선 문자 훈민정음은 조선 왕조 제4대 임금인 세종(世宗)대왕에 의하여 세종25년(1443년) 즉 계해 12월에 창제되었고 새로 만들어진 문자의 이론적 기초와 사용원리를 밝혀낸 책이 문자창제 3년 후인 세종 28년 (1446년)에 편찬되었는데 이 책이 곧 훈민정음의 원본 ≪훈민정음해례본≫ 이라고 하였다. 이 책은 첫머리에 세종이 지은 예의문(원문)이 있고 다음 원문에 대한 해석으로 되는 제자해, 초성해, 중성해, 종성해, 합자해, 용자례가 있으며 마지막에 정린지의 서문이 있다고 하였다. 지금 우리가 ≪훈민정음≫이라고 할 때 두 가지 뜻을 내포하고 있는데 하나는 조선 문자의 이름이요, 다른 하나는 조선 문자에 대한 책이름이라고 밝히었다.

　저자는 ≪조선어발달사≫에서는 세종에 대해 아래와 같이 소개하였다. 학문을 숭상한 세종은 중국의 유학을 기본사상으로 하였고 중국의 경학(經學)을 연구하였으며 이와 못지않게 중국고대사학에도 관심을 돌렸다고 하였다. 세종 18년 ≪강목통감훈의(綱目通鑑訓義)≫가 완성되었을 때 그는 "무릇 배움에는 경학이 근본이 되며 그야말로 마땅히 먼저 할 바다. 그러나 경학을 다스리고 사(史)에 통하지 않으면 그 배움이 넓지 못하나니 사학을 다스리려거든 강목 한 책만 같음이 없다."고 하였는데 여기서도 그의 학문사상을 엿볼 수 있다고 지적하였다.

　세종은 ≪성리대전(性理大全)≫도 애독하였고 명나라 임금에게 특히 이 책을 요구하여 몸소 애독하고 간행도 하였다. 그는 세종 8년 12월 3일 "내 이학에 비록 능통하지 못하나 이미 읽어보았노라.⋯이제 또 이 책을 읽으니 자못 의심나는 곳이 있도다. 학문이란 진실로 무궁하다."라고 하기까지 하였다고 말하였다.

이처럼 세종은 사상 면에서 유교의 신봉자였으며 그가 비록 사생활 면에서 불교를 신앙하기도 했지만 그것은 그의 사상 전반을 대체할 수 없으며 명나라와의 관계에서 문화를 수입하고 평화적으로 지내기를 주장했으며 그의 대명정책은 《지성사대(至誠事大)》 즉 사대주의를 실시하는 것이었다.

저자는 세종의 중국음운학연구와 관련된 사실들을 아래와 같이 기술하였다.

훈민정음의 창제에 있어서는 당시의 유일한 언어학이라고 할 중국음운학(中國音韻學)의 지식을 크게 활용하였다. 중국에서는 자고로 자음(字音)을 이분하여 고찰하는 방법이 발달하였는데 자음의 사성을 구분하여 의식하고 또 운별로 분류, 정리하는 법이 마련되었는데 이것이 운서(韻書)의 학(學)이라고 하였다. 운서의 학은 수대에 이르러 육법언(陸法言)에 의하여 집대성 되어 중국운서의 대종(大宗)이라고 일컬어지는 《절운(切韻)》(601)이 편찬되었다. 그 후 역대 중국에서는 시대에 따라 여러 운서가 편찬되었으니 《당운(唐韻)》(唐), 《광운(廣韻)》(宋), 《예부운략(禮部韻略)》(宋), 《집운(集韻)》(宋), 《고금운회거요(古今韻會擧要)》(元), 《중원음운(中元音韻)》(元), 《홍무정운(洪武政韻)》(明) 등이 그것이다. 또 한편 당말 북송 대에 걸쳐서는 36자모표의 완성과 함께 중국자음을 표로 표시하는 운도(韻圖)의 학(學)이 발달하였다. 《운경(韻鏡)》(북송), 《절운지장도(切韻指掌圖)》(南宋), 《황극경세성음창화도(皇極經世聲音唱和圖)》(北宋) 등은 운도의 대표적인 것들이라고 하였다.

또한 저자는 중국음운학에 대한 관심이 세종대에 들어와서는 더욱 고조되었는데 이것은 세종의 학문적 경향에서 온 것이었다고 하였다. 세종은 다른 학문과 마찬가지로 중국음운학에 조예가 깊었고 중국음운학 이외에도 세종대왕은 호학, 박학한 군주여서 음악, 이학 등에도 조예가 깊었었고 특히 이학은 훈민정음 창제에 밀접한 영향을 주었으며 이학은 송명시대에 고도로 발달하였던 송명 유가의 철학사상이었다고 하였다. 이학의 창시인은 주돈이(周敦頤), 소옹(邵雍), 정호(程顥), 정이(程頤), 사마광(司馬光) 등이며 이학을 집대성한 사람은 남송의 주희(朱熹)이며[3] 주희는 객관화된 봉건 도덕인 '이(理)'를 지고 무상한 최고의 범주로 인정하고 천하만물은 '이(理)'에서 통일된다고 보았으며 '이(理)'는 영원한 것으로서 우주보다 먼저 존재한 정신적 실체인바 세상만물은 오직 '이(理)'로부터 파생되었다고 주장한다고 하였다. 이러한 이학에 입각하여 가지고 소옹 등 일부 학자들은 인간의 성음에 대하여 논하였는데 이로부터 중국의 전통적인 음운학과 음양오행설, 그리고 태극설은 송대에 이르러 결부되게 되었던 것이다.

송학은 고려 충렬왕대에 안유(安裕)에 의하여 제창되기 시작하여 려말에는 이제현(李齊賢), 정몽주(鄭夢周)와 같은 이성학자(理性學者)까지 나오게 되었지만 조선에 크나큰 영향을 끼치기 시작한 것은 조선시대에 들어와서의 일이었고 특히 ≪성리대전(性理大全)≫이 전래된 뒤부터의 일로 보인다고 하였다. 송대 모든 학자들의 설을 집대성한 ≪성리대전≫, ≪사서대전(四書大全)≫, ≪오경대전(五經大全)≫과 함께 명나라 제5대 성조 대에 편찬된 것인데 영락 13년(조선태종 15년, 1415년)에 출간되자 4년 후인 세종 원년에는 벌써 조선에 전래되고 있었다.

≪성리대전≫이 전래된 뒤 세종은 이를 깊이 고구하고 국내에서도 간행시키는 한편 각 향교에 비치까지 시키는 등 ≪성리대전≫의 보급에 상당한 열의를 보였고 소옹 ≪성리대전≫에는 이학만이 수록된 것이 아니라 소옹의 ≪황극경세성음창화도≫와 이와 관련된 여러 학자들의 성음론이 상당한 부분에 걸쳐 수록되어 있어서 세종대의 학자들은 ≪성리대전≫

---

3) 실제상 이학은 주희 등을 대표로 하는 객관유심주의와 육구연(陸九淵), 왕수인(王守仁)을 대표로 하는 주관유심주의를 다 포함한다. (≪현대한어사전≫ 2002년 증보본)

을 통하여 중국음운학과 송대이학을 함께 섭취한 것으로 보인다[4])고 하
였다.

저자는 세종은 이런 역사적, 학문적 배경에서 정음창제의 집행자로 나
섰던 것인바 이는 원문과 정린지의 서문에서 아주 똑똑히 밝혀지고 있다
고 하면서 아래와 같이 기술하였다.

세종은 "나라의 말씀이 중국과 달라 문자로써 서로 통하지 않으므로 어
리석은 백성이 말하고저 할 바가 있어도 마침내 제 뜻을 능히 펴지 못하
는 사람이 많다.(國之語音, 異乎中國, 與文字不相流通. 故愚民有所欲言, 而終不得伸其情
者多矣.)"고 하면서 "이를 위하여 딱하게 여겨 새로 스물여덟자를 만드노니
사람마다로 하여금 쉽게 익혀 날로 사용함에 편안하게 하고저 할따름이
다.(予爲此憫然, 新制二十八字, 欲使人人易習, 便於日用矣)"라고 하였던 것인데 이는
그의 정음창제의 동기와 목적을 말해주고 정린지도 ≪훈민정음해례≫의
서문에서 "중국의 한자를 빌어서 그 쓰임을 통하나 이는 둥근데 모난 것
을 끼움과 같이 이가 맞지 않으니 어찌 능히 통달하여 막힘이 없으랴. 요
컨대 각각 자기 처한 바를 따라 편의케 할 것이지 억지로 같게 할 것이
못된다.(假中國之字, 以通其用. 是猶枘鑿之鉏鋙也. 豈能達而無礙乎. 要皆各隨所處而安, 不
可强之使同也.)"와 같이 한자의 부당성과 문자창제의 필요성을 지적하였다.

세종시기의 현실은 이러한 동기와 목적이 이룩되게 하였으며 일본, 여
진, 몽골 그리고 인도와의 접촉가운데서 표음문자의 우월성을 느낀 데다
가 당시 명나라초기의 음운연구의 영향 밑에서 조선 문자는 싹트기 시작
하였고 이리하여 훈민정음은 비로소 세종 25년 계해 12월에 창제되었다
고 하였다.

저자는 집현전에 대해서도 아래와 같이 설명하였다. 세종은 훈민정음을
창제하기에 앞서 세종 2년(1420) 3월 16일 집현전을 신설하였는바 원래 고

---

4) 姜信沆(1998) <國語學史>(增補改訂版) 서울, 普成文化社

려시대부터 수문관(修文館), 집현전(集賢殿), 보문각(寶文閣) 등이 있었는데 세종시기에 이르러 이러한 것들은 아무런 사업도 못하는 유명무실한 것으로 되었다. 세종은 이것들 가운데서 집현전을 실질적으로 일하는 기관으로 남기고 다른 것은 정리해버렸다. 전임학사로 처음에는 10명을 두었다가 세종 4년에는 15명, 17년에는 30명으로 늘었고 18년에는 20명으로 줄이었다.

집현전에서는 등과한 나이 어린 수재들을 학사로 하여 저술과 고제연구를 하게 하였다. 집현전은 주로 경연(經筵)과 서연(書筵), 사관(史官), 사령제찬(辭令制撰), 중국고제연구 등 일을 담당하였다. 언어방면에서는 정음창제, 운회번역, 동국정운편찬, 사서언해편찬 등 일을 했는데 이는 실로 ≪훈민정음≫의 산실이라고도 일컬을 수 있었다. 세종은 집현전내의 최항, 정린지, 박팽년, 신숙주, 성삼문, 강희안, 이개, 이선로 등 학사들의 도움을 받아 훈민정음을 창제하게 되었던 것이라고 하였다.

세종은 학사들을 학문에 열중하게 한외 또한 자기 자신이 학문에 조예가 깊었고 특히 세종은 중국의 음운학에 연구가 깊어 명나라의 초기운서 ≪홍무정운≫을 번역하게 하였고 또 이를 본떠서 ≪동국정운≫을 만들게 하였다고 한다. 신숙주가 ≪홍무정운역훈≫ 서문에서 "我世宗莊憲大王留心韻學, 窮研底蘊, 創制訓民正音若干字(우리 세종장헌대왕께서 운학에 류심하시고 그 저온을 깊이 연구하시어 훈민정음 약간자를 창제하셨다.)"고 한 것을 보거나 세종자신이 최만리 등에게 "너희들이 운서를 아느냐? 사성과 칠음에 자모는 몇이 있느냐? 만약에 내가 운서를 바로잡지 않는다면 그 누가 바로 잡을 것이냐?"라고 말한 것들을 보면 그의 운학에 대한 지식은 간단치 않았음을 알게 된다고 지적하였다. 또 세종이 탐독한 ≪성리대전≫ 중의 ≪황극경세서(皇極經世書)≫는 그의 음운이론형성에 큰 영향을 미쳤던 것이며 그의 이러한 학문숭상의식과 실제적 연구는 끝내 집현전학사들의 옹위 하에 훈민정음을 창제하기에 이르게 하였다고 하였다.

세종은 서울을 떠나 청주 초수리 약수터로 안질치료를 떠날 때에도 정음연구재료를 가지고 갔고 운회번역에 관련된 사람들이 수행하게 했고 또한 훈민정음창제와 관련하여 중국사신이 올 적마다 음운에 대하여 물어보았고 또 친히 사람을 중국에 띄우기까지 하여 음을 질정하였다고 지적했다. 특히 성삼문 등을 중국 요동에 여러 번이나 보내어 당시 요동에 유적(流嫡) 하여있던 명나라 한림학사(翰林學士) 황찬(黃瓚)에게 묻게 한 것은 그 예 가운데의 하나라고 하였다. 세종이 만들어낸 훈민정음은 당시 한문의 세계였던 동아세아에서 한자와는 다른 표음문자의 탄생을 고하였다고 지적하였다.

아래에 훈민정음 원문인 ≪어제훈민정음≫의 전문을 소개하였다.

御製訓民正音, 國之語音, 異乎中國, 與文字不相流通, 故愚民有所欲言, 而終不得伸其情者多矣。予爲此憫然, 新制二十八字, 欲使人人易習, 便於日用耳。

ㄱ, 牙音, 如君字初發聲, 並書如虯字初發聲,

ㅋ, 牙音, 如快字初發聲,

ㆁ, 牙音, 如業字初發聲 ;

ㄷ, 舌音, 如斗字初發聲, 並書如覃字初發聲,

ㅌ, 舌音, 如呑字初發聲,

ㄴ, 舌音, 如那字初發聲 ;

ㅂ, 脣音, 如彆字初發聲, 並書如步字初發聲,

ㅍ, 脣音, 如漂字初發聲,

ㅁ, 脣音, 如彌字初發聲 ;

ㅈ, 齒音, 如卽字初發聲, 並書如慈字初發聲,

ㅊ, 齒音, 如侵字初發聲,

ㅅ, 齒音, 如戌字初發聲, 並書如邪字初發聲,

ㆆ, 喉音, 如挹字初發聲,

ㅎ, 喉音, 如虛字初發聲, 並書如洪字初發聲,

ㅇ, 喉音, 如欲字初發聲 ;

ㄹ, 半舌音, 如閭字初發聲,

△, 半齒音, 如穰字初發聲。

ᅟ、如吞字中聲, 一如卽字中聲, ㅣ如侵字中聲, ㅗ如洪字中聲, ㅏ如覃字中聲, ㅜ如君字中聲, ㅓ如業字中聲, ㅛ如欲字中聲, ㅑ如穰字中聲, ㅠ如戌字中聲, ㅕ如彆字中聲。

終聲復用初聲.

○連書脣音之下, 則爲脣輕音。初聲合用則並書, 終聲同。、一ㅗㅜㅛㅠ, 附書初聲之下, ㅣㅏㅓㅑㅕ, 附書於右。凡字必合而成音, 左加一點則去聲, 二則上聲, 無則平聲, 入城加點同而促急。

≪조선어발달사≫에서는 훈민정음의 제자 및 이론기초에 대해서도 적지 않은 편폭을 들여 기술하였다. 훈민정음은 그 제자원리나 어음 이론면에서 일련의 과학적 독창성을 지니고 있으면서 이따금 문자창제의 이론기초 면에서 중국문화의 영향과 흔적도 보여주고 있으며 이러한 중국문화의 흔적은 독창적인 문자 체계에 절대로 손색을 주지 않으며 오히려그 시기의 선진적인 문화와 이론을 조선화한 성취라 일컬을 수 있다고 지적하였다.

≪훈민정음≫(해례본)에 표현된 제반의 원리와 음운관계이론은 15세기조선의 음운연구의 집대성이라고 할 수 있으며, 이에 대한 분석과 고찰은당시 조선어 음운연구실적과 방법론을 이해하는 하나의 첩경이 될 수 있다고 하면서 몇 가지로 나누어 설명하였다.

첫째, ≪훈민정음≫은 ≪제자해(制字解)≫에서 "정음 스물여덟 자는 각각 그 모양을 본따서 만들었다.(正音二十八字, 各象其形而制之)"라고 지적하고있다. 이렇게 말하고 나서 자음자 17자는 발음기관의 모양을 모방하였음을 구체적으로 말하고 있다.

(기본자)	(오음[五音])	(상형[象形])
ㄱ	어금니소리(牙音)	象舌根閉喉之形
ㄴ	혀소리(舌音)	象舌附上顎之形
ㅁ	입술소리(脣音)	象口形
ㅅ	이소리(齒音)	象齒形
ㅇ	목구멍소리(喉音)	象喉形

이렇게 발음위치에 따라 먼저 다섯 개의 기본자를 만들고 그다음 그에 기초하여 소리의 세기에 따라 가획자(加劃字)를 만들었다고 하였다.

(오음)	(기본자)	(일차가획자)	(이차가획자)
어금니소리……………………………ㄱ…………ㅋ			
혀소리………………………………ㄴ…………ㄷ…………ㅌ			
입술소리……………………………ㅁ…………ㅂ…………ㅍ			
이소리………………………………ㅅ…………ㅈ…………ㅊ			
목구멍소리…………………………ㅇ…………ㆆ…………ㅎ			

이외에 반혀소리와 반이소리는 발음기관의 형상을 본따면서도 그 음의 특성에 따라 가획하는 방법을 취하지 않았다는 것과(즉 혀소리와 이소리에 가획하지 않고) 어금니소리 'ㆁ'은 혀뿌리가 목구멍을 막아 숨이 코로 나오는 모양을 고려하면서도 'ㅇ'에 획을 더하는 방법으로 한 것이 아님을 말하고 있다. 따라서 'ㄹ'는 혀를 굴리는 모양을, 'ㅿ'는 이와 혀끝이 마찰되면서 유성음으로 나오는 것을, ㆁ은 혀뿌리가 목구멍을 막아서 소리가 코로 나오는 것을 조음적 특징으로 반영하고 있다.[5]

---

5) 初聲凡十七字. 牙音ㄱ, 象舌根閉喉之形; 舌音ㄴ, 象舌附上顎之形; 脣音ㅁ, 象口形; 齒音ㅅ, 象齒形; 喉音ㅇ, 象喉形. ㅋ比ㄱ, 聲出稍厲, 故加畫. ㄴ而ㄷ, ㄷ而ㅌ, ㅁ而ㅂ, ㅂ而ㅍ, ㅅ而ㅈ, ㅈ而ㅊ, ㅇ而ㆆ, ㆆ而ㅎ, 其因聲加畫之義皆同. 而唯ㆁ爲異. 半舌音ㄹ. 半齒音ㅿ 亦象舌齒之形而異其体, 無加畫之義焉. (≪訓民正音制字解≫)
唯牙之ㆁ, 雖象舌根閉喉聲氣出鼻, 而其聲與ㅇ 相似, 故韻書疑與喩多相混用. 今亦取象於喉, 而不爲牙音制字之始. 盖喉屬水, 而牙屬木. ㆁ 雖在牙而與ㅇ相似, 猶木之萌芽生於水而柔軟, 尙多水

이상에서 보면 자음의 제자는 조선어에 맞고 그 발음에 아주 적절한 모양을 본뜬 것임이 틀림없고 이처럼 ≪제자해≫에서 "각각 그 모양을 본따서 만들었다(各象其形而制之)"고 하였으나 정린지가 쓴 서문에서는 "모양을 본뜨면서 중국의 고전을 모방하였다(象形而字倣古篆)"고 하여 앞뒤가 서로 다른 서술을 하고 있다고 지적하였다.

이를 도대체 어떻게 보아야 하겠는가? 이 문제의 해명을 위하여 먼저 다른 기록들을 살펴보았다.

세종실록에는 "글자는 고전을 본땄다(其字倣古篆)"는 기록이 있고 최만리(崔萬理)의 갑자반대상소문에도 이러루한 말이 있다고 기술하였다. 최만리는 훈민정음이 나오자 그것을 극구 반대해나섰는데, 그는 세종 26년(1444년) 2월에 올린 상소문에서 "글자의 모양은 비록 옛 전문을 모방했다 하나 용음합자가 모두 고전과 반대된다.(字形雖倣古之篆文, 用音合字盡反於古)"고 하였고 이조실록의 기록이나 최만리의 상소문에 나온 ≪고전모방론≫은 정린지의 세종 28년의 말보다 시간적으로 다 앞서 있은 말이라고 하였다.

이것을 자세히 분석해보면 중국의 옛 전자가 조선 문자의 제작에 간접적으로 작용하고 있음을 보아낼 수 있는데 다시 말해서 발음기관상형적 원리가 확정된 후 직접적으로 발음기관을 모방하여 자형으로 하는가? 아니면 다른 어떤 형태를 매개로 하는가 하는 문제가 제기되었던 것이라고 하였다. 이리하여 그들은 전자(篆字)의 선획관념에 의하여 문제를 고려해보았을 수 있으며 전자의 해당 글자를 참조하였을 수 있다고 하였다. 비슷한 것을 도입했다 하더라도 결과적으로 조선적인 새 글자를 발전시켰을 따름이지 그대로의 인입을 말하지는 않고 이러한 것도 전반 문자에 다 그러한 것이 아니고 일부의 글자들에서 체현되고 있었는데 그중에서도 입술소리 'ㅁ'와 이 소리 'ㅅ'를 예를 들어보았다.

氣也.(≪訓民正音制字解≫)

'ㅁ'가 입의 모양을 본땄다고 하는데 직접적인 상형은 네모꼴이 될 수 없다고 하였다. 여기서 우리는 전자를 연상하지 않을 수 없다. ≪설문해자≫에서 "人所以言食也"라 하고 상형에 귀속시킨 한자의 입구자(口)는 전자로 다음과 같다고 하였다.

≪강희자전(康熙辭典)≫에서 보면 이 글자는 다음과 같은 모양도 가졌었다고 하였다.

≪훈민정음≫의 'ㅁ'는 상형과정에 바로 이러한 것들의 선획을 도입했을 수 있으며 아울러 'ㅂ' 등에서도 그것을 도입했을 것이다. 한자에서도 입구자(口)는 상형이다. 조선어에서도 자모 'ㅁ'는 상형이다. 조선글자의 상형과정은 전자거나 또는 그 후시기의 입구자를 참조하였다고 보아야 한다고 보았다.

'ㅅ'는 이모양을 본땄다고 하였다. 이 역시 전자의 관념을 도입했다고 볼 수 있다고 지적하였다. ≪설문해자(說文解字)≫에는 한자의 '齒'자에 대하여 "口齗骨也, 象口齒之形"이라고 하였는데 이 해석에서 보면 '齒'는 입과 이의 모양을 겸하고 있다고 하였다.

전자에서 이 글자의 가운데의 "∧"가 이를 가리킨다. 바로 이것을 본따서 조선글자상형의 "ㅅ"를 만들었는데 다시 말해서 상형원리를 확정하고 이를 본뜰 때 중국의 전자를 도입했던 것이라고 하였다.

여기서 보건대 "고전을 모방했다"는 것은 결코 무의미한 서술이 아니다. 이는 중국의 문자 즉 한자의 창조과정에 있었던 6서의 상형원리를 거슬러 올라가 참조한 아주 훌륭한 착상이었다고 말하지 아니할 수 없다고 기술하였다.

이처럼 자음자들은 발음기관의 모양을 모방하면서 그 모방과정에 일부 글자들에서 전자(篆字)의 형태를 매개로 하였다는 것을 알 수 있고 상형원리에 입각했지만 그림으로 표시하는 계단을 거치지 않고 처음부터 고도로 세련된 글자형태를 구비할 수 있었다고 하였다.

≪훈민정음≫ 해례본이 발견되기 이전에 ≪고전모방설≫을 주장했던 사람들은 ≪훈민정음제자해≫의 이론을 보지 못하고 자기 나름으로 말하였는데 그들은 정음자의 일체를 고전에 연결시켰던 것이다. 우리가 고전을 일부 참조했다는 것은 글자의 모든 자가 다 고전에서 왔다는 고전기원설과는 다른 것이라고 하였다.

훈민정음은 음운이론 상에서도 아주 과학적인 관찰에 기초하였고 ≪훈민정음≫은 한어운서의 분류법을 직접적으로 인입하여 자음을 7음청탁으로 분류하였다고 하였다.

7음이란 조음위치에서의 분류이며 청탁이란 동일부위에서의 기류의 성질에 의한 음향적측면을 고려한 조음양식의 분류이다. 제자해에서는 "또 청탁(맑고 흐림)으로 말하면 'ㄱ ㄷ ㅂ ㅈ ㅅ ㆆ'는 전청이며 'ㅋ ㅌ ㅍ ㅊ ㅎ'는 차청이고 'ㄲ ㄸ ㅃ ㅉ ㅆ ㆅ'는 전탁이며 'ㆁ ㄴ ㅁ ㅇ ㄹ ㅿ'는 불청불탁이다"라고 하였다고 하면서 이러한 것들을 도표로 보이고 있다.

7음 청탁	어금니	혀	입술	이	목구멍	반혀	반이
전청	ㄱ	ㄷ	ㅂ	ㅅ ㅈ	ㆆ		
차청	ㅋ	ㅌ	ㅍ	ㅊ	ㅎ		
전탁	ㄲ	ㄸ	ㅃ	ㅉ ㅆ	ㆅ		
불청불탁	ㆁ	ㄴ	ㅁ		ㅇ	ㄹ	△

제자해에는 "ㄴ ㅁ ㅇ는 그 소리가 가장 거세지 않다. 때문에 순서로서는 비록 뒤에 있으나 모양을 본떠서 글자를 만드는데 있어서는 시초로 삼았다. ㅅ ㅈ는 비록 다 전청이라도 ㅅ는 ㅈ에 비해 소리가 거세지 않다. 때문에 글자를 만드는 시초로 삼았다."와 같이 썼는데 이 단락과 이미 앞에서 말한 "ㅋ는 ㄱ에 비하여 소리가 조금 세다"는 단락을 일별해보면 청탁에 의한 분류에 있어서 소리의 거센 정도를 표식으로 잡았다는 것을 보아낼 수 있다고 하였고 이렇게 "ㅁ ㄴ ㅇ"는 가장 거세지 않은 소리로서 불청불탁이며 "ㄱ ㄷ ㅂ ㅈ"는 거센소리로서 전청이며 "ㅅ"는 "ㅈ"에 비해 거세지 않은 음으로서 전청이며 아울러 "ㅋ ㅌ ㅍ ㅊ"는 전청보다 좀더 거센소리로서 차청이라고 하였다.

제자해에는 "전청을 나란히 쓰면 전탁이 된다."고 썼는데 그 전청의 소리가 엉키면 전탁이 되기 때문이다. 오직 목구멍소리만은 차청으로 전탁이 된다. 그것은 대개 'ㆆ'는 소리가 깊어서 엉키지 않기 때문이다. 'ㅎ'는 'ㆆ'에 비해 소리가 얕다. 때문에 엉키여 전탁이 된다. 여기서 ≪훈민정음≫은 청탁에 의한 분류에서 소리의 엉킴도 표식으로 잡았음을 알 수 있다고 지적하였다. 거센 정도와 엉킨 정도에 의한 것은 결국 자음을 음향학적측면에서 고려한 것으로 즉 유기음과 무기음의 대립, 유성음과 무성음의 대립을 전제로 한 것과 마찬가지로 된다고 하였다. 이러한 것은 청탁자체가 음향적 속성을 체현하고 있다는 것을 말해준다고 지적하였다.

제자해에는 "'ㅇ'를 입술소리아래에 이어 쓰면 입술 가벼운 소리가 되는 것은 가벼운 소리로 입술이 잠간 합하고 목구멍소리가 많기 때문이다.", "초성은 혹은 속이 비거나 속이 있고 혹은 날리거나 걸리며 혹은 무겁거나 가볍다(初聲者, 或虛或實或颺或滯或重或輕)" 그리고 종성해에서는 "소리에는 느림과 빠름의 차이가 있다."고 하면서 "5음의 천천함과 급함이 각각 스스로 상대가 된다."고 하였는데 이러루한 것들을 개괄해보면 소리의 경중, 완급, 허실도 자음분류의 표식에 참여되었음을 알 수 있다고 기술하였다.

저자는 결국 자음은 한마디로 말하여 조음위치와 조음양식에서의 구별과 음향적 구별을 표식으로 잡은 것으로 된다고 하였다. ≪훈민정음≫ 합자해에는 "초성의 두자나 석자를 합하여 나란히 씀은 우리말에서 짜(땅)가되고 딱(짝)이 되고 뜸(틈)이 되는 것과 같다. 같은 것끼리 나란히 씀은 우리말에 '혀'는 '舌'이 되고 '혀'는 '引'이 되며 '괴여'는 '爲我愛人'이 되고 '괴여'는 '爲人愛我'가 되며 '소다'는 '覆物'이 되고 '쏘다'는 '射'가 되는 것과 같다"고 하였다. 그리고 계속해서 "종성의 두자나 석자를 함께 씀은 우리말에 흙(土)이 되고 낛(釣)이 되고 돐빼(酉時)가 되는 것과 같다."고 지적하였다.

이렇게 각자병서(各字幷書) 'ㆀ', 초성에 쓰인 합용병서(合用幷書) 'ㅅ'계열과 'ㅂ' 계열, 종성에 쓰인 합용병서 'ㄹㄱ', 'ㄱㅅ' 등을 들고 있는데 이러한 것들은 오음청탁분류와 원문의 초성17자에 넣지 않았고 경순음 'ㅸ'도 물론 넣지 않았다. ≪훈민정음해례≫의 ≪초성결(初聲訣)≫에 와서는 "23글자로써 자모를 이루니 만가지 소리가 모두 여기서 나오노라(二十三字是爲母, 萬聲生生皆自此)"라고 하였는데 훈민정음해례는 결국 원문에 내놓은 초성17자와 각자병서 "ㄲ ㄸ ㅃ ㅆ ㅉ ㆅ"를 포함하여 초성체계에 넣었다고 기술하였다.

둘째, ≪훈민정음≫제자해에서 모음자에 대하여 먼저 기본자 셋을 만들고 그에 기초하여 나머지 8자는 이 기본자를 상하좌우로 서로 조합하여

만들었다고 한다.6)

> ・ : 하늘의 둥근 모양
> ― : 땅의 평평한 모양
> ｜ : 사람의 선 모양

초성의 제자원리가 발음기관의 상형에 있었다면 중성의 제자원리는 천지인 3재의 모상을 기초로 하고 있는데 세 기본자의 자형과 3재(三才)모상의 원리는 이상과 같다.

기본자에 기초하여 나머지 자들은 이들을 합성하여 만들었다고 하였다.

> 한번 합성한 자: ㅗ ㅏ ㅜ ㅓ

"ㅗ는 ・와 한가지나 입이 오무라진다. 그 모양은 곧 ・가 ―와 합한 것이다. …ㅏ는 ・와 한가지나 입이 벌어진다. 그 모양은 ｜와 ・가 합하여 된 것이다. …ㅜ는 ―와 한가지나 입이 오무라진다. 그 모양은 ―가 ・와 합하여 된 것이다. …ㅓ는 ―와 한가지나 입이 벌어진다. 그 모양은 ・가 ｜와 합하여된 것이다."(≪제자해≫)

> 두 번 합성한 자: ㅛ ㅑ ㅠ ㅕ

두 번 합성한 자들은 한번 합성한 자에 '・'를 다시 한 번 결합하는 방법으로 이루어졌는데 이는 문자자형을 말하는 것이다. 그 소리 값으로 보면 이 '・'는 '・'음을 대표한 것이 아니라 '｜'를 대표한다. 이에 대하여 ≪제자해≫에서 "ㅛ는 ㅗ와 한가지나 ｜에서 일어나고 ㅑ는 ㅏ와 한가지

---

6) 中聲凡十一字. ・舌縮而聲深, 天開於子也, 形之圓, 象乎天也. ―舌小縮而聲不深不淺, 地闢於丑也, 形之平, 象乎地也. ｜舌不縮而聲淺, 人生於寅也, 形之立, 象乎人也. 此下八聲, 一闔一闢. (≪訓民正音解例≫ ≪制字解≫)

나 ㅣ에서 일어나며 ㅠ는 ㅜ와 한가지나 ㅣ에서 일어나고 ㅕ는 ㅓ와 한 가지나 ㅣ에서 일어난다.”같이 쓰고 있다고 지적하였다.

해례의 작자들은 모음자 ‘·’에서 혀가 끌려들고 소리가 깊은 것은 “하늘(天)이 자(子)에서 열리기 때문이며 그 모양이 둥근 것은 하늘을 본떴기 때문이다.”라고 하고 ‘一’에서 혀가 조금 끌려들고 소리가 깊지도 얕지도 않은 것은 “땅(地)이 축(丑)에서 열렸기 때문이며 그 모양이 평행한 것은 땅을 본떴기 때문이다.”라고 하였으며 ‘ㅣ’에서 혀가 끌려들지 않고 소리가 얕은 것은 “사람(人)이 인(寅)에서 생겼기 때문이며 그 모양이 선 것은 사람을 본떴기 때문이다.”라고 말하고 있다고 하였다.

이처럼 하늘과 땅과 사람의 형상에 모음자의 자형을 귀결시키고 있는데 원래 ≪천지인 3재(天地人三才)≫설은 먼 옛날부터 내려온 것이며 일찍 ≪주역(周易)≫의 ≪계사(系辭)≫ 하(下)에 “천도가 있고 인도가 있고 지도가 있어서 3재를 겸하면 짝으로 된다(有天道焉, 有人道焉, 有地道焉, 兼三才而兩之)”라는 말이 나온다고 하였다. 고대의 소박한 3재설은 이 시기에 이르러 이미 정음창제에 응용되어있었다고 하면서 기본자 3자 외의 자들에 대하여 3재설로 다음과 같이 설명하였다.

중성	천지인 3재설
ㅗ	천지가 처음 사귐(天地初交之義)
ㅏ	천지의 쓰임이 사물에서 시작하여 사람의 힘을 입음(天地之用, 發於事物待人而成)
ㅜ	천지가 처음 사귐(天地初交之義)
ㅓ	천지의 쓰임이 사물에서 시작하여 사람의 힘을 입음(天地之用, 發於事物待人而成)

이렇게 말한 다음 ‘“ㅗ ㅏ ㅜ ㅓ’는 하늘과 땅에서 시작하고 ‘ㅛ ㅑ ㅠ ㅕ’는 ‘ㅣ’에서 일어나 사람을 겸하였다고 하였다.(ㅗ ㅏ ㅜ ㅓ始于天地…ㅛ ㅑ ㅠ ㅕ起于ㅣ而兼乎人)” ≪훈민정음≫제자해는 비단 중성에서뿐만 아니라

초중종3성에도 이 이론을 응용하였다고 하였다. "≪초성≫에는 발동의 뜻
이 있으니 하늘의 일이요, 종성에는 끝맺는 뜻이 있으니 땅의 일이다. 중
성은 초성의 남을 잇고 종성의 이룸을 받으니 사람의 일이다.(初聲有發動之
義, 天之事也. 終聲有止定之義, 地之事也. 中聲承初之生, 接終之成, 人之事也.)"

훈민정음에서 모음자는 자음자에 비하여 독창적인 일면이 있으며 음운
이론상 중성자는 주로 심천합벽(소리의 깊고 열음, 입의 열고 닫음)의 원리에
입각하였다.

> 심천: ① 혀를 끌어들이고 깊은 소리: · ㅗ ㅏ ㅛ ㅑ
> ② 혀를 조금 끌어 들이고 깊지도 얕지도 않은 소리: ― ㅜ ㅓ ㅠ ㅕ
> ③ 혀를 끌어들이지 않고 얕은 소리: ㅣ
> 합벽: ① 닫히는 소리: ㅗ ㅜ ㅛ ㅠ
> ② 열리는 소리: ㅏ ㅓ ㅑ ㅕ

이처럼 심천에 의해 3개 부류로 나누어지며 합벽에 의해서도 2개 부류
(· ― ㅣ는 합벽에 대한 특별한 지적이 없다.)로 나뉜다고 하였다.

심천합벽의 원리에 입각하면서 아울러 입모양, 혀의 위치, 음양, 조합차
수 등을 다 고려하였고 제자원리를 서술할 때 이미 기본적인 것을 인용하
였으므로 여기서는 중복하지 않고 인용되지 않은 부분을 새로 인용하였
다. "ㅗ ㅏ ㅜ ㅓ는 하늘과 땅에서 시작한 것이다. 초출이 된다. ㅛ ㅑ ㅠ
ㅕ는 ㅣ에서 일어나서 사람을 겸한 것이다. 재출이 된다. ㅗ ㅏ ㅜ ㅓ에
서 둥근 점을 하나로 함은 처음 나온 뜻을 취한 것이며 ㅛ ㅑ ㅠ ㅕ에서
둥근점을 둘로 한 것은 다시 나왔다는 뜻을 취한 것이다. ㅗ ㅏ ㅛ ㅑ에
서 둥근점이 우나 밖에 놓인 것은 그것이 하늘에서 나와서 양이 되기 때
문이다. ㅜ ㅓ ㅠ ㅕ에서 둥근점이 아래와 안에 놓인 것은 그것이 땅에서
나와서 음이 되기 때문이다. ·가 이 8음에 다 있는 것은 양이 음을 이끌
어 만물에 두루 흐름과 같다."(제자해)

도표로 앞에서 인용된 여러 단락의 내용을 종합하였다.

입 (오무리고 벌림)	입 (열고 닫음)	초출 재출	혀 깊고 얕음 음양 초출 재출 기본자	안끌어듦 (不縮) 얕음(淺)	조금 끌어듦 (小縮) 깊지도 얕지도 않음 음성모음	끌어듦 (縮) 깊음(深) 양성모음
		기본자	ㅣ	—	·
오무림 (蹙)	닫침(闔)	초출(初出)		ㅜ	ㅗ
		재출(再出)		ㅠ	ㅛ
벌림(張)	열림(闢)	초출		ㅓ	ㅏ
		재출		ㅕ	ㅑ

여기서 '혀'는 혀의 위치적 상태를 말하여 '입'(오무리고 벌림)은 입술모양을 말하며 이 두 가지는 모음의 조음적 특성을 지적한 것으로 된다고 하였다. 깊고 옅음이란 음가를 말하며 '입'(열고 닫음)은 구강의 열린 정도를 말하는바 이 두 가지는 음향적표 식으로 된다고 하고 '음양'은 모음조화대립체계를 말하며 '초출재출'은 모음음소의 증가를 말하는 것으로 홑모음과 겹모음의 구별을 나타내는 것으로 된다고 하였다.

보건대 15세기 집현전학자들은 모음에 대하여 여러모로 고려하였는바 실로 모음의 제 방면을 다 포함시키고 있다고 지적하였다.

저자는 이러한 음운적 고찰은 글자에 반영되어 중성자의 점과 선은 모두 일정한 뜻을 가지게 되었는데 'ㅡ'가 포함된 것은 닫힌 음을, 'ㅣ'가 포함된 것은 열린 음을 표시한다. '·'는 음양을 표시하는데 'ㅡ'나 'ㅣ'의 우거나 오른쪽에 있으면 양성모음을, 'ㅡ'와 'ㅣ'의 아래거나 왼쪽에 있으면 음성모음을 표시한다. '·'자체는 양성이며 'ㅡ'는 음성이며 'ㅣ'는 중성이다.[7] 두 번 합성한 자에서 처음의 '·'는 그 음가가 문자로서의 '·'와는 달리 선행모음 'ㅣ'를 나타낸다. 'ㆍ'가 'ㅡ'의 상하에 있으면 원순모음을 나타내며 'ㅣ'의 좌우에 있으면 비원순모음을 나타낸다고 하였다.

'중성해'에서는 이상의 11자를 기초로 한 2중, 3중, 4중모음들을 언급하고 있다면서 그러한 모음들을 나열하였다.

2중모음 : ㅘ, ㆇ, ㅝ, ㆊ
3중모음 : ㆎ, ㅢ, ㅚ, ㅐ, ㅟ, ㅔ, ㆉ, ㅒ, ㆌ, ㅖ
4중모음 : ㅙ, ㆈ, ㆅ, ㆋ

≪합자해≫에서는 또 시골말과 아이들 말에 쓰인다고 하면서 'ㅣ'와 'ㅡ'의 두자를 들고 있다.

이리하여 ≪정음 28자≫에 속한 모음자 11자를 내놓고도 20여 개의 모음을 더 들고 있다고 하였다.

셋째, 문자체계로서의 훈민정음의 가장 뚜렷한 특징은 그의 독창성과 과학성에 있다고 지적하였다. 훈민정음에 있어서 글자는 그것이 표시하는 음소와 직접적이고도 체계적인 관계에 놓여있다. 이렇게 된 것은 훈민정음이 높은 음운이론의 기초 상에서 이루어졌기 때문이며 훈민정음의 이러한 높이는 당시 세종을 비롯한 집현전학사들의 중국음운학에 대한 깊은 이해와 그에 기초한 독창정신과 갈라놓을 수 없다고 하였다.

15세기중엽 명나라와 중국의 그 이전 왕조에 성행했던 한어음운학은 조선에도 큰 영향력을 가지고 전파되었는데 중국음운학은 한자음에 관한 특수한 학문이었는데 조선에서도 한자를 사용한 것만큼 그 이론을 연구하지 않으면 안 되었다고 지적하면서 세종자신은 이를 깊이 연구하였으며 그것을 조선글자창제에 적용하였으나 세종은 일보 전진하여 조선어음

---

7) ≪훈민정음≫ 제자해: "ㅏ ㅛ ㅑ 之圓居上與外者, 以其出於天而爲陽也, ㅜ ㅓ ㅠ ㅕ 之圓居下與內者, 以其出於天而爲陰也."

운에 대한 고찰로부터 출발하여 새로운 시도를 하였었다고 하였다.

중국의 음운학이나 세종의 연구에 있어서 자음(字音)을 중심으로 다시 말해서 음절을 중심으로 하여 이론을 벌려나간 것은 다 마찬가지이나 근본적 차이는 이 음절에 대한 분석과 인식이 다른 것이라고 하였다.

중국음운학은 이른바 성운(聲韻) 2분법으로서 어두자음을 성이라 하고 그 나머지 즉 모음과 어말자음은 다 통틀어 하나의 운으로 하였다고 하였다.

예:
　　　冬[동]　[t](성모)＋[ŋ](운모)
　　　獨[독]　[t](성모)＋[ok](운모)
　　　都[도]　[t](성모)＋[o](운모)

이렇게 모음 하나만으로도 운모가 될 수 있고 모음과 자음(음절말)이 결합된 것도 운모가 될 수 있었다고 하면서 훈민정음은 이 전통적 분석법을 벗어나서 자음과 모음을 음절가운데의 위치에 따라 초성(初聲), 중성(中聲), 종성(終聲)으로 분할하였는바 이것은 초중종 3분법을 도입한 것이라고 하였다. 해례에서는 "초성은 곧 운서의 자모(初聲卽韻書之字母)"이고 "중성은 자운의 가운데 있으므로 거기에 초성과 종성이 합쳐져서 음을 이루고(中聲字, 居字韻之中, 合初終而成音)", "종성은 초성과 중성을 받아 자운을 이룬다(終聲者, 承初中而成字韻)"이라 하였다고 지적하였다. 음운학적으로 이렇게 3분법을 썼다 하더라도 그들은 또 "종성은 다시 초성을 쓴다.(終聲復用初聲)"고 규정하였기에 실질상 초성과 종성은 같은 것으로 된다고 지적하였다. 이리하여 조선어음운을 실질적으로 자음과 모음으로 분할한 것 역시 현대의 각도에서 보아도 아주 정확한 것이었고 과학적인 것이었다고 하였다.

훈민정음에서 말한 초성이란 자음이며 중성이란 모음이며 종성이란 받침이다.

훈(訓) ㅎ+ㅜ+ㄴ
민(民) ㅁ+ㅣ+ㄴ
정(正) ㅈ+ㅕ+ㅇ
흠(音) ㅎ+ㅡ+ㅁ

   저자는 ≪훈민정음≫은 이렇게 창조적으로 중국의 음운이론에서 벗어나면서도 또 그에 얽매여있기도 하였는바 이것은 특히 초성의 어음분류와 이론기초에서 보아낼 수 있다고 하였다.

   고대중국의 음운학자들은 발음위치에 따라 성모를 목구멍소리(喉音), 어금니소리(牙音), 혀소리(舌音), 이소리(齒音), 입술소리(脣音)로 나누었는데 이것을 보통 '5음'이라 하였고 송나라 때에 이르러 반설음(半舌音)과 반치음(半齒音)을 갈라 '7음'으로 하였으며 원명(元明)이후시기에 또 입술소리가 중순(重脣)과 경순(輕脣)으로, 이소리가 정치(正齒)와 치두(齒頭)로 분할되어 '9음'이라고도 하였다고 하였다. 중국음운학에서는 또 발음방법에 따라 '전청(全淸)', '차청(次淸)', '전탁(全濁)', '차탁(次濁)' 등으로 나누었다고 하였다.

   ≪훈민정음≫은 그 창제 시에 이러한 이론을 그대로 받아들였으며 오직 ≪경순(輕脣)≫이 극히 제한되고 정치와 치두가 조선어에서 분할되지 않기에 그런 것들을 설정하지 않았을 따름이고 ≪훈민정음≫제자해의 서술에 근거하여 보면 초성은 7음청탁의 분류법을 도입하고 있다고 하였다.

   ≪훈민정음≫에서 정음자모의 대표자로 든 한자는 실지 상 ≪동국정운≫의 23자모로 되어 있는바 송나라 때의 ≪절운지장도≫의 ≪36자모도≫와 대비하여 도표를 보여주었다.

七音	≪切韻指掌圖≫(淸濁)	≪切韻指掌圖≫(字母)	東國正韻	訓民正音
牙音	全淸	見	君	ㄱ
	次淸	溪	快	ㅋ
	全濁	羣	虯	ㄲ
	不淸不濁	疑	業	ㆁ

舌音	全淸	端	(知)	斗	ㄷ
	次淸	透	(徹)	呑	ㅌ
	全濁	定	(澄)	覃	ㄸ
	不淸不濁	泥	(娘)	那	ㄴ
唇音	全淸	幫	(非)	瞥	ㅂ
	次淸	滂	(敷)	漂	ㅍ
	全濁	並	(奉)	步	ㅃ
	不淸不濁	明	(微)	弥	ㅁ
齒音	全淸	精	(照)	卽	ㅈ
	次淸	淸	(穿)	侵	ㅊ
	全濁	從	(牀)	慈	ㅉ
	全淸	心	(審)	戌	ㅅ
	半濁半淸	斜	(禪)	邪	ㅆ
喉音	全淸	影		挹	ㆆ
	次淸	曉		虛	ㅎ
	全濁	匣		洪	ㆅ
	不淸不濁	喩		欲	ㅇ
半舌音	不淸不濁	來		閭	ㄹ
半齒音	不淸不濁	日		穰	ㅿ

"舌晉, 脣晉, 齒晉"에서 괄호안의 것은 "舌上, 脣輕, 正齒"에 속한 것이다.

자음에 대한 분류는 완전히 중국의 음운학이론에 의한 것이었고 훈민정음 초성 17자모의 순서도 칠음청탁의 순서대로 정해졌으며 아울러 그러하기 때문에 자모의 명칭도 정해지지 않았다고 하였다.

다음으로 고대 중국에서는 음악의 음계를 가리켜 "궁, 상, 각, 치, 우(宮商角徵羽)"의 5성으로 나누었고 점차 5성을 어음에 사용하였는데 처음에는 자음(字晉)의 높낮이를 가리켰는바 성조의 개념을 띠였다고 하였다. 그러다가 당나라와 송나라 때에 이 5성을 성모의 발음부위와 배합하였고 정초(鄭樵)의 ≪칠음략(七晉略)≫이거나 무명씨의 ≪절운지장도≫는 다 5음에 5성을 배합하였으며 원조의 황공소(黃公紹)의 ≪운회(韻會)≫도 궁상각치우와

36개 자모를 배합하였다. 이렇게 5성은 5음과 배합되어 성모의 발음부위를 나타내고 있다고 하면서 ≪훈민정음≫은 그 이론을 그대로 받아들였다고 하였다.

제자해에는

"목구멍은 깊숙하고 미끄럽다. …음으로는 우이다. 어금니는 어긋지고 길다. …음으로는 각이다. 혀는 날카롭고 움직인다. …음으로는 치이다. 이는 단단하고 싹독거린다. …음으로는 상이다. 입술은 모지고 붙었다. …음으로는 궁이다. (喉邃而潤,…於音爲羽. 牙錯而長, …於音爲角. 舌銳而動, …於音爲徵. 齒剛而斷, …於音爲商. 脣方而合, …於音爲宮.)"

훈민정음의 초성과 5성은 다음과 같은 관계를 이루게 되었다고 하였다.

5성	5음	성질	음상
角	牙	錯而長	實
徵	舌	銳而動	轉而颺
宮	脣	方而合	含而廣
商	齒	剛而斷	屑而滯
羽	喉	邃而潤	虛而通

≪훈민정음≫에서 내놓은 중성(中聲)은 한어음운학에는 없는 독자적 명칭인바 따라서 훈민정음에 있어서 모음은 독창적으로 서술되지 않으면 안 되었다고 하였다. 중국 당나라말기에 중국에서 등운학(等韻學)이 나타났는데 송나라이후 더욱 활발히 발전하였는바 이 이론은 운모를 몇 개 부류로 나누고 ≪운섭(韻攝)≫이라 하기도 하고 선행모음에 따라 ≪합구개구(合口開口)≫로 나누고 혀의 위치의 고저와 전후에 따라 ≪1, 2, 3, 4등≫으로 나누기도 하였다고 하였다. ≪훈민정음≫은 이러한데 구애되지 않고 이미 앞에서 말한바와 같이 소리가 깊은가 옅은가, 입이 열리는가 닫히는가에

따라 즉 심천합벽(深淺闔闢)의 원리에 따라 독특하게 모음을 나누었다고 하였다.

넷째, ≪훈민정음≫은 언어의 생성원리와 조직원리를 중국의 음양오행설로 설명하고 있다고 하였다. ≪훈민정음해례≫는 이런 것들을 문자의 창제에 적용하였는바 5음과 5행, 5시, 5성, 5방을 결부하여 초성을 설명하고 음양, 태극으로 중성을 설명하였으며 따라서 송명 이학은 정음제자 전반에 관통되고 있다고 하였다.

> ≪제자해≫의 첫머리: "세상만물의 이치는 하나의 음양오행일 따름이다. 건과 복의 사이가 태극의 되고 동과 정의 뒤가 음양이 된다. 이 세상에 존재하는 모든 생물유기체가 음양을 떠나 어떻게 있을 수 있겠는가. 그러므로 사람의 말소리에도 다 음양의 이치가 있는 것이지만 사람들이 그것을 미처 살피지 못하고 있다. (天地之道, 一陰陽五行而已. 坤復之間爲太極, 而動靜之後爲陰陽. 凡有生類在天地之間者, 捨陰陽而何之. 故人之聲音, 皆有陰陽之理, 顧人不察耳)"와 같이 시작되고 있다.

저자는 이렇게 시작된 제자해는 곳곳마다에서 이 이치로 모든 것을 설명하고 있다고 하였다. 이른바 중국에서의 ≪음양≫은 철학의 한개 범주로서 최초의 뜻은 일광(日光)의 향배를 가리켰는바 즉 해를 향한 쪽을 양, 등진 쪽을 음이라 하였다고 하였다. 원래 이는 기후의 덥고 추움에 쓰였으나 고대철학가들에 의하여 사물의 정반(正反) 두 방면에 사용되어 자연계의 두개 대립되는 물질세력을 가리키게 되었는데 이른바 ≪5행≫은 목(木), 화(火), 토(土), 금(金), 수(水) 다섯 가지를 가리킨다고 하였다. 중국 고대철학가들은 이로써 세계만물의 기원과 다양성의 통일에 대해 설명하려 시도하였다고 지적하였다.

음양오행설(陰陽五行說)은 이상의 두개 설이 합류된 것으로서 시초에는 소박한 유물론적자연관을 보여주었고 후세에 이르러 유심론을 선양하는데 이용되었으며 그중의 합리적 부분은 유물론자들에 의해 계승되기도 하였다고 기술하였다.

태극(太極) 역시 중국의 철학술어로서 고대 ≪주역(周易)≫의 ≪계사(系辭)≫ 상(上)에는 "태극이 있으면 양의를 생성하고 양의는 사상을 생성하고 사상은 팔괘를 생성한다(易有太極, 是生兩儀, 兩儀生四象, 四象生八掛)"라고 하였는데 이는 태극은 만물을 파생한다고 본 것이라고 하였다. 송명 이학의 개산조사는 북송의 주돈이인데 그는 "무극이태극(無極而太極)"이라는 우주생성의 학설을 제기하였고 그는 '태극'을 우주의 근원으로 인정하고 태극이 움직이면 '양(陽)'을 생성하고 움직임이 극한에 이르면 정지(靜止)되며, '정(靜)'하면 '음(陰)'을 생성하고 정(靜)이 극한에 이르면 다시 움직이는바 일동일정(一動一靜)으로 음양의 '이기(二氣)'를 생성하고 음양이기가 서로 교감(交感)하면 금목수화토(金木水火土)의 오행(五行)을 생성한다고 인정하였다고 하였다. 이기의 교감이 천지만물에 이르면 만물을 또 끝없이 생성하여 무궁무진한 변화를 일으키는데 태극은 또 '무극(無極)'에서 산생된다고 하면서 '무극'을 우주의 본체(本體)로 보았다고 하였다. 그가 말한 '무극'은 일종의 물질을 초월하여 존재하는 정신적 실체(實體)를 가리키는 것이라고 하였다.

남송의 주희(朱熹)는 ≪주자어류(朱子語類)≫ 94권에서 '천지만물의 리를 총괄하는 것이 태극이다(總天地萬物之理, 便是太極)'라고 하였고 ≪사상≫은 춘하추동을 가리키기도 하고 수화목금(水火木金)을 가리키기도 하며 태음(太陰), 태양(太陽), 소음(少陰), 소양(小陽)을 가리키기도 한다고 하였다. '량의'는 음양 혹은 천지를 가리킨다. '팔괘'는 ≪주역≫가운데의 8종의 기본도식을 가리키는데 8괘의 기본구성성분은 '효(爻)'로서 '효'는 두 가지로 나뉘어진다. 즉 부호 '—'로 표시되는 양효(陽爻)와 부호 '--'로 표시되는 음효(陰爻)로 나뉘는데 3개의 효가 1괘(卦)를 이룬다. 가장 기본적인 것은 건(乾)괘와 곤(坤)괘인데 '☰'와 '☷'로 표시된다. 8괘는 각각 천(天), 지(地), 뢰(雷), 풍(風), 수(水), 화(火), 산(山), 택(澤)을 대표한다. 여기서 '--'은 음을,

'一'은 양을 가리키는데 이는 팔패의 근본으로 된다고 하였다. 이 이론은
음양의 두 기체(氣體)가 결합하여 만물을 산생한다고 본다고 하였다.

이상과 같은 이론은 훈민정음제자해 곳곳에 침투되어있다. 훈민정음제
자해에서는 "일반적으로 사람의 말소리가 있는 것도 오행에 근본을 두었
기 때문인데 네 철에 어울려 어그러지지 않고 5음에 맞아 틀리지 않는다
(夫人之有聲本於五行. 故合諸四時而不悖. 葉之五音而不戾.)"라고 하고는 그것을 하나
하나 설명하였는데 도표로 보이면 다음과 같다고 하였다.

5음	5성	5행	5시	5방
목구멍소리(喉音)	우(羽)	물(水)	겨울(冬)	북(北)
어금니소리(牙音)	각(角)	나무(木)	봄(春)	동(東)
혀소리(舌音)	치(徵)	불(火)	여름(夏)	남(南)
이소리(齒音)	상(商)	쇠(金)	가을(秋)	서(西)
입술소리(脣音)	궁(宮)	흙(土)	늦여름(季夏)	정한 위치 없음(無定)

5행과 관련하여 다음의 구절은 정음창제자의 깊은 연구를 보여준다고
하였다.

> "水乃生物之源, 火乃成物之用。故五行之中, 水火爲大, 喉乃出聲之門, 舌乃
> 辨聲之管. 故五音之中, 喉舌爲主也。" (제자해)
> 물은 만물을 낳는 근원이요, 불은 만물을 이루는 작용이니, 오행 가운
> 데서도 물과 불이 가장 큰 것과 마찬가지로 목구멍은 소리를 내는 문이요, 혀
> 는 소리를 가르는 고동이니 五音 가운데서도 목구멍과 혀가 가장 중요하다
> 는 것이다.

≪훈민정음≫제자해에서는 음양과 태극으로 중성을 설명하였는데 그것
을 도표로 보이고 있다.

중성	점	나온 곳	음양	태극
ㅗ ㅏ ㅛ ㅑ	우, 밖, (上, 外)	하늘 (天)	양 (陽)	
ㅜ ㅓ ㅠ ㅕ	아래, 안 (下, 內)	땅 (地)	음 (陰)	사람을 겸하여 량의에 참여 (兼乎人, 參兩儀)
`		하늘 (天)	양 (陽)	여덟음에 일관, 양이 음을 이끎 (貫於八聲, 陽之統陰)

태극의 천지관념과 5행을 서로 연결시켜 모음 11자를 다음과 같이 설명하였다.

"ㅗ初生於天, 天一生水之位也; ㅏ次之, 天三生木之位也; ㅜ初生於地, 地二生火之位也; ㅓ次地, 地四生金之位也. ㅛ再生於天, 天七成火之數也; ㅑ次之, 天九成金之數也; ㅠ再生於地, 地六成水之數也; ㅕ次之, 地八成木之數也. 水火未離乎氣, 陰陽交合之初, 故闔, 木金陰陽之定質, 故闢. ㆍ天五生土之位也, 一地十成土之數也, ㅣ獨無位數者."

이 말을 도표로 보여주었다.

중성	나온 차례	서로의 관계
ㅗ	처음 하늘에서 (初生于天)	하늘이 첫번째로 물을 낸 자리 (天一生水之位)
ㅏ	ㅗ다음으로 (次之)	하늘이 세번째로 나무를 낸 자리 (天三生木之位)
ㅜ	처음 땅에서 (初生于地)	땅이 두번째로 불을 낸 자리 (地二生火之位)
ㅓ	ㅜ다음으로 (次之)	땅이 네번째로 쇠를 낸 자리 (地四生金之位)
ㅛ	두번째로 하늘에서 (再生于天)	하늘이 일곱번째로 불을 이루는 수 (天七成火之數)
ㅑ	ㅛ다음으로 (次之)	하늘이 아홉번째로 쇠를 이루는 수 (天九成金之數)
ㅠ	두번째로 땅에서 (再生于地)	땅이 여섯번째로 물을 이루는 수 (地六成水之數)
ㅕ	ㅠ다음으로 (次之)	땅이 여덟번째로 나무를 이루는 수 (地八成木之數)
ㆍ	하늘 (天)	하늘이 다섯번째로 흙을 내는 자리 (天五生土之位)
―	땅 (地)	땅이 열번째로 흙을 이루는 수 (地十成土之數)
ㅣ	사람 (人)	일정한 수와 자리가 없다 (獨無位數, 末可以定位成數)

도표에서 보다시피 훈민정음해례는 천(天)에 1, 3, 5, 7, 9를 붙이고 지(地)에 2, 4, 6, 8, 10을 붙였으며 생(生)에 1, 2, 3, 4, 5를 붙이고 성(成)에 6, 7, 8, 9, 10을 붙였다. 그리고 수(水)에는 1과 6, 목(木)에는 3과 8, 화(火)에는 2와 7, 금(金)에는 4와 9, 토(土)에는 5와 10을 붙였다. 뿐만 아니라 천(天)에다 ㅗㅏㅛㅑ ·를 배치하고 지(地)에다 ㅜㅓㅠㅕㅡ를 배치했다. 이렇게 음양을 표현시켰다.

이상의 것을 자세히 고찰해보면 정음 중성의 모든 글자가 결부된 5행이 전개된 것은 수목화 또는 금수목의 순서로 도는 경향을 나타내여 목화토금수의 하도좌회순행(河圖左迴順行)을 하고 있음을 발견하게 된다고 하였다.

주지하다시이 하도란 전설적 존재로서 복희씨 때 황하에서 나온 용마의 등에 하도가 있었다는 것이다.[8]

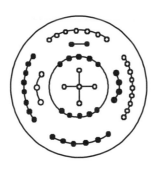

이 하도, 그리고 낙서에 의해서 복희 씨는 팔괘(八卦)를 만들었는데 이것이 곧 주역의 내원이라 한다.

우리가 알다시피 정음창제초기에 중성의 순위는 "· ㅡ ㅣ ㅗ ㅏ ㅜ ㅓ ㅛ ㅑ ㅠ ㅕ"로 되었다. "· ㅡㅣ"의 순위문제는 누구나 아는 사실이므로 이

---

8) ≪易·大傳≫日;"河出圖, 洛出書, 聖人則之." 孔安國云;"河圖者, 伏羲氏, 王天下, 龍馬出河, 遂則其之, 以畵人卦." (朱熹 ≪易學啓蒙≫)

것의 설명은 할애하고 "ㅗㅏㅜㅓㅛㅑㅠㅕ"의 순위는 위에서 설명한 숫
자들에 의해 표시되는 하도의 수적표현도와 일치하다.

하도의 수적표현도를 만들어보면 다음 그림①과 같다. 그리고 수적표
현도에 훈민정음을 대입한 모음도는 그림②와 같다.

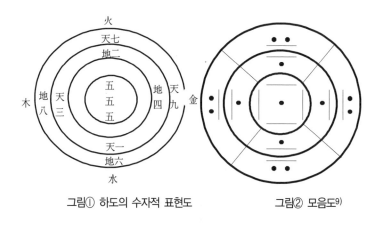

그림① 하도의 수자적 표현도   그림② 모음도[9]

하도의 좌회순행법에 의해 왼쪽으로 돌아가면서 그 시작을 천일(天一)에
서 잡았다. 지수(우수)보다 천수(기수)를 먼저 놓고 천수에서는 수가 적은
것을 먼저 놓았다. 이로써 중성순위가 설명되며 일합일벽, 일양일음도 설
명된다고 하였다.

이상에서 설명한 하도와의 관계도 훈민정음이 바로 유구한 중국문화와
연계되고 있으며 특히 역학(易學)과 연계되고 있다는 것을 알려주고 있다
고 하였다.

　예:

　가) 天一, 地二, 天三, 地四, 天五, 地六, 天七, 地八, 天九, 地十, 天數五, 地
　　　數五, 五 位相得而各有合. 天數二十有五, 地數三十, 凡天之數五十有五,

9) 오봉협(1950), "한글하도기원론", ≪교육통신(敎育通信)≫ 연길, 1950년4호,

此所以成變化, 而行鬼神也. (≪周易≫系辭傳上九章)

나) 所謂天者, 陽之輕淸而位乎上者也. 所謂地者, 陰之重濁而位乎下者也. 陽
數奇, 故一三五七九, 皆屬乎天, 所謂天數五也. 陰數偶, 故二四六八十, 皆
屬乎地, 所謂地數五也. 天數地數, 各以類而相交, 所謂五位之相得者然也.
天以一生水, 而地以六成之. 地以二生火, 而天以七成之. 天以三生木, 而
地以八成之. 地以四生金, 而天以九成之. 天以五生土, 而地以十成之. (朱
熹 ≪易學啓蒙≫)

다) 然 ≪河圖≫以生數爲主, 故其中之所以爲五者,亦具五生數之象焉. 基下一
点, 天一之象也; 其上一点, 地二之象也; 其左一点, 天三之象也; 其右一
点, 地四之象也; 其中一点, 天五之象也. (朱熹 ≪易學啓蒙≫)

하도자회순행과 훈민정음에 제시된 숫자에 의하여 종합적인 모음도를
그려보면 다음과 같다고 하였다.

훈민정음은 중성뿐만 아니라 초성과 종성에도 음양설을 씌워놓았다고
하였다. 그것은 "초성을 중성에 대비하여 말하면 음과 양은 하늘의 이치
이고 단단하고 부드러움은 땅의 이치다. …초성과 중성, 종성의 합성된
글자로 말한다면 또 동과 정이 서로 근본이 되고 음과 양이 변하는 뜻이

있으니 동은 하늘이고 정은 땅이다. 동과 정을 겸한 것이 사람이다.(以初聲
對中聲而言之, 陰陽, 天道也. 剛柔, 地道也. …以初中終合成之字言之, 亦有動靜互根, 陰陽
交變之義焉. 動者, 天也, 靜者, 地也. 兼乎動靜者, 人也)"와 같다고 하였다.

　　중국음운학의 영향은 훈민정음해례의 제자해나 서문에서도 찾아볼 수
있는바 소옹의 ≪황극경세서≫나 ≪절운지장도≫의 구절들을 ≪훈민정
음해례≫와 대비해 보면 그 상사함을 발견하기 어렵지 않다고 하였다.

　　가) 天有陰陽, 地有剛柔, 律有闢翕, 呂有唱和, 一陰一陽交而日月星辰備焉,
　　　　一柔一剛交而金木水火備焉……(≪황극경세서≫)
　　나) 天地之道, 一陰陽五行而已. 坤復之間爲太極, 而動靜之後爲陰陽. 凡有生
　　　　類在天地之間者, 捨陰陽而何之.(≪훈민정음해례≫제자해)
　　다) 音非有異同; 人有異同; 人非有異同, 方有異同, 謂風土殊而呼吸異故也.
　　　　(≪황극경세서≫)
　　라) 然四方風土區別, 聲氣亦隨而異焉.(≪훈민정음해례≫서문)
　　마) 故始牙音, 者之象也, 其音角, 其行木; 次曰舌音, 夏之象也, 其音徵, 其行
　　　　火; 次曰脣音, 季夏之象也, 其音宮, 其行土; 次曰齒音, 秋之象也, 其音商,
　　　　其行金; 次曰喉音, 冬之象也, 其音羽, 其行水, 所謂五音之出, 猶四時之運
　　　　者此也.(≪절운지장도≫辨字母次第例)
　　바) 配諸四時與冲氣, 五行五音無不協. 維喉爲水冬與羽; 牙迺春木其音角; 徵
　　　　音夏火是舌聲; 齒則商秋又是金; 脣於位數本無定, 土而季夏爲宮音.(≪훈
　　　　민정음해례≫제자해 결)

　　이상의 예문들에서 우리는 훈민정음의 제자원리에 대한 해석은 중국의
운서나 등운서(等韻書)들과 일맥상통함을 알 수 있다고 하였다.
　　≪조선어발달사≫에서는 ≪훈민정음≫ 창제문자의 표기체계에 대해서
도 상세히 기술하였다. 우선 문자의 서사규칙과 자모 배열에 대해 본다면
≪훈민정음≫은 창제된 문자를 서사생활에서 음절식철자를 하도록 하였
고 이를 위해서 일자일음절의 서법규정을 하였다고 하였다. ≪훈민정음≫
은 완전한 음절 단위의 표기를 위해서 초성, 중성, 종성을 합쳐 쓰도록 규

정하고 있다.

凡字必合而成音.(예의)

初中終聲, 合而成字.(합자해)

완전한 음절을 구성키 위해서는 자음＋모음＋자음의 형식을 갖추어야 한다고 본 것이다. 그리하여 모음만으로 또는 모음＋자음(받침)으로 구성 되는 음절에도 표기상으로는 반드시 초성을 붙이도록 하였다. 이때 쓰이 는 초성자가 소리 값은 없지만 엄연히 후음의 기본자로 설정된 'ㅇ'이다. 예컨대 "오, 아, 우, 어"나 "옥, 악, 욱, 억" 따위가 그것이다.

이러한 규정은 고유어보다 한자음 표기에 더욱 엄격히 적용되었다고 하였다. 이른바 동국정운식 한자음 표기가 그 전형적인 예인데 자음이 없 는 초성의 자리에 'ㅇ'을 붙이는 것은 물론이고 자음이 없는 종성의 자리 에도 반드시 'ㅇ'나 'ㅱ'을 붙이도록 하였다고 하였다.

예:

初 충	歌 강	句 궁	魚 엉
勞 룽	驍 굫	愁 쓩	虯 끃

《예의》에서는 이러한 규정외 "초성을 어울려 쓸 것이면 나란히 쓴다 (初聲合用則並書)"고 규정하고 "종성도 마찬가지다(終聲同)"라고 하였으며 "·ㅡㅗㅜㅛㅠ는 초성아래 붙여쓰고 ㅣㅏㅓㅑㅕ는 오른쪽에 붙여쓴다(· ㅡ ㅗㅜㅛㅠ附書初聲之下, ㅣㅏㅓㅑㅕ附書於右)"라고 규정하였다.

이처럼 음절단위로 초성, 중성, 종성이 합하여 글자—한 음절단위—를 이룬다는 전제 밑에 《훈민정음》합자해에서는 서사규칙들을 더 구체적 으로 규정하였다.

① 초중종 3성이 있어야 글자가 되며 따라서 초성은 중성위에 쓰거나 중성왼쪽에 쓴다.(初中終三聲, 合而成字. 初聲或在中聲之上, 或在中聲之左.)

　　예: 君 군, 業 업

② 중성에서 둥근자(≪ㆍ≫)와 가로금자는 초성아래에, 세로금자는 초성오른쪽에 쓴다.(中聲卽圓者橫者在初聲之下,……縱者在初聲之右……)

　　예: 呑 톤, 卽 즉, 侵 침

③ 종성은 초성과 중성이 합한 아래에 쓴다.(終聲在初中之下.)

　　예: 君 군, 業 업

④ 초성을 둘이나 셋을 어울려 쓸 때는 옆으로 나란히 쓴다.(初聲二字三字合用並書.)

　　예: 싸(地), 딱(隻), 뽐(隙)

　　같은 초성자를 어울려 써도 나란히 쓴다.(各字并書)

　　예: 혀(引), 괴여(人愛我), 쏘다(射)

⑤ 중성을 둘이나 셋을 어울려 쓸 때도 옆으로 붙여쓴다.(中聲二字三字合用)

　　예: 과(琴柱), 홰(炬)

⑥ 종성을 둘이나 셋을 어울려 쓸때도 옆으로 나란히 쓴다.(終聲二字三字合用)

　　예: 흙(土), 낛(釣), 돐대(酉時)

　이렇게 어울려 쓰는 것은 초성, 중성, 종성이 마찬가지인바 왼쪽에서 오른쪽의 방향으로 나란히 쓴다.(合用並書, 自而右, 初中終三聲皆同.)

　이밖에 초성을 상하로 이어 쓰는 이른바 ≪연서(連書)≫에 대하여 ≪예의≫에서는 "ㅇ를 입술소리 아래 이어 쓰면 입술 가벼운 소리가 된다(ㅇ連書脣音之下, 則爲脣輕音)"고 하였고 ≪합자해≫에서는 "'ㅇ'를 'ㄹ' 아래에 이어쓰면 반설경음이 된다(ㅇ連書ㄹ下, 爲半舌輕音)"고 하여 초성 연서법을 말했다.

　　예: ᄫ, ᄛ

≪훈민정음≫에 제정된 28자는 창제당시에 글자의 명칭을 갖고 있지
않았고 다만 한자에 비해서 그 한자의 어느 부분의 음에 해당한다는 것만
밝혔을 따름이라고 지적하고 ≪훈민정음≫에서는 초성의 배열은 7음의
순서 및 청탁에 따라 하였다고 설명하였다.

ㄱ ㅋ ㆁ;　ㄷ ㅌ ㄴ;　ㅂ ㅍ ㅁ;　ㅈ ㅊ ㅅ;　ㆆ ㅎ ㅇ;　ㄹ;　ㅿ
　(어금니)　　(혀)　　　(입술)　　　(이)　　　(목구멍)　(반혀) (반이)

어금니, 혀, 입술, 목구멍소리 자들 안에서는 전청, 차청, 불청불탁의 순
서로 배열하였고 이소리 자에서는 ㅈ,ㅅ가 전청이고 ㅊ는 차청이며 불청
불탁은 없다. 중성의 배열은 기본자, 초출자, 재출자의 순서로 하였다고
지적했다.

ㆍ ㅡ ㅣ;　ㅗ ㅏ ㅜ ㅓ;　ㅛ ㅑ ㅠ ㅕ
(기본자)　　(초출자)　　　(재출자)

저자는 1527년 최세진의 ≪훈몽자회≫에 이르러 ≪훈민정음≫의 글자
는 명칭을 갖게 되었고 자모의 순서도 변화되었다고 하였다.

최세진은 ≪훈민정음≫의 'ㆁ'를 취소하고 27자로 글자를 규정하였으며
글자의 배열순서에 있어서 초성은 초성과 종성에 다 쓰이는 것과 초성에
만 쓰이는 것을 크게 분할하고 그 다음 5음(牙舌脣[半舌]齒[半齒]喉)의 순서와
기본자, 가획자, 이체자의 순서도 고려하였다고 하였다.

초성:
ㄱ　ㄴ　ㄷ　ㄹ　ㅁ　ㅂ　ㅅ　ㆁ; (이상 초성과 종성에 쓰임)
(기역) (니은) (디귿) (리을) (미음) (비읍) (시옷) (이응)
ㅋ　ㅌ　ㅍ　ㅈ　ㅊ　ㅿ　ㅇ　ㅎ (이상 초성에만 쓰임)
(키) (티) (피) (지) (치) (싀) (이) (히)

모음에서는 기본자를 뒤에 놓았다.(기본자에서는 " · ― ㅣ " 순서를 바꿔 "―
ㅣ ·"로 하였다.)

중성:

ㅏ   ㅑ   ㅓ   ㅕ   ㅗ   ㅛ   ㅜ   ㅠ   ―   ㅣ   ·
(아) (야) (어) (여) (오) (요) (우) (유) (으) (이) (ᄋᆞ)

≪훈민정음≫ 창제자들이 초중종성이 반드시 어울려야 글자가 된다고
한 것은 우선 그들이 새로 제정한 한자음을 염두에 두고 한 것이었다고
지적하였다.

고유조선어의 경우 문장 속에서 단어의 형태를 고정하여가지고 어간과
토의 계선을 종성에서 명확히 구별하여 쓰지 않았다. 어간적 단어로 나타
낼 필요가 없는 경우 훈민정음창제시의 정음문헌들에서는 표음주의 철자
법을 기본으로 하였는데 여기서 표음주의철자법을 기본으로 하였다는 것
은 모든 경우에 소리나는 대로 적었다는 것이 아니라 고유어에서 모음 위
에서 받침을 내려씀으로써 음절문자단위로는 어간과 토를 구분할 수 없
게 하였다는 것이다.

예:
가) 체언과 토
　　말ᄊᆞ미 (말ᄊᆞᆷ＋이)
　　노미 (놈＋이)
　　文문은 글와리라 (글왈＋이라)
　　而ᅀᅵᆼ눈 입겨지라 (입겿＋이라)
　　耳ᅀᅵᆼ눈 ᄯᆞᄅᆞ미라 (ᄯᆞᄅᆞᆷ＋이라)
　　올ᄒᆞ녀긔 (올ᄒᆞ녁＋의)

나) 용언과 토
　　ᄀᆞ트니라 (ᄀᆞᇀᄒᆞ＋이라)

連련은 니슬씨라 (닝+을씨라)
두터보니 (두텁+으니)
열보니 (엷+으니)
노폰소리라 (높+온)
못놋가본소리라 (못놋갑+온)

—이상 ≪훈민정음언해≫

중세조선어에서는 하철을 일관하면서도 부분적으로 상철하여 형태를 고정시킨 것도 없지는 않다고 하였다. 표음주의철자원칙은 한자를 혼용한 정황에서 꼭 그대로 관철될 수 없었기에 고유조선어의 경우에 그것이 적용되었을 뿐 한자어휘인 경우 모음 위에서 윗 형태부의 받침이 내려와 발음된다 하여도 하철하지 않았다. 그것은 한자혼용 경우 한자자체에서 그 소리를 떼어내어 적을 수 없기 때문이라고 하였다. 한자를 정음으로 음을 적어 한자와 정음이 병기될 경우에도 병기된 정음에서 하철하지 않았다고 하였다.

예:
    왼녀긔 혼 點뎜을 더으면 (≪훈민정음언해≫)
    일마다 天福이시니 (≪용비어천가≫ 1장)

중세조선어에서는 자음동화현상도 철자법에 반영되었다고 하면서 자음동화현상이 표기에 수용되었다는 것은 소리 나는 대로 적은 표음주의 철자원칙이 체현된 것이라 하지 아니할 수 없다고 지적하였다.

예:
    有情을 어버 둔녀 (월인석보 九. 61)
    可히 건나 가리로다(可超越) (두시언해. 초. 十六. 37)
    이튼날 城의 가 뵈고 (소학언해. 六. 7)

虎狼올 전노라 (두시언해. 초. 八. 29)
혓그티 웃닛머리예 다ᇝ니라 (훈민정음언해)
돌우희 인ᄂ니 (분문온역이해방. 7)
곳 됴코 여름하ᄂ니 (용비어천가. 2)
ᄆ슴 슬턴 짜홀(傷心處) (두시언해. 초. 二十一. 13)

　이상의 예문들에서 '돈녀'는 형태를 밝힌다면 응당 '돋녀'(원형 '돋니다')로 되어야 할 것이지만 자음동화를 입어 소리가 변한 것을 그대로 적은 까닭에 '돈녀'로 표기된 것이라고 하였다. 이 같이 자음동화된 것 대로 표기한 것은 예문들에서 다음과 같은 것들이라고 하였다.

예:

걷나＞건나 (원형 '걷나다', 현대어 '건너다')
이튼날＞이튼날 (원형 '이튼날', 현대어 '이튿날')
젓노라＞전노라 (원형 '젓다', 현대어 '저어하다')
닿ᄂ니라＞단ᄂ니라＞다ᇝ니라 (원형 '닿다', 현대어 '닿다')
잇ᄂ니＞인ᄂ니 (원형 '이시다＞잇다', 현대어 '있다')
둏고＞됴코 (원형 '둏다', 현대어 '좋다')
슳던＞슬턴 (원형 '슳다', 현대어 '슬퍼하다')

　중세조선어에서는 사이소리의 표기도 문자로써 하였는바 사이소리 표기로써 삽입자모를 사용하였는데 다음과 같은 두 가지 유형으로 갈라볼 수 있다고 하였다.
　한 가지는 원칙적으로 위의 음절의 말음과 같은 성질의 음(牙舌脣喉)에 속하는 파열음을 삽입자모로 하는 것인데 이는 주로 한자어사이에서 준수되었다고 지적하였다.

예:

洪(뽕)ㄱ字, 平生ㄱ뜯 (ㅇ--ㄱ)

君(군)ㄷ字, 몃間ㄷ지븨 (ㄴ---ㄷ)
侵(침)ㅂ字, 사룺쁘디 (ㅁ-ㅂ)
漂(픃)ㅸ字, (ㅁ---ㅸ)
那(낭)ㆆ字, 先考ㆆ뜨들 (ㅇ---ㆆ)
— 이상 ≪훈민정음언해≫, ≪용비어천가≫

다른 한 가지는 이소리 'ㅅ', 반이소리 'ㅿ', 목구멍소리 'ㆆ'와 연관된 것으로서 이런 것들은 주로 고유어사이에서 일어나는 사이소리 표기에 씌었다고 하였다.

예:

즘겟가재 (모음과 ㄱ 사이) (≪용비어천가≫)
아바닚뒤 (ㅁ과 ㄷ 사이) (≪용비어천가≫)
입시울쏘리 (ㄹ과 ㅅ 사이) (≪훈민정음언해≫)
鐵圍山쏘쇠 (ㄴ과 ㅅ 사이) (월인석보. 一. 28)

이처럼 'ㅅ'는 모음(또는 유향자음)과 무성음사이에 씌였고 음(또는 유향자음)과 유향음(혹은 모음) 사이에는 'ㅅ'와 구별하여 'ㅿ'를 썼다고 하였다고 하였다.

예:

나랏 일홈 (모음과 모음사이)
後ㅿ날 (모음과 유향자음사이)
뇨ᄆᆞ를 (유향자음과 유향자음사이)
—이상 ≪용비어천가≫

'ㅅ'와 'ㅿ'는 이상과 같이 아주 규칙적으로 대응되어 씌었다는 것이다.
고유어 'ㄹ'말음아래에는 삽입자모 'ㆆ'를 사용하였다고 하였다.(한자어에서는 모음 아래 쓰였다. 예: 那ㆆ字)

예:
하눓ᄠᅳ디시
갎길히
도라오싎제

─이상 ≪용비어천가≫

이러한 사이소리 표기에 쓰인 삽입자모들은 훈민정음창제초기에 이렇게 쓰이다가 그 후 'ㅅ'하나만 남게 되었다고 하였다.

저자는 중세조선어의 표기에 있어서 이상의 표기와 다른 표기도 나타나고 있는바 다시 말해서 이상의 철자법규범과 일부 어긋나는 것도 있었다고 지적하였다.

우선, 고유어휘의 경우임에도 불구하고 어간의 끝자음을 아래로 옮기는 하철을 하지 않은 것들이 일부 보인다.

늪은 남기 (≪용비어천가≫ 84)
狄人이 ᄀᆞᆯ외어늘 (≪용비어천가≫ 4)

이런 예는 일정한 어음적 조건에서만 나타났는바 일련의 어음론적 과정의 반영이라고 할 수 있으며 자음동화의 경우 그것이 동화되었음에도 철자 상에서 형태를 고정시킨 것이 나타난다고 하면서 이는 이미 형태주의원칙이 고려되고 있었음을 시사해준다고 하였다.

예:
攻戰에 돋니샤 (≪용비어천가≫ 113)
안좀 걷뇨매 어마님 모르시니 (월인석보 二. 24)

또 삽입자모를 사용함에 있어서 한자어와 고유어사이에 사용할 것을 고유어들 사이에 사용했거나 고유어사이에 사용할 것을 한자어와 고유어

사이에 사용한 것들이 있다고 하였다.

예:

狄人ㅅ서리예 (≪용비어천가≫ 4)
英全ㅿ 알픠 (≪용비어천가≫ 16)
사륤 브디리잇가 (≪용비어천가≫ 15)

이러루한 삽입자모의 예는 예외로 볼 수밖에 없다고 하였다.

2.1.1.6. 조선어사 연구에서 이득춘(1995), ≪고대조선어문선 및 중세조
선어개요(상, 하)≫(연변대학출판사)에도 역시 훈민정음에 대한 연구성과가
반영되어 있다.

제1부 고대조선어문선의 제2과 훈민정음 해례에 [참고해설]로 조선 문
자 창제에 대해 상세히 기술하였다. 즉 훈민정음의 창제, 훈민정음의 제자
원리, 동국정음과 한자음, 방점 등 네 개 부분에 나누어 훈민정음에 대해
상세히 해석하였다.

훈민정음의 창제, 훈민정음의 제자원리 등에서는 ≪조선어발달사≫와
큰 차이가 없기에 여기서는 주로 동국정음과 한자음, 방점부분에 대해 설
명하려 한다.

저자는 훈민정음을 창제한 이후 언문청(諺文廳)을 설치하고 ≪동국정운
(東國正韻)≫이란 한자운서를 편찬하였는데 ≪세종실록≫에 의하면 1447년
(세종 29년 정묘 9월)에 ≪동국정운≫ 6권을 편찬, 완성하였다고 하였다. 훈
민정음이 창제되기 전에 한자를 유일한 서사도구로 하는 과정에 조선한
자음은 이미 자기 체계를 가지게 되었는데 중국음과는 다른 것이었으며
≪동국정운≫은 전통적인 음을 고려하면서도 중국운서에 맞추어 한자음

을 교정하였다고 하였다.

이 책의 편찬에는 신숙주, 최항, 성삼문, 박팽년, 이개, 강희안, 이선로, 조변안(曹變安), 김증(金曾)이 참가했으며 신숙주가 서문을 썼다고 하였다.

≪동국정운≫에서 이들 편찬자들이 중국의 ≪운회≫에 기준하여 한자음을 계통적으로 교정한 것은 사실이지만 그렇다고 하여 중국운서의 체계에로 완전히 돌아간 것이 아니며 전통적인 조선음과의 타협적인 방법으로 교정하였던 것이었다. 이것은 ≪동국정운≫ 서문에서 알 수 있는바 다음 같은 기록이 있다고 하였다.

> "우리 동방은 산과 강이 스스로 한개 구역을 이루고 있으며 풍기가 중국과 더불어 같지 않으니 숨을 내쉬고 들이쉬는 것이 어찌 중국과 합치되겠는가? 그러므로 말소리가 중국과 더불어 같지 않은 것은 당연한 이치이다. (吾東方表裏山河自爲一區, 風氣已殊於中國. 呼吸豈与華音相合歟, 然則語言之所以与中國異者, 理之然也)"
> "설두, 설상, 순중, 순경, 치두, 정치의 유와 같은 것은 우리나라 한자음에서는 분류할 수 없으니 그것 역시 자연스러운 일인데 하필 36자모에 구애되어야 하겠는가? (如舌頭舌上脣重脣輕齒頭正齒之類, 於我國字音未可分辨, 亦當因其自然, 何必泥於三十六字乎)"

비록 이러한 점은 있다하여도 ≪동국정운≫음은 비현실적인 인위적인 것이었으므로 오래가지 못하였으며 세조대에 이르기까지는 모든 문헌에서 사용되었으나 성종 대에 와서 일부 불경언해에 사용되다가 폐지되고 말았다고 하였다.

≪동국정운≫은 91운 23자모로 하였는데 매 운부는 평성, 상성, 거성, 입성의 순서로 배열하고 매개 운에는 정음자로 음이 표시되었고 매개 운부는 다시 23자모 순서에 따라 배열되었으며 23자모는 훈민정음 초성 17자에 각자병서 6자를 더한 것이라고 하였다. 그 순서는 "ㄱㅋㄲㆁ, ㄷㅌㄸㄴ, ㅂㅍㅃㅁ, ㅈㅊㅉㅅㅆ, ㆆㅎㆅㅇ, ㄹㅿ"로 되었다고 기술하였다.

≪동국정운≫의 교정음은 다음과 같은 두 가지 특성을 가지고 있다고
하였다.

첫째, 자모에서 전탁자 "ㄲ ㄸ ㅃ ㅆ ㅉ ㆅ"와 "ㆆ(影母)"를 쓰고 있다고
하였는데 이는 고유어나 전통적인 한자음과는 다른 것이라고 하였다.

覃땀 步뽕
族쪽 熟쑥

둘째, 모든 경우에 종성을 갖추고 있는데 이는 훈민정음의 초중종성이
합하여야 글자가 된다는 말과 일치하지만 동국정운은 종성에 고유어나
전통적 한자음에 쓰인 "ㄱㅂㆁㅁㄴ"이외에 'ㆁ', 'ㅇ', 'ㅱ' 등의 종성을
쓰고 있다고 하면서 이 가운데서 'ㅇ'와 'ㅱ'는 일정한 자기의 음가도 없
는 형식종성일 따름이라고 하였다.

'ㄹㆆ'는 전통적인 한자음에서 이미 'ㄹ'로 발음되는 것들을 교정한 것
인데 훈민정음종성해에 'ㄹ'은 'ㄷ'가 변하여 가볍게 된 것이라고 하고
"그 소리가 느리어 입성이 되지 않는다(其聲舒緩不爲入也)"고 하면서 고유어
에는 쓸 수 있어도 한자음에는 쓸 수 없다고 하였다. 그들이 'ㄷ'로 고치지
못한 것은 그 당시에 이미 형성된 추세를 돌려세울 수 없었기 때문이라고
하였다. 그리하여 그들은 타협적인 방법으로 'ㄹㆆ'로 하였던 것인바 이에
대하여 ≪동국정운≫서문에는 다음과 같은 기록이 있다고 하였다.

"'질과 물의 제 운에는 마땅히 종성을 단모(ㄷ)를 써야 하나 속습에 래모
(ㄹ)를 쓰므로 그 소리가 느르러져서 입성에 맞지 않는데 이것은 사성이 변
한 것이다.(質物諸韻宜以端母爲終聲, 而俗用來母, 其聲徐緩, 不宜入聲, 此四聲
之變也)", "질과 물의 제운에는 영모(ㆆ)로 래모(ㄹ)를 보충하여 풍속에 인하
여 바름에 돌아오니 구습의 그릇됨이 이제 이르러 모조리 고치여졌다.(又于
質物諸韻, 以影補來, 因俗歸正, 舊習謬謬, 至是而悉革矣)"

이러한 특이한 종성을 예들면 다음과 같다고 하였다.

標푱   之징   失싫

≪훈민정음≫(언해)에 쓰인 한자를 종성에 따라 보이면 다음과 같다고
하였다.

종성 / 한자	ㄱ	ㆁ	ㄴ		ㅁ	ㅂ	뭉	ㅇ
한자	國得百卽則促欲	相姓上常成終聲情正皇洪用穰輕江中通同并平	言君吞文民憫便半伸新脣安漢訓連然人	不八發彆必別戌一日	南覃点談凡侵音	急業十習挹合人	虯斗頭漂復有右喉流	御加去語愚牙故其快多那乃帝步附彌無之字者　此制使初書所左齒慈邪矣與予爲易於下乎虛　閭而二耳如

≪동국정운≫의 한자음은 전통적으로 쓰이던 당시의 실제 음과는 다른
것이 많다고 하면서 예를 들었다.

초성;	考	콯	고
	妃	핑	비
	族	쭉	족
	焦	죻	쵸
	彈	딴	탄
중성;	勝	셩	승
	萬	먼	만
	某	뭉	모
	開	캥	긔
	階	갱	계
종성;	括	궗	괄
	尼	닝	니
	稻	돟	도
	鳩	귷	구
	卒	죻	졸

≪고대조선어문선 및 중세조선어개요(상)≫(p50)에서는 방점(사성점)에 대해서도 기술하였다. 사성점은 일명 방점(傍點)이라 하고 ≪훈민정음≫은 사성점을 평성, 상성, 거성, 입성으로 나누었는데 글자의 왼쪽에 점을 찍는 방법으로 방점을 표시하였다고 하였다.

훈민정음(예의)에서는 "글자는 반드시 어울려야 소리가 된다. 왼쪽에 한 점을 더한 것은 거성이고 점이 둘이면 상성이다. 점이 없으면 평성이다. 입성은 점을 더함은 한 가지로되 빠르다.(凡字必合而成音, 左加一點則去聲, 二則上聲, 無點平聲, 入聲加點同而促急)"라는 기록이 있는데 이처럼 훈민정음 창제 시에는 한자음에나 고유어에나 다 방점을 찍어 사성을 표시하였다고 하였다. 한자음의 사성은 중국운서에서의 사성을 본받았다고 말할 수 있다고 하였다.

≪훈민정음언해≫에는 성조에 대해 설명하기를 "평성은 가장 낮은 소

리", "상성은 처음이 낮고 나중이 높은 소리", "거성은 가장 높은 소리", "입성은 빨리 끝닫는 소리"라고 하였는바 ≪훈민정음예의≫ 원문에 "平聲安而和, 上聲和而擧, 去聲擧而壯, 入聲促而塞.(평성은 그 소리가 편안하고 고르롭다, 상성은 고르롭게 들린다, 거성은 들리고 굳세다, 입성은 빠르고 막힌다.)"라는 기록이 있다고 하였다.

　이외에도 매 성조에 대한 설명이 문헌들에 나타나는데 좀씩 다르게 나타난다고 하였다. 성조란 원래 한어음운에서 불가결의 조성부분으로 되고 있고 그 이름 자체도 바로 한어에서 온 것이며 이 영향을 받아 훈민정음에서는 한자에서 물론 고유조선어에서도 점을 찍어 성조표기를 하였던 것이라고 하였다. 그러나 이것이 조선어에서 비음질 음운의 역할을 놀았는가 아니면 인위적으로 적용한 것인가 하는 문제는 앞으로 계속 해명해야 할 것이라고 지적하면서 혹 고유어의 고저장단과 관련되어 한어를 답습한 것이 아닌가 생각하고도 있지만 아직 그렇게 단언하게까지는 못된다고 하였다.

　≪훈민정음≫ "종성해"에는 "聲有緩急之殊, 故平上去其終聲不類入聲之促急. 不淸不濁之字, 其聲不厲, 故用於終則宜於平上去, 全淸次淸全濁之字, 其聲爲厲, 故用於終則宜於入. 所以, 'ㆁ ㄴ ㅁ ㅇ ㄹ ㅿ' 六字爲平上去聲之終, 而餘皆爲入聲之終也.(소리는 느리고 빠르름의 차이가 있다. 따라서 평성, 상성, 거성은 그 종성이 입성의 종성이 빠르게 끝나는 것과 같지 않다. 불청불탁의 자는 그 소리가 거세지 않다. 따라서 종성을 쓰면 평성, 상성, 거성에 해당한다. 전청, 차청, 전탁의 자는 그 소리가 거세다. 때문에 종성으로 쓰면 입성에 해당한다. 그러므로 'ㆁ ㄴ ㅁ ㅇ ㄹ ㅿ' 여섯은 평성, 상성, 거성의 종성이 되고 그 나머지는 모두 입성의 종성이 된다.)"고 하였는데 이것은 사성을 종성만 가지고 설명한 것이라고 하였다.

　고유조선어의 사성에 대하여 "합자해"에서는 다음과 같이 예를 들었다고 하였다.

활 弓 평성
:돌 石 상성
·갈 刀 거성
·붇 筆 입성

그러면서 계속하여 "諺之入聲無定, 或似平聲如긷爲柱, 녑爲脅, 或似上聲
如:낟爲穀, 깁爲繒, 或似去聲如·몯爲釘, ·입爲口之類. 其加點則與平上去同.
(조선말의 입성은 정함이 없어서 혹 평성과 같아 '긷(기둥)'이 되고 '녑(옆구리)'이 됨
과 같으며, 혹은 상성과 같아 '낟(낟알)'이 되고 '깁(비단)'이 됨과 같으며 혹은 거성과
같아 '몯(몯)'이 되고 '입'이 되는 것과 같다. 그 점을 더하는 것은 평성, 상성, 거성과
같다.)"와 같이 썼다고 하면서 이것은 고유어의 전청, 차청, 전탁자와 같은
종성을 가진 자들은 종성만 가지고는 입성이라고 볼 수 있지만 실지 성조
상으로는 평성, 상성, 거성에 혼입되고 있음을 말해준다고 하였다. 이처럼
조선말의 입성은 일정하지 않아서 혹은 평성으로 혹은 상성으로 혹은 거
성으로 되기에 "ㄱ, ㄷ, ㅂ" 종성도 입성으로 따로 묶이어지지 않으며 따
라서 점을 치는 것을 따로 정하지 않는다고 말하였다.

훈민정음해례 합자해에서는 사성의 조치(調値)에 대하여 "平聲安而和, 上
聲和而擧, 去聲擧而壯, 入聲促而塞"라고 하였고 훈민정음언해에서는 상성
은 처음이 낮고 나중이 높은 소리, 평성은 가장 낮은 소리, 거성은 가장
높은 소리, 입성은 빨리 끝닿는 소리라 하였다고 지적하였다.

훈민정음 창제시 사성은 부동이 비음절 음운으로서 의미분화를 가져오
는 음운론적 의의를 가졌는가에 대해여는 진일보 연구해야 될 과제로 된
다고 하였다.

2.1.2. 학술논문 주제별 연구

이 부분의 중국에서의 ≪훈민정음≫에 대한 연구는 중국에서 훈민정음에 대해 관심을 가졌던 개별적인 학자나 교육자들이 80년대 이후 잡지나 논문집에 자신의 단편적인 연구성과를 발표한 내용들이다. 크게 일곱 가지 내용 "훈민정음창제, 훈민정음과 하도기원설, 훈민정음언해와 훈민정음해례, 훈민정음 어음 및 방점, 훈민정음 창제설과 비창제설, 훈민정음 글자체계와 글자 변화, 표기법 및 기타연구" 등으로 구성되었다.

2.1.2.1. 훈민정음 창제에 대한 연구

훈민정음 창제에 대한 중국조선족 연구성과는 최윤갑 교수를 비롯한 이득춘 교수, 허동진 교수, 김호웅 교수, 이억철, 전병선 연구원, 염광호 교수의 "문자의 창제, 훈민정음창제의 사회역사적인 배경, 훈민정음제자원리, 훈민정음어음이론, 훈민정음의 합자원칙과 한자음 및 사성점, 훈민정음이 가지는 역사적의의, 훈민정음과 우리문화" 등이 주요내용을 이룬다.

2.1.2.1.1. <조선 문자 훈민정음의 창제에 대하여-훈민정음창제 540주년에 제하여>(최윤갑), ≪중국조선어문≫, 1984년 1월

필자는 훈민정음 창제 540주년이 되는 해를 맞이하면서 훈민정음이 어떻게 창제되었는가 하는 것을 회고할 목적으로 이 논문을 작성하였다. 글에서는 조선 문자 훈민정음이 창제되기 전에 조선민족은 자기의 문자를 가지지 못하고 일찍부터 한민족의 서사어인 한문을 사용하였는바 한문은 한민족의 언어 한자에 기초하여 산생된 서사어인 만큼 구조가 다른 언어를 사용하는 조선민족의 서사적 교제에서는 막대한 지장을 주었다고 하였다. 조선민족은 이 모순을 해결하기 위하여 처음으로 시도한 것이 한자를 빌어서 즉 한자의 음과 뜻을 빌어서 조선어를 표기하는 방법 즉 이두식 서사형식을 만들었는데 조선어를 표기하기에는 아주 불충분하였으며 따라서 한문을 대체할 수 없었다고 하였다.

《훈민정음(해례본)》의 정린지의 서문에서 지적한바와 같이 이두는 "그 글자를 빌려 씀이 혹 격격하고 막히어 비단 비루 무계할 뿐만 아니라 언어의 사이에 능히 만분의 일도 통달하지 못한다."고 하였는데 이러한 사실은 자기의 민족어를 정확히 표기할 수 있는 문자가 시급히 필요되었던 것이기에 조선고유문자 훈민정음이 산생하였다고 했다.

조선 문자 훈민정음은 세종 25년 12월에 양력으로 1444년 1월에 창제되었다고 하였고 정식 공포는 세종 28년 9월 즉 1446년 10월에 한 것으로 해석된다고 하였다. 1446년 10월에 훈민정음이 이루어졌다는 것은 문자 훈민정음이 아니라 문자 훈민정음을 설명한 책으로서의 《훈민정음》이 이루어졌다는 것을 말한다고 하였다.

훈민정음의 창제자로서는 주요하게 이조 제4대 왕인 세종을 들게 된다고 하면서 세종실록 25년도에 "이 달에 상이 친히 언문 28자를 지었다."는 기록이 있을 뿐만 아니라 정린지의 서문에도 "우리 전하가 정음 28자를 창제하였다."고 기록되어있다고 하였다. 《훈민정음》(해례본) 집필에 정린지, 최항, 박팽년, 신숙주, 성삼문, 강희안, 이개, 이선로 등이 참가한 것으로 보아 세종은 훈민정음의 제작과 그의 이론적 연구에 이러한 사람들을 참가시켰음을 짐작할 수 있다고 하였다. 그리고 훈민정음창제의 원리에 대하여 종래의 여러 가지 설이 있었는데 《훈민정음》(해례본)이 1940년 조선 경상북도 안동군 모 고가에서 발겸됨에 따라 창제원리를 상세히 알 수 있게 되었다고 하였다.

필자는 훈민정음은 어음의 원리에 의하여 제작된 것인바 다시 말하면 정음창제자들은 문자의 어음의 부호라는 것을 간파하고 발음의 원리와

어음의 특성을 제자에 반영한 것이라고 하였다. 어음을 초성, 중성, 종성
으로 나누었으나 초성과 종성의 음운상의 일치성을 보고 "종성은 다시 초
성을 쓴다"고 하여 종성자를 따로 만들지 않았다고 하였다.

자음(초성)

청탁 \ 오음	아음	설음	순음	치음	후음	반설음	반치음
전청	ㄱ	ㄷ	ㅂ	ㅅ ㅈ	ㆆ		
차청	ㅋ	ㅌ	ㅍ	ㅊ	ㅎ		
전탁	ㄲ	ㄸ	ㅃ	ㅆ ㅉ	ㆅ		
불청불탁	ㆁ	ㄴ	ㅁ		ㅇ	ㄹ	ㅿ

모음(중성)

청탁 \ 음양 \ 모음 합벽	단모음			이중모음	
	불합불벽	합	벽	합	벽
심 / 양성	·	ㅗ	ㅏ	ㅛ	ㅑ
불심불천 / 음성	ㅡ	ㅜ	ㅓ	ㅠ	ㅕ
천 / 중성	ㅣ				

이 분류는 자음을 발음위치에 따라 순음, 설음, 치음, 아음, 후음으로 나
누고, 발음방법에 따라 전청, 차청, 전탁, 그리고 유성자음(불청불탁)으로 나
눔과 대체로 같으며 모음은 발음위치에 따라 앞소리(천), 중간소리(불심불
천), 뒤소리(심)로 나누고, 발음방식에 따라 원순음(합), 평순음(벽)과 양성음
과 음성음으로 나눔과 대체로 같지만 다만 원순음과 평순음의 중간소리
(불합불벽), 양성음과 음성음에 두루 쓰이는 중성음을 더 설치한 것이 다를
뿐이라고 하였다.

정음창제자들은 이 어음의 원리에 의하여 정음 28자를 만들었는데 우
선 기본자를 정하였는바 기본자는 발음기관과 발음방식을 상형하고 기타
자는 획을 더하나 기본자를 어울려 매개 자의 어음의 특성을 표시하였다

고 지적하였다. 자음자에서는 소리가 가장 거세지 않는 불청불탁에 속하
는 자들을 기본자로 정하였는데 설음에서는 'ㄴ'를, 순음에서는 'ㅁ'를, 후
음에서는 'ㅇ'를 정하고 치음에서는 불청불탁에 속하는 자가 없기에 소리
가 불청불탁의 자보다 조금 거센 전청 'ㅅ'를 기본자로 정하였고 아음에서
는 'ㆁ'가 불청불탁에 속하나 그것이 후음과 비슷하기 때문에 'ㆁ'로 기본
자를 정하지 않고 그보다 조금 거센 전청 'ㄱ'로 기본자를 정하였다 하였
다. 그리고 설음 'ㄴ'는 혀끝이 경구개에 닿는 모양, 순음 'ㅁ'는 입술모양,
후음 'ㅇ'는 목구멍모양, 치음 'ㅅ'는 이모양, 아음 'ㄱ'는 혀뿌리가 연구개
에 닿은 모양을 본떴다고 하였다. 그다음으로 기본자에 의하여 소리가 거
셈에 따라 한 획씩 더 하였다고 하면서 'ㄴ'에 한 획을 더하여 'ㄷ'를, 'ㄷ'
에 한 획을 더하여 'ㅌ'를 만들었고 'ㅁ'에 획을 더하여 'ㅂ'를, 'ㅂ'에 획을
더하여 'ㅍ'를 만들었고 'ㅇ'에 한 획을 더하여 'ㆆ'를, 'ㆆ'에 한 획을 더하
여 'ㅎ'를 만들었고 'ㅅ'에 한 획을 더하여 'ㅈ'를, 'ㅈ'에 한 획을 더하여
'ㅊ'를 만들었고 'ㄱ'에 한 획을 더하여 'ㅋ'를 만들었다고 하였다. 반설음
'ㄹ'와 반치음 'ㅿ'는 상형하였는데 'ㄹ'는 권설형을 본따고 'ㅿ'는 이에 혀
를 닿은 모양을 본땄다. 아음 'ㆁ'는 그 어음의 성질이 후음과 비슷하므로
아음과 후음의 기본자의 합성으로 만들어 이 소리는 'ㄱ'보다 거세지 않으
므로 한 획을 덜어 'ㆁ'만들었다고 하였다. 전탁에 속하는 "ㄲ, ㄸ, ㅃ, ㅆ,
ㅉ, ㆅ"는 그 소리가 가장 거세므로 전청 "ㄱ, ㄷ, ㅂ, ㅅ, ㅈ"와 차청 "ㅎ"
를 병서하여 만들었다고 하였다.

모음자도 역시 기본자를 정하였는데 심음에서는 '·'를, 불심불천음에
서는 'ㅡ'를, 천음에서는 'ㅣ'를 정하였는데 그것들은 천, 지, 인 삼재를 본
따서 만들었는바 하늘의 둥근모양, 땅이 평평한 모양, 사람의 선 모양을
본따서 만들었다고 하였다. 이것은 또한 이 소리들을 낼 때의 혀의 모양
즉 '·'는 혀를 구부린 모양, 'ㅡ'는 혀를 평평하게 한 모양, 'ㅣ'는 혀를 쑥
편 모양과도 연계시켰다. 그 다음으로 모음자 "ㅗ, ㅏ, ㅜ, ㅓ"는 모두

"ㆍ, ㅡ, ㅣ"를 서로 어울리어서 만들었는데 양성음자 "ㅗ, ㅏ"는 'ㆍ'(해)를 위에 놓거나 밖에 놓음으로써 양성모음을 표시하여 만들고 음성음자는 'ㆍ'를 아래 놓거나 안에 놓음으로써 음성음을 표시하여 만들었다. "ㅗ, ㅏ"와 "ㅜ, ㅓ"에서 'ㅡ'로써 원순모음을 표시하고 'ㅣ'로써 평순음을 표시하였다. 다음으로 상승적이중모음자 "ㅛ, ㅑ, ㅠ, ㅕ"가 "ㅗ, ㅏ, ㅜ, ㅓ"보다 점이 하나 더한 것은 이중모음으로서 'ㅣ'와의 결함임을 표시한 것이다. 기타 중모음 "ㆎ, ㅢ, ㅚ, ㅐ, ㅟ, ㅔ, ㅒ, ㅖ, ㅘ, ㆊ, ㅙ, ㅞ"는 발음되는 순서에 따라 병서하였다고 하였다.

이상에서 보면 훈민정음은 어음의 원리에 의하여 발음기관과 발음방식을 상형하여 만든 것으로서 자형을 보고서도 발음방식과 어음의 특성을 알 수 있게 하였다고 하였다. 하여 정린지는 ≪훈민정음≫(해례본) 서문에서 "슬기 있는 자는 하루아침에 통달할 것이요 어리석은 자라도 열흘 안에 배울 것이다."라고 하였다고 지적하였다.

훈민정음의 제자에서 그들은 어디까지나 국어(표준어)의 어음체계에 기초하면서 문자의 기능을 높이기 위하여 방언과 한어음의 표기에도 일정한 주의를 돌렸다는 것을 알 수 있다고 지적하였다. "ᅟ, ㅢ"(상승적 이중모음에 속하는 자들로서 'ㅣ'와 'ㆍ', 'ㅣ'와 'ㅡ'의 결합으로 된 음) 그리고 경순음 "ㅸ, ㆄ, ㅹ, ㅱ"와 반설경음 'ᄛ' 등을 만들 수 있다고 한 것은 모두 방언과 한어음을 표기하기 위한 것이었다고 하였다.('ㅸ'는 고유어표기에도 사용되었다.)

필자는 또한 훈민정음을 창제함에 있어서 당시 한어음운학에 없는 가치 있는 독창적 이론을 내놓았다고 하였다. 그것은 음운학관점에 입각하여 자음과 모음을 분리해낸 점과 자음의 분류 등은 현대언어학에 비하여 크게 손색이 없을 정도였다고 하였다. 조선민족은 장시기 사용한 한자의 인습은 훈민정음창제자들의 머리를 속박하지 않을 수 없었는바 정음제자에서 일부 자형은 한자의 형태와 연계시켰는가 하면 더구나 한자의 구성

방법을 자모의 철자법에 끄집어들이게 된 것이라고 하였다. 순음의 'ㅁ'를 한자의 입구자와 일치시켰는가 하면 'ㅂ'는 완전히 전자의 'ㅂ'를 모방하였고 치음 'ㅅ'는 전자 '齒'의 'ㅅ'와 일치시켰다고 하였다. 철자에서도 완전히 한자와 같이 음절을 단위로 묶어놓았는데 즉 음절을 단위로 하여 내리긋는 "ㅣ, ㅏ, ㅓ, ㅑ, ㅕ" 등은 자음자의 오른쪽에 붙이고 'ㆍ'와 그로 긋는 "ㅡ, ㅗ, ㅜ, ㅛ, ㅠ" 등은 자음자의 아래쪽에 붙이고 받침은 그 아래쪽에 붙여서 음절자로 만들어놓았다고 하였다.

끝으로 저자는 조선 문자 훈민정음은 과학적으로 된 우수한 문자이기에 장기간 사대주의사상으로 인한 그 무서운 천대 속에서도 꿋꿋이 살아남았다고 하였다. 물론 그 동안 일부 글자들은 없어지고(ㆁ, ㅿ, ㆆ, ㆍ) 일부 글자들은 자형이 바뀌어졌다(ㅗ, ㅏ, ㅜ, ㅓ, ㅑ, ㅕ, ㅛ, ㅠ) 하더라도 오늘 훈민정음창제 540주년을 맞이하였으며 우리는 우리 민족의 귀중한 문화유산으로서의 조선 문자 훈민정음을 고수하고 발전시켜야 하며 자기의 민족문화를 활짝 꽃피워 나가야 한다고 강조하였다.

2.1.2.1.2. 이득춘(2006), <조선어와 문자>, ≪조선어언어역사연구≫, 흑룡강조선민족출판사. p11-66

필자는 "조선어와 문자"의 제2부분 "중세이후의 문자생활"에서 "문자의 창제, 훈민정음창제의 사회역사적인 배경, 훈민정음제자원리, 훈민정음어음이론, 훈민정음의 합자원칙과 한자음 및 사성점, 훈민정음이 가지는 역사적 의의"를 기술하였다. 상기의 논문에서 기타 내용을 필자의 전시기 연구내용과 비슷하기에 훈민정음의 역사적 의의에 대해서만 기술한다.

필자는 사회의식형태의 발전은 필연코 사회생산력의 발전과 동반되기에 이씨 조선왕조가 자기의 정치, 경제적 지위로부터 그리고 자기의 이해관계로부터 출발하여 봉건문화의 발전에 대하여 관심을 돌리지 아니할 수 없었던 것이며 이는 자기의 현존한 지위를 공고, 발전시키기 위해서도 민족문자 ≪훈민정음≫의 창제가 꼭 필요한 과정이었던 것이라고 하였다.

세종본신이 바로 이씨 봉건국가 앞에 나타난 이 점을 보아냈고 아울러 각종 모순 중에서 문자와 왕조의 번영, 발전과의 관계를 옳게 보아냈던 것이라고 하였고 민족어 발전 노정에서 문자생활의 장애로 인해 나타난 백성들의 욕구와 봉건통치계급의 계급적 이해가 일치하게 됨으로써 ≪훈민정음≫은 왕조의 사업으로 산생되었던 것이라고 하였다. 이리하여 문자와 언어의 불일치와는 모순을 해결함으로써 인민대중들의 한문이거나 이두보다 알기 쉬운 고유문자에 대해 욕구와 희망을 간접적으로 반영하였다고 하였다.

≪훈민정음≫의 탄생은 문자생활의 새 길을 열어놓았으며 조선어발달과 민족문자의 역사에서 아주 의의 있는 사건으로 되는데 그것은 통치계급의 세계관으로부터 나온 조치였지만 그들의 주관욕망을 초월하여 역사발전의 객관법칙을 반영했음으로 하여 빛나는 유산으로서의 역사적 의의와 가치를 가지게 된다고 하였다.

≪훈민정음≫은 자랑할 만한 독창적인 문자이고 적지 않은 사람들이 그 기원에 대하여 이렇게 저렇게 논급했지만 그것은 모두 문자창제의 독창성을 무마하려는 유설들이었다. 그렇기 때문에 원본이 발견되기 전에 그 어느 이론이든지 성립되지 못하였던 것이라고 하였다.

≪훈민정음≫은 한자로서는 정상적인 문자생활을 영위할 수 없다는 것을 똑똑히 밝히면서 그것만으로는 "만분의 일"도 통하지 않는다고 하였다. 이것은 바로 정상적인 문자생활을 도모하려고 한데서 보아낸 문제인 것이라고 하였다. 이리하여 "슬기가 있는 사람은 하루아침에 통달할 수 있고 둔한 사람이라도 열흘 안에 배울 수 있는"문자를 창제하였는바 이는 바로 이 문제의 대중성과 실용성 및 보급성을 말해준다고 하였다. 기본자인 경우 초성자가 5개이고 중성자가 3개로서 자획이 간단하고 용법이 평

이하며 쉽게 익혀 쓸 수 있으며 ≪훈민정음≫의 이러한 특수성은 언문일
치로 인한 통치계급의 한자독점을 조성된 문자와 학문에 대한 독점을 소
거하고 광범한 인민대중이 문화와 학문에 참여할 수 있는 길을 열어주었
다고 하였다. 물론 그 이후시기도 평탄하지 않았으나 그 시초를 열어주었
다는 점에서는 역사적의 의를 가지지 않을 수 없다고 하였다.

  필자는 ≪훈민정음≫은 과학적이고도 정밀성을 가진 문자라고 하였다.
조선어의 음운체계와 음운특성을 옳게 파악하고 음운과 문자의 일치를
기하기 위한 과학적인 입장에서 만든 문장인 것만큼 그 문자체계도 아주
정밀하며 융통성이 강하기에 집현전학자들은 자랑스럽게 "자운으로서는
맑고 흐림이 잘 분간되고 노래로는 가락이 고르며 쓰는 데 갖추어지지 않
은 것이 없고 갓 통하지 않은 데가 없으니 바람소리와 학의 울음과 닭의
홰침과 개의 짖음도 모두 적을 수 있다(≪훈민정음해례본(서문)≫)"고 말하였
다고 지적하였다. 이러한 특성은 한문에 의해 저애 받던 조선어입말로 하
여금 자유롭게 발전해나갈 수 있게 하였으며 따라서 조선어는 자기의 모
든 특성을 다 발휘하여 다듬어지게 되었다고 하였다. 이 기초 상에서 글
말(서면어)이 발전되고 확립되어 나갈 수 있게 되었으며 전반 조선어는 획
기적인 발달의 길에 오르게 되었다고 하였다.

  ≪훈민정음≫의 창제는 민족문화의 오랜 전통과 풍부한 유산에 토대하
여 실현된 것이었다고 하였다. 하지만 발달한 민족문화사에 비해보면
≪훈민정음≫의 창제는 아주 뒤늦었다고 말할 수 있다. 그러나 그의 창제
로 하여 민족어의 규범을 세우고 민족어의 통일을 보장할 수 있었는바 이
로 하여 민족문화는 더 한층 높은 단계에로 오를 수 있었다고 하였다. 바
로 이 점에서 문화발전에 대한 ≪훈민정음≫의 거대한 추동작용을 긍정
하지 않을수 없었다고 하였다.

  마지막으로 우리의 ≪훈민정음≫의 창제는 조선민족본신의 발전을 추
진하였으며 조선어의 자주성에 하나의 초석을 쌓아주었다는 것을 말하지

않을 수 없다고 하였다. 조선민족의 문자생활에서 ≪훈민정음≫은 새로운 길을 열어놓았지만 당시의 사대의존의식과 한문숭상사상에 의하여 한문의 지위를 개변시키지는 못하였다고 하였다.

2.1.2.1.3. 리억철·전병선(1987), <조선글이 걸어온 길-훈민정음창제로부터 갑오경장까지> ≪중국조선어문≫

필자는 "조선글이 걸어온 길" 제2부분 "훈민정음창제로부터 갑오경장에 이르기까지"에서 새문자의 창제의 필요성과 훈민정음의 창제과정과 최만리일파의 반대운동에 대해 기술하였다.

필자는 새 문자 창제의 필요성에 대하여 조선은 오랜 시기로부터 중국에서 한자, 한문을 수입하여 서사생활을 하여왔고 한자와 한문은 중국의 글이지만 중국에서도 한자는 소수의 지식인과 귀족계층이나 문자를 장악하고 있었을 뿐이었다고 하였다. 한자는 복잡하고 습득하기 어려워 막대한 노력과 허다한 시간을 필요로 하였고 가난한 서민은 어려운 한자를 습득할 조건과 시간이 없었으며 한자를 배워내기 어려웠고 중국에서 이러할진대 조선도 이와 마찬가지였을 것이라고 하였다. 한자, 한문과 함께 조선에는 이두가 있었는데 이것도 한자 이해를 선결조건으로 하지 않으면 안 되었으며 이두는 오랜 기간 써내려오는 과정에 시간이 흐름에 따라 어떤 것은 이해하기 어려웠고 또 규범도 점차 파괴되어 버렸으며 조선말을 표기하는 데서도 제한성이 뚜렷이 나타나게 되었다고 하였다. 그리하여 이조시기에 들어와서는 이두의 여러 형태들 가운데서 초기이두와 향찰은 쓰이지 않게 되고 오직 이찰만이 약간 쓰이었다고 하면서 이찰은 법률, 법령, 각종 증서 등 공문서에서 전통의 힘에 의하여 사용되고 있었는데 그것도 규격화된 문제로 굳어진 것이기 때문에 조선말의 변화, 발전을 반영할 수 없었다고 하였다.

필자는 이두가 더는 발전하지 못하고 그것이 조선말을 정확히 반영할 수 없게 되자 조선말을 자유롭게 적을 수 있는 새로운 문자의 창제가 절박한 요구로 나서게 되었고 우리말을 자유롭게 표기하자면 이두와는 근본적으로 다른 한자를 빌리지 않은 새로운 문자를 창제하여야 했다고 지적하였다.

다른 한 면 봉건 통치배들도 어려운 한문이나 이두만으로써는 국가관리문서를 제대로 다룰 수 없다는 것을 느꼈으며 누구나 다 쉽게 배우고 쓸 수 있고 알 수 있는 새 글자가 있어야만 국가관리문서를 제대로 다룰 수 있다고 생각하였기에 광범한 백성들에게 봉건 유교사상과 도덕, 문화를 쉽게 전수하려면 한자나 이두로는 도저히 불가능함을 느꼈다고 하였다. 이리하여 세종은 누구나 다 쉽게 배우고 쓸 수 있는 새 글자를 만드는 것을 중요한 국가적 사업의 하나로 내세우고 이 사업을 밀고나갔다고 하였다.

필자는 훈민정음의 창제과정과 최만리일파의 반대운동에 대해 다음과 같이 기술하였다. 언제부터 연구가 시작되었는지 알기 어렵지만은 세종 25년 음력 12월 양력으로 1444년 1월에 ≪훈민정음≫이 창제되어 세상에 나타났다. 훈민정음창제에는 세종을 비롯하여 집현전의 정린지(집현전 대제학), 최항(집현전 응교), 박팽년(집현전 부교리), 신숙주(집현전 부교리), 성삼문(집현전 수찬), 강희안(돈녕부 주부), 이개(집현전 부수찬), 이선로(집현전 부수찬) 등 8명이 참가하였다.

세종은 훈민정음을 창제하기 위하여 밤낮을 가리지 않고 너무 노력하였기 때문에 눈병까지 생기였다. 그리하여 온양(溫陽)의 온천이라든가 제주의 청주 같은 약수터에 매년 거동하였다. 세종은 일반 정사, 공무까지도 정부에 일임하고 눈병을 치료하는 곳까지 훈민정음에 관한 연구 자료들을 가지고 가서 매일 동궁(나중의 문종)을 데리고 연구에 전심하였다고 기술하였다.

≪훈민정음≫은 이렇게 세종을 비롯한 8명 학자들의 노력으로 드디어

세상에 나타났다. 훈민정음을 줄이여 ≪정음≫이라고도 한다. 훈민정음이라는 이름에서 ≪훈민≫은 ≪백성을 가르친다≫는 뜻이고 ≪정음≫은 ≪바른 소리를 적는 글자≫라는 뜻이며 후에 이 글자는 ≪반절≫, ≪언문≫, ≪암클≫, ≪중글≫, ≪본문≫, ≪상말글≫, ≪아문≫, ≪국문≫, ≪우리글≫, ≪조선글≫, ≪배달글≫, ≪한자(韓字)≫, ≪가갸글≫, ≪조선문≫, ≪한글≫ 등으로 불리었다고 하였다.

훈민정음은 태어난 그때부터 사대주의 사상에 물젖은 봉건사대부들의 반대운동에 부딪치게 되었고 훈민정음이 창제된 직후인 1444년 봄에 최만리를 비롯한 7명의 무리들이 6개 조목의 반대상소를 세종에게 올렸다고 하였다. 그 요지는 다음과 같다고 지적하였다.

첫째로, 훈민정음이 옛 전자와 같다고 하여도 그 쓰임이 예전 것과 달라서 중국에 흘러들어갈 때에는 부끄럽다는 것,

둘째로, 몽골, 서하, 여진, 일본, 서변과 같은 오랑캐만이 독자적인 문자를 가지는데 오랑캐를 본받는 것은 옳지 않다는 것,

셋째로, 이두는 한자를 빌려 쓰는 것이기 때문에 한문보급에 도움을 주지만 정음은 하급관리들이 한문과 분리되게 한다는 것,

넷째로, 재판의 공평여부는 관리의 태도에 있고 피고인이 문자를 알고 모르는데 있지 않기 때문에 새로운 문자의 창제에 큰 기대를 걸 수 없다는 것,

다섯째, 임금이 건강이 좋지 않은데 전통적으로 굳어진 한자음을 고치고 훈민정음으로 번역하는 일로 분주하게 시간은 보내서는 안된다는 것,

여섯째로, 세자가 다른 공부는 하지 않고 언문과 같은 것으로 시간을 랑비하는 것이 좋지 않다는 것 등이다.

따져보면 이 반대상소는 사대주의 입장에서 훈민정음의 창조를 반대하고 세종과 세자를 비난하였으며 더욱이 한자통용음을 능히 바꾸어 교정할 수 있다고 본 세종과 정면으로 대치되었다고 하였다.

이에 세종은 반대상소에 대한 답변에서 ≪너희들이 언문은 용음합자(用音合字)가 다 고실(古實)에 반하였다 하나 설총의 이두가 또한 다른 음이 아닌가. 또 이두 제작의 본의는 백성을 편하게 하려함이 아니냐. 너희는 설총은 옳다고 하고 자기의 군상(君上)은 그르다 하니 무슨 까닭이냐. 또 너희들이 운서를 알며 4성 7음 자모를 아느냐. 만일 내가 그 운서를 바르게 함이 아니면 누가 그것을 바르게 하겠느냐. 또 상소문에 신기(新奇)의 일예(一藝)라 한 말이 있으나 나는 노래(老來)에 무료하여서 글로써 벗을 삼을 뿐이다. 어찌 <예>를 싫어하고 <새>를 좋아하여 이것을 만들었겠느냐, 이것은 전렵방응(田獵放鷹)의 예가 아니다. 너희의 말은 자못 참월(僭越)의 혐(嫌)이 있다. 또 나는 연로하므로, 국가의 서무(庶務)는 세자가 전혀 주장하여 세사(細事)라도 다 참결한다. 언문에 대하여도 특히 참결하지 아님이 없다. 만일 세자로 하여금 늘 동국에 있게 하면 환관이 어떻게 일을 맡을 수 있겠느냐. 너희는 시종의 신으로서 밝히 나의 뜻을 알면서 이러한 말을 하는 것은 과연 옳은 일이라 하겠느냐≫라고 규탄하였다고 하였다.

2.1.2.1.4. 염광호(1997.7), <훈민정음제자와 관련된 몇 가지 문제>, ≪중국조선어문≫ p29-33

필자는 우선 훈민정음은 문자의 예외 없는 독창성과 과학성, 실용성으로 하여 우리 민족의 문화발전에 헤아릴 수 없는 기여를 하여왔다고 지적하였다. 훈민정음은 우리 민족의 정신문화면에서 금자탑이나 만리장성이라 할 수 있다고 하면서 훈민정음이라는 찬란한 문화기적도 오늘까지 몇 개의 수수께끼를 남기고 있다고 하였다.

필자는 "훈민정음이전에 고유문자가 있었는가? 훈민정음은 무엇을 본떴는가? 훈민정음은 누가, 왜서 만들었는가?" 등 문제를 둘러싸고 새로운 견해를 내놓을 수는 없지만 선배학자들의 견해를 살펴보면서 그 진가를 따져보려 한다고 하였다.

필자는 일찍부터 우리 민족은 자기의 고유한 문자가 있었다고 전해지고 있다고 하였다. 전설에 의하면 황제 헌원씨(皇帝軒轅氏)가 청구(青邱-옛 조선을 가리켰음)에 삼황내문(三皇內文)을 전수했다고 하고 또 창힐이 신대문자(神代文字)를 만들었다거나 단군 때 신지(神誌)가 서계(書契)를 하여 비사(秘辭)까지 전했다고 하였다. 역사기록에 의하면 일찍 당현종 시기에 발해국의 국서를 이백이 번역했다고 하는데 발해문자란 고구려유민들이 자기들이 쓰던 문자를 계승한 것이라고 보는 사람도 있다고 하였다.

이조시기 학자 이덕모의 ≪청비록≫에는 고려시기 호부상서라는 높은 벼슬까지 한 장연우라는 사람이 중국의 강남에 갔을 때 마침 고려에서 떠내려간 슬(瑟)이라는 악기의 밑바닥에 한송정곡(寒松亭曲)이 씌어있었는데 당지 사람들은 누구도 알아보지 못한 것을 장씨가 해독했다고 하면서 이는 바로 고려에서 따로 쓴 문자가 있었다는 증거라 하였다.

≪평양지≫에 의하면 1583년에 법수교 밑에 묻혀있던 돌비석을 파내였는데 글자가 새겨져있었다 한다. 그런데 그 글자는 중국글자도, 훈민정음도 또는 인도의 범자도 아니어서 누구도 알아볼 수 없었다 한다. 그리하여 사람들은 단군 때에 신지가 썼다는 글자라고까지 했다고 했지만 유감스럽게도 이 돌비석은 잃어져 전해지지 않고 있다. 그 외 16세기 초의 ≪태백일사≫에는 ≪단군 때에 신지전서가 있었는데 그것을 태백산과 흑룡강, 청구, 구려 등의 지역들에서 널리 썼다.≫고 기록했으므로 17세기 북애자의 ≪규원사화≫에는 심지어 신지가 사냥하고 사슴발자국을 보고 만들었다는 글자 16자를 전하기도 한다고 하였다. 특히 8세기의 발해사람 대야발의 ≪단국고사≫나 14세기의 이암의 ≪단군세기≫에 고조선의 3대왕 가록 때에 정음 38자를 만들었는데 ≪가림토(加林土)≫라 했다고 한다. 어떤 사람은 일본의 대마도에 보존되어있는 신대문자(神代文字-阿比留文字라고도 함)라는 것이 바로 ≪가림토≫에서 갈라져 나왔다고 한다.

일본의 중세기 행지(行智)가 쓴 ≪훈석언문해(訓釋諺文解)≫에는 훈민정음

에 대해 다음과 같이 기술했다고 하였다. "<언문>은 옛날체와 지금체의
두 가지가 있었다. 옛날체는 삼한 초에 만들어진 것이고 지금체는 이조
세종대에 옛날체의 글자를 고쳐 만든 것이다. 곧 지금 그 나라에는 옛날
체의 글자는 전해오는 것이 없고 다만 지금체의 글자만이 쓰인다. 옛날체
에는 지금 비인서(肥人書)라는 것인데 두 가지 글씨체가 있었다."라고 하면
서 "ㄱㅜ, ㅅㅜ, ㅊㅜ, ㄷㅜ, ㄷㅗ, ㄴㅜ, ㅂㅜ, ㅍㅗ, ㅎㅜ, ㅁㅗ, ㄹㅗ,
등과 Uㅏ, Uㅣ, Uㅜ, Uㅓ, Uㅗ" 등 글자들을 보여주었다고 하였다. 그러
나 상기의 전설과 기록은 역대로 내려오면서 의문점이 많았고 또 그 진실
성 여부를 가늠키 어려웠기에 반신반의 하거나 아예 부정해버렸다고 더
구나 15세기이후 즉 훈민정음이 창제된 후에 지어낸 책들에서 고대문자
설을 내놓는 것은 믿을 바 못된다고 하였다. 그리고 일본인 행지가 훈민
정음을 분석하면서 이른바 대마도에서 발견됐다는 일본 신대문자설을 주
장하는데 그 글자의 모양이 훈민정음의 초성자와 중성자를 이리저리 배
합시켜놓은 것에 불과하므로 그 속셈을 가히 짐작할 수 있다고 하겠다.
그 외 이백이 해독했다는 발해국국서라든가 고려의 장연우가 악기속의
글씨를 해독했다는 전설은 당시 고려나 혹은 발해에서 쓰는 초기이두나
구결문자일 수도 있다고 하면서 이런 문자라면 일반적인 중국문자지식으
로만은 어떻게 해도 알아볼 수 없는 ≪글≫로 이해될 수 있다고 밝혔다.
　　필자는 지금 어떤 학자들이 또 고대문자설을 주장하면서 "고조선 시초
의 신지글자가 이러저러한 과정을 거쳐 가림도 글자에 이르고 그것이 고
조선말기(삼한)초기에 훈민정음의 <옛날체(비인서)>로 발전하였으며 또 다
시 부단한 변천, 발전과정을 밟아 훈민정음(지금체)으로 계승, 완성되었다
는 것을 거의 의심할 바 없이 보여주고 있다. 이처럼 우리 선조들이 고조
선시기부터 한자나 기타 외국문자와는 다른 자기의 고유한 글자를 사용
하였다는 것은 우리 민족의 더없는 자랑이며 영예이다."(≪조선출판문화사≫
사회과학원출판사 1995년. 15페지)라고 한다고 하면서 만약 훈민정음창제 당

시에 말 그대로 ≪비인서≫를 계승하였다면 최만리 등의 반대상소문에 "음으로써 글자를 어울렀지만 옛 것과 어긋나며 실제로 의거한 것이 없다(用音合字盡反于古, 實無所據)"라 할 수 없었을 것이라고 하였다.

필자는 고문자설은 민족문화의 뿌리를 깊이 찾으려고 갸륵한 마음에서 출발했다 할 수 있어도 확실한 근거는 아직 내놓지 못하고 있다고 하였다.

훈민정음은 무엇을 본떴는가 하는 문제에 대해서는 우선 1940년에 ≪훈민정음≫(해례본)이 발견되기 전까지만 해도 훈민정음의 기원에 대하여 "고전기원설, 범자기원설, 몽고파스바문자기원설, 서장문자기원설, Pah문자기원설, 고대문자기원설, 발음기간상형기원설, 창호문자기원설, 태극사사상기원설, 기타 기원설(거란문자, 여진문자, 일본신대문자, 악리기원설, 28숙기원설, 설총창작설, 요의(了義)창작설, 시리아문자전래설)"이 있었다고 하면서 지금은 이처럼 여러 가지 허무맹랑한 추측은 없지만 그렇다고 완전히 해석된 것은 아니라고 하였다. 그리고 정린지의 ≪훈민정음≫서문의 말을 인용하고 최만리의 반대상소문을 인용하면서 훈민정음의 글자는 발음기관이 모양을 본떴다고 지적하였다.

필자는 조선어에서는 중국의 운서를 조선의 실제에 맞게 이용하여 어음분석을 초성, 중성, 종성으로 나누었고 초성은 완전히 중국음운학의 분석방법을 따랐으며 중국에서는 조음위치에 따라 7음 체계로 나누었지만 조선에서는 반설, 반치를 각각 설음과 치음에 귀속시켜 5음 체계로 하였다고 하였다. 그리고 맑고 흐림에 의하여 청탁으로 나누었다고 하였다.

자음의 제자원리는 우선 기본자를 제정하고 기본자에 근거하여 가획자를 만들었으며 그리고 변형자도 만들었다고 하였다. 중성의 제자원리도 역시 기본자를 제정하고 기본자에 기초하여 서로 조합하여 글자를 만들었는데 초출자, 재출자로 나누인다고 하였다.

훈민정음 28자의 제자과정을 한자의 육서(六書)이론에 비추어 상형자는 초성자의 기본자, 변형자, 지사자는 중성의 기본자, 가획자는 초성의 가획자, 가점자는 중성의 초출자, 재출자에 해당하다고 하였다.

총적으로 훈민정음은 무엇을 본떴는가를 보면 그 무슨 옛글자를 다시 고쳤거나 외국글자를 가져온 것이 아니라 상형원리에 따라 발음기관과 성리학적인 원리를 상징적으로 본떠서 독창적인 만들었으며 그 제자과정에 글씨모양에서 고전자의 네모꼴의 형태를 본받았다고 할 수 있다고 지적하였다.

필자는 훈민정음은 누가 왜서 만들었는가 하는 것에 대해서는 아래와 같이 기술하고 있다. 일찍부터 역사기록에 훈민정음은 세종대왕이 친히 백성을 위해 만들었다고 밝혔으며 또 그런 뜻에서 ≪어제훈민정음(御製訓民正音)≫이라고 이름을 지었다. 하지만 아직도 사람들은 이처럼 방대한 사업을 혼자 힘으로 해낼 수 있었겠는가? 더구나 임금으로서 고달프게 연구하였을까? 기껏해야 학자들을 동원하여 조건을 마련해주고 필요한 지시나 하지 않았을까? 그리고 진짜로 백성의 고통을 헤아려 만들었겠는가? 한자음표기 등의 정확성을 확보하기 위한 것이 아니겠는가 등 의문을 품었다고 한다. 필자는 우리는 역사인물을 역사유물주의 관점에서 공정하고 객관적인 실사구시한 평가를 해야 한다. 현대의 의식과 표준으로 역사인물과 사건들을 대하는 것은 그릇된 것이라고 하면서 아래와 같이 기술하였다.

≪세종실록≫ 25년 계해 12월조에는 "이 달에 주상께서 언문 28자를 친히 만드셨다(是月上親制諺文二十八字)"라 기록되어 있다. 역시 ≪세종실록≫ 26년 갑자 2월조에는 집현전 부제학 최만리 등의 훈민정음제작에 대한 장편의 반대상소문이 실려있다. 그 내용을 살펴보면 훈민정음의 창제와 세종의 친제설(親制說)을 얼마든지 증명할 수 있다고 하였다. ≪훈민정음≫ 첫머리의 서언에서도 "나라의 말씀이 중국과 달아 문자와 더불어 서로 통하지 아니하므로 어리석은 백성이 이르고저 할 바 있어도 마침내 자기 뜻

을 능히 표달하지 못할 자가 많다. 내 이를 위하여 불쌍히 여겨 새로 스물
여덟 자를 만드노니 사람마다 하여금 쉽게 익혀 날로 씀에 편안하게 하고
저 할 따름이다."고 글 목적을 밝혔다. 물론 봉건임금으로서 주요목적은
왕조통치를 공고화하는데 있으므로 "백성을 위해 문자를 만든다."는 것도
결국 이 목적에 귀결된다. 하지만 객관적으로 백성들의 문화지식을 제고
시키고 나아가서 우리 민족의 문화를 융성, 발전시키는데 중대한 기여를
한 것만은 사실이다. 또 세종이 훈민정음을 "내가 만들었다."고 선언하는
것은 아무리 왕님이라도 남의 공로를 자제 넘게 가로채서 가진 것도 아니
고 또 당시 큰 공적으로 인정해주지도 않은 형편에서 헛되게 말할 수도
없다. 때문에 최만리 등의 반대상소문에서 정면적인 대항은 못하고 극력
에둘러 반대했을 뿐이었다고 하였다. 결국 의금부에 하루 밤 갇히우고 나
니 누구도 꼼짝달싹 못하였다. 물론 정음창제 연구 시에 세종대왕을 위수
로 하여 다른 학자들의 협력이 전혀 없을 수는 없다. 그러나 세종이 허약
한 몸으로 안질을 앓으면서 정음창제를 했다는 사실, 젊은 학자들의 이름
이 훈민정음발표의 두 달 후부터 운회(韻會)번역에서부터 등장한다는 점을
보아 세종이 주요창작자였음은 의심할 바 없다고 필자는 강조하여 지적
하였다.

　정음창제가 완성된 후 세종은 집현전에 언문청(諺文廳)을 설치하고 정린
지, 신숙주, 성삼문, 최항, 박팽년, 이선로, 이개, 강희안 등 젊은 학자들을
일하게 하였다고 필자는 기술하였다. 우선 훈민정음의 창제원리와 사용방
법을 상세히 밝힌 ≪훈민정음≫(해례)을 완수하게 하였으며 문자로서의 지
위와 성망을 높이기 위해 여러 가지 사업들을 펴나가도록 했다고 하였다.
우선 한자운서를 편찬하게 했는데 ≪동국정운≫, ≪사성통해≫, ≪홍무
정운역훈≫ 등이었고 다음으로 이조 건국송가인 125장으로 된 정음시가
≪용비어천가≫를 짓게 했다. 또 수양대군을 시켜 석가모니의 일대기인
≪석보상절≫을 정음으로 짓게 한 후 자기가 손수 보고 요약하여 정음시

가인 ≪월인천강지곡≫을 썼다. 그 외 불경서적들인 ≪능엄경언해≫,
≪법화경언해≫, ≪원각경언해≫, ≪금강경언해≫ 등을 간경도감에서 출
판하도록 하였다. 이처럼 세종은 훈민정음을 창제했을 뿐만 아니라 그 보
급 사업을 적극 밀고나갔다는 것이다. 그런데 한마디 지적하고 싶은 것은
세종대왕이 처음부터 훈민정음으로 한문을 대체하여 국문으로 만들자는
의도는 있은 것 같지 않다고 하면서 물론 당시 강경한 반대 여론 속에서
이 정도로 만들어 보급시켰다는 점만 해도 대단한 일이었다고 하였다. 때
문에 세종자신도 극력 백성들에게 편리한 글이라는 점을 강조하여 관청
의 국문지위까지는 올려놓지 못하였다고 하였다. 그 후 시기에도 이조왕
조는 훈민정음을 줄곧 깔보면서 언문, 반절, 암클이라고까지 하여 아동이
나 부녀들이 배우는 글자로 천시해왔으며 근대문명의 자각과 민족의식의
장성으로부터 또 다시 ≪한글≫로 조선 문자는 부상하게 되었으며 오늘
날에 세상에 떳떳이 자랑하는 문자로 되었다고 하였다.

필자는 훈민정음의 우수성을 요약하여 세 가지로 지적하였다.

첫째, 독창성이다. 즉 다른 민족의 문자를 빌려 쓰거나 고쳐 쓴 것이 아
닌 완전히 자기 민족의 창조물이다.

둘째, 과학성이다. 세계상의 문자들을 그 표현방법에 따라 회화문자, 상
형문자, 표의문자, 표음문자로 나눌 수 있다. 그중에서 제일 발달한 표음
문자를 또 음절문자와 음소문자로 나눈다. 일본문자는 음절문자의 전형이
고 라틴문자는 음소문자의 전형이라 할 수 있다. 그런데 훈민정음은 바로
자음과 모음을 따로 적을 수 있는 음소문자로서 세계상의 가장 우수한 문
자로 된다.

셋째, 실용성이다. 정린지의 ≪훈민정음≫ 서문에서 훈민정음은 "슬기
있는 사람은 하루아침에 통달할 것이며 둔한 사람이라도 열흘 안에 배울
것이다…비록 바람소리와 학의 울음과 닭의 홰침과 개의 짖음일지라도
모두 적을 수 있다."

필자는 훈민정음은 한문자나 기타 문자의 역사처럼 소수 인에게 장악되어 백성을 다스리는 도구로 된 것이 아니라 탄생되어서부터 백성들이 장악하여 "자기 의사를 능히 표달하는데" 쓰이게 되었기에 오늘날까지도 훈민정음은 우리민족의 문화 금자탑, 만리장성과 같이 온 세상에 자랑을 떨치며 날이 갈수록 세계 여러 민족들에게서 높은 찬양을 받아가고 있다고 하였다.

2.1.2.1.5. 김호웅(1998), <훈민정음창제의 문화사적의의>, ≪문화산맥≫ p17-20

필자는 ≪세종대왕탄신 600주년 기념보고회≫에서 훈민정음창제의 문화사적 의의에 대하여 연설하였다. 우선 배달겨레 5천년 역사에 가장 뛰어난 위인이 세분 있으니 한분은 시월 초삼일에 태백산에 나시여 만년 홍왕의 나라를 여시었고, 한분은 음력 삼월 초파일에 한양 삼청동에 나시여 외적방비, 조국수호의 큰 공덕으로 만세불멸의 나라 사랑의 거울이 되셨으며 또 한분은 오월 십오일 서울 경복궁에서 나시여 한결같은 정성과 노력으로 이 겨레 영원발전의 소망과 능력을 키워주셨으니 그분이 곧 세종대왕님이라고 하였다. 세종대왕은 1397년 태종의 셋째아들로 태어나서 22세에 임금 자리에 올라 서른 두 해 동안에 많은 불멸의 업적을 남기시고 1450년 54세에 이승을 하직하셨다고 하였다.

다음으로 필자는 세종대왕님의 탄신일을 기념하는 의미에 대해 상세히 피력하였다.

첫째로 우리는 세종대왕님의 거룩한 덕을 기리고자 함이라고 하였다.

세종대왕님은 오백 년 전에 나신 민본주의정치가입니다. 대왕님은 천성이 어질어 백성을 사랑하고 백성을 기르기에 온 정력을 몰부어 오셨습니다. 어리석은 백성들이 하고 싶은 말이 있어도 글이 없기 때문에 그 뜻을 펴지 못함을 민망히 여기시여 배우기 쉽고 쓰기 편리한 한글을 창제하여 내셨으며 대궐문 밖에 북을 달아두어 백성이 임금께 아뢰고 싶은 일이 있으면 누구든지 자유로 그 북을 쳐서 알리게 하였으며 날 시계를 만들어서는 서울거리에다 차려두어 만백성이 다 마음대로 보고서 때를 알게 하였습니다.

둘째로 우리는 세종대왕님의 하늘같은 높은 업적을 기리고저 함이라고 하였다.

세종대왕님은 문무겸전한 정치가이시라 무(武)로는 대마도의 왜인을 쳐굽히고 여진족을 물이치어 함경북도의 땅을 거둬 판도를 넓혔으며 문(文)으로는 천하의 인재를 등용하여 학문을 연찬케 하였습니다. 대왕님은 과학자로서 천문, 지리에 통하였으며 예술가로서 음악에 빼어났으며 창작가, 발명가로서 한글(訓民正音), 측우기(測雨器), 해시계(仰斧日映), 물시계(漏水)를 만들어내었고 저술가로서 역사(高慮史), 지리(八道地理法), 농사(農事直說), 의학(醫方類聚), 예의(五體儀), 정치(治平要覽), 도덕(三綱行實), 불교(釋譜詳節, 月印千江之曲) 및 문학(龍飛御天歌)에 관하여 지휘, 감수하셨습니다. 동서고금의 제왕가운데 이렇듯 빼어나고 훌륭한 업적을 남긴 이가 세종대왕을 내놓고 또 어디 있겠습니까? 이렇게 만고에 뛰어난 업적은 다만 그 빼어난 총명과 예지뿐만 아니라 거기에 더하여 군센 의지와 알뜰한 정성과 한결같은 부지런함이 있음으로 말미암아 이루어진 것입니다. 우리는 세종대왕의 업적을 기림으로써 우리 배달겨레의 지력의 우수함과 의지의 견고함과 실행의 돈독함들의 풍부한 소질들을 천하만방에 자랑하는 바입니다.

셋째로 대왕님의 허다한 업적가운데서도 ≪훈민정음≫ 창제의 문화사적 의의는 뫼같이 높다고 하겠습니다. 세종대왕님이 창제하신 훈민정음은 애국애족의 산물이요, 자주적이고 실용성이 뛰어난 문자이며 우리 배달겨레정신의 소산인 동시에 배달겨레정신의 생산자입니다. 조선민족의 외형적통일은 신라의 삼국통일에 의해 이루어졌지만 그 내적 통일, 정신적 통일은 세종대왕의 위대한 이상과 초인간적인 지혜와 뛰어난 업적-특히 한

글로 말미암아 이루어진 것입니다. 최현배 선생께서 가르치다 시피 말은 얼을 나타내고 글은 말을 나타냅니다. 그러한즉 얼, 말, 글은 세이면서 하나입니다. 배달민족의 얼이 가는 곳에 말과 글이 가고 글이 가는 곳에 또한 얼이 갑니다. 말하자면 말씨는 겨레와 지극히 긴밀한 깊은 관계를 가지고 있어 하나가 홍성하면 그다음 하나도 따라 홍성하고 하나가 쇠잔하면 그 다른 하나도 따라 쇠잔합니다. 겨레와 그 말, 글과는 영고성쇠를 같이하며 그 생사존망을 같이 합니다. 만약 세종대왕님이 우리에게 주신 훈민정음의 힘과 그에 담겨진 겨레정신의 힘이 아니라면 우리 겨레는 이미 주변 국가들의 종이 되고 말았을 것입니다. 따라서 세종대왕께서 탄생하신 날은 우리 겨레의 무궁무진한 원동력이 싹튼 날입니다. 이날이 있음으로 하여 우리에게 겨레의 얼이 있고 겨레의 홰불이 있고 겨레의 문화를 더욱더욱 빛내어 그 광휘와 혜택을 온 겨레에게 주었고 나아가서 온 누리에 퍼질 수 있게 되었습니다.

필자는 마지막으로 우리 조선족은 지나온 백년세월, 일제의 언어동화정책의 비바람을 뚫고 ≪서전의숙≫, 명동학교를 꾸려 자기의 말과 글을 지켰고 해방 후 50년간 소학교로부터 초등학교, 고등학교로부터 대학교에 이르는 ≪조선어문교과서≫를 편찬하고 민족인재를 양성하고 자기의 말과 글에 의한 문화예술의 꽃나무를 키움으로써 온 세상의 배달겨레들의 선망하는 중국의 조선족으로 부상하였다고 하였다.

오늘 우리 조선족사회는 급작스럽게 들이닥친 시장경제의 열풍에 휘감겨 금전만능, 일확천금의 꿈에 들떠 허덕이고 있고 민족교육이 뒤흔들리고 이중 언어사용, 타민족과의 통혼으로 우리 조선족공동체가 위축되고 있다고 지적하면서 우리 조선족사회를 위기에서 구해내는 방도는 여러 가지가 있겠지만 우리말과 글에 의한 민족문화를 확립하고 꾸준히 민족교육을 세워 나간다면 21세기 동북아, 태평양시대에 다시 한 번 민족의 중흥을 꾀할 수 있다고 강조하여 지적하였다. 다시 말하여 남들처럼 잘살

면서 자기의 말과 글을 훌륭히 구사할 수 있는 민족-바로 21세기 우리 조
선족사회의 모습으로 되어야 하고 언어학자들을 주축으로 하는 우리말의
교육자들과 문학인들, 언론인들과 출판인들은 우리말과 글의 순결성을 고
수하고 우리말과 글에 의한 우리 문화의 창들을 위해 다시 한 번 궐기하
여야 한다고 강조하여 지적하였다.

2.1.2.2. 훈민정음과 하도기원설 연구

오봉협 선생이 1950년대 초 ≪교육통신잡지≫ 2기로부터 6기까지 처음
으로 ≪훈민정음≫에 대한 학술적 가치가 있는 장편 연구 논문 "한글하
도기원설"을 발표하였다. 저자는 모두 16개 부분에 나누어 정린지의 상형
기원설을 근본적으로 시인하는 동시에 그의 해례에 근거하여 역학의 근
본원천으로 보는 하도(河圖)에 의해 한글이 만들어졌다는 새로운 하도기원
설을 주장하였다. 이것이 중국에서의 훈민정음 연구의 시초라고 말할 수
있다.

"한글하도기원설"이 발표된 후 이득춘 교수, 허동진 교수 두 학자는
하도기원설에 대한 자신들의 인식과 견해를 잡지와 학술논문집에 발표
하였다.

2.1.2.2.1. 이득춘(1990), <훈민정음기원의 이설 하도기원설>,
　　　　　≪중국조선어문≫ p11-16

필자는 글에서 "훈민정음에 대한 여러 기원설, 해례발견 후의 기원설,
하도기원론의 출현배경, 하도기원론의 내용, 하도기원론의 학술적 가치"
등 다섯 개 부분에 나누어 하도기원설에 대해 해석하였다.

우선 훈민정음에 대한 여러 기원설에 대해 다음과 같이 기술하였다.
≪훈민정음≫(해례본)이 나오기 전인 1940년 이전시기에 있어서 훈민정음

의 기원, 창제의 원리는 하나의 수수께끼로 되어 많은 사람들의 주목을 끌었던 것은 사실인바 여러 가지 기원설이 나타나게 되었는데 대체로 세 가지 부류로 나누어진다고 하였다.

한 부류는 문헌기록들에 있는 단편적인 기록이거나 몇몇 글자의 유사성에 의해서 주장된 기원설이다. "고전기원설", "파스파기원설", "범어기원설", "서장문자기원설" 등이 바로 그렇다. 이러한 주장이거나 가설들은 조선 문자의 진정한 기원과 원리를 찾으려는 노력에서 출발한 것으로서 조선 문자사 연구에서 일정한 평가들을 지어야 할 것들이다.

다른 한 부류는 주관유심론적으로 만들어진 기원설이다. 그 대표적인 것은 항간에 큰 미혹력을 가졌던 "창호기언설"이다. 이것은 1928년 서양 사람 엘갈드(ECkaYdt)가 아무런 문헌적 조건과 역사적 사실도 없이 "세종왕이 새 글자를 지어내기 위하여…방안에 앉아 계시다가 문득 눈이 창문의 문살의 수직선과 수평선에 마주치며" 착상하여 조선글자를 만들었다고 하는데서 나온 것이다.

또 다른 한 부류는 이른바 ≪신대문자기원설≫과 같은 정치적 목적으로부터 나온 위조된 망설들이다. 꾸며낸 자작극을 정음문자에까지 연계해 놓음으로써 일본민족의 우월화를 주장하고 자기역사의 공백을 메우려는 심보에서 나온 것이라고 하였다.

필자는 다음으로 해례 발견 후의 기원설에 대해서도 설명하였다. 훈민정음해례가 발견되었다 하여 조선 문자의 기원이 모든 사람들에게 일치하게 인식된 것은 아니었다. 해례내용에 대한 이해의 차이와 해례자체에 나타난 모순된 기록에 의하여 연구의 결과는 계속 일치를 이루지 못하고 있다. 대체로 공인되고 있는 것은 해례제자해의 "정음 28자는 각각 그 모양을 본떴다"는데 근거한 발음기관상형설이다. 해례는 초성과 중성에 대하여 다 같이 발음기관상형을 적용한 것이 아니라 중성에는 삼재상형을 적용하고 있다. 상형설을 주장하는 사람들은 중성 역시 발음기관 상형을

했으나 당시 시대적 제한으로 하여 관념론적 의의를 썼을 따름이라고 한
다. 이것은 해례제자해에 입각한 비교적 객관적인 결론이라고 가히 믿을
수 있다. 물론 해례발견 전에도 상형제자를 주장한 사람들이 없지는 않으
나 그것은 어디까지나 해례본에 기초한 것이 아니었다고 지적하였다.

　필자는 훈민정음의 창제는 중국음운학과 송나라에서 집대성된 이학을
그 문화적 배경으로 하고 있다고 하면서 아래와 같이 기술한다.

　훈민정음은 이러한 배경 하에서 언어의 생성원리와 조직원리를 음양오
행설로 설명하고 있다. 사실상 음양오행설이나 태극설과 같은 중국고대로
부터 내려온 고유사상으로서 우주의 모든 현상을 태극, 음양, 오행 등으로
해명하는 것이다. 해례의 성음에 대한 이론도 그 영향을 받아 5음과 5행,
5시, 5성, 5방을 결부하여 초성을 설명하고 음양, 태극으로 중성을 설명하
고 있다. 이러한 점에 근거하여 조선 문자의 제자를 역학에서 해명하려고
하는 것이 또한 하나의 흐름으로 되고 있다고 하였다.

　최근에 역학적 해명을 주장하는 이들도 해례의 상형설을 부인하지는
않는다. 그들은 그것에 그치지 않고 진일보 나아가 그것을 역학적으로 발
휘시키고 있다. 관념론적인 것과 연계된다 해서 이를 한마디로 부인할 수
는 없는데 왜냐하면 해례의 저자들이 음양, 오행, 태극으로 서술하게 된
그 본유를 밝힘으로써 제자를 더 똑똑히 해명하기 위한 목적에서 출발하
였기 때문이라고 하였다.

　최근에 이르러서는 고전기원설은 의연히 주장되고 있다고 하면서 이런
주장들은 고전과 연계시킨 여러 문헌기록을 그 근거로 삼고 있다. 여기서
김완진의 "훈민정음창제의 제 단계"라는 문장을 예들 필요가 있다고 하면
서 작자는 발음기관상형설에 대하여 전반적으로 부정하지는 않으면서도
고전을 본떴다는 것을 주장하면서 고전에 기원한 것을 발음기관상형, 삼
지의 상형, 가획의 원리 등으로 부각하였다고 보면서 28자에 대해 전서체
추정 참고도까지 내놓고 있다고 하였다.

　필자는 하도기원론의 출현배경도 상세히 기술하였다. 우선 하도기원론은 1950년 초에 ≪교육통신≫ 잡지 2기로부터 6기까지 발표된, 당시 연변대학에서 교편을 잡은 오봉협 선생의 논문 "하도기원론"을 가리킨다고 하였다. 저자 오봉협 선생은 1947년에 최현배의 ≪한글갈≫을 보았고 거기에 있는 훈민정음의 여러 기원설과 최현배의 미흡한 주장을 간파하였다고 하였다. 오봉협 선생은 ≪훈민정음≫ 해례원문에서 풀기 어려운 문제점을 찾았고 그에 근거하여 새로운 시도를 하기 시작했다고 하였다.

　8.15해방 후, 일제에 의해 억눌렸던 조선어연구는 조선민족이 살고 있는 모든 곳에서 다시 시작되었는데 저자는 동북의 사평전투가 격렬하던 1947년, ≪한글갈≫을 품고서 화전전투에까지 참가하였는데 당시 중국 연변이나 조선민주주의 인민공화국에서는 맑스주의 관점으로 허다한 문제들을 연구하기 시작하였다고 하였다. 정음의 기원, 제자에 대하여 비교적 전면적인 해명을 한 ≪훈민정음역해≫(홍기문, 정몽수), ≪훈민정음음운조직≫(전몽수) 등이 이미 세상에 나왔고 저자는 전몽수와 의견을 교환하였으며 전몽수의 견해에 대하여 "한때에는 동감하였고 또 재미있는 해석이라고 생각"하였으나 "한쪽으로는 미즈근한 느낌을 가지게 되어 바른 해석을 구하였다."고 말하였다.

　중국국내해방전쟁의 환경에서 써낸 논문은 다섯 기에 걸쳐 연재되었는데 조선전쟁이 일어나던 달에 나온 6기에 이르러서야 마지막 연재가 끝났다. 조선학연구가 세계적으로 활발하지 못했고 또 조선으로 보면 남북이 분단되었으며 새로운 전쟁이 폭발된 형편이었다. 게다가 저자가 말한 대로 "한글에 관한 문헌이 전혀 없는 연변구석에서" 발표되었던 논문은 그 후 별로 세계조선어분야에 알려지지 못한 채 오늘까지 지나왔다고 하였다.

　필자는 오봉협선생의 하도기원의 내용에 대해서도 상세히 기술하였다.(략)

필자는 마지막으로 하도기원론의 학술적 가치에 대해 상세히 분석하였다. 하도기원론은 사람들의 이렇다 할 평가를 받아보지 못하고 오늘까지 내려왔다고 하면서 그것은 중국해방전쟁과 조선전쟁의 전화 속에서 그 학술적 가치를 따져볼 사회적 배경이 이루어지지 못한데다가 당시 연변의 대중서원(大衆書院)에서 논문이 실린 잡지 ≪교육통신≫의 총판매를 책임진 형편에서 국외에 배포될 기회도 없었다고 하였다.

오늘 우리가 연변어학계의 40여 년 노정을 회고함에 있어서 하도기원론은 응당 받아야 할 평가를 다시 받아야 한다고 하였다.

첫째, 역사문헌도 별로 없거니와 해방된 직후에서 문화재와 지식인의 유동히 심한 조건에서 그리고 전쟁의 복잡한 환경 속에서 드팀없이 민족문화유산을 연구한 저자의 학구적 정신은 응당 찬양을 받아야 한다고 하였다. 저자가 남긴 것은 비록 한편의 논문(16절 24페지)에 불과하지만 그가 조선 문자 기원연구에서 남다른 하나의 학술적 주장을 내놓았다는 것은 국경안팎 겨레의 문화보물고에 하나의 기념물을 남긴 것으로 되지 않을 수 없다면서 이 면에서 그 가치는 연변이라는 이 범위를 훨씬 초월하고 있다고 하였다.

둘째, <한글하도기원론>의 학술적 가치는 그것이 종래에 없던 새로운 기원설을 처음으로 훈민정음 기원설 중에 하나 더 내세운 이설(異說)이라는 데 있다고 하였다.

필자는 국외에서 비교적 일찍 훈민정음과 하도를 연결시킨 학자는 이탁(李鐸)이라면서 이탁은 "언어학상으로 고찰한 선사시대의 화하 문화의 관계"라는 논문의 한부분에서 하도와 훈민정음을 연결시키려 하였다고 하였다. 그는 정음은 세종의 창제가 아니라는 제제를 내놓고 신지(神誌)가 지은 문자가 곧 정음문자의 전신이요, 정음문자로 표현된 철학사 상으로 진단도(震檀圖)가 있었다는 것을 주장하였다고 기술하였다. 이와 관련하여 하도에 수를 표현한 부호가 바로 정음문자[·(·), ··(—), ㅣ(ㅣ)]라고 하였고 그는 하도원형에 나타난 정음문자는 "ㆍ, ㅡ, ㅣ, ㅗ, ㅏ, ㅜ, ㅓ, ㅇ, ㅁ, ㅿ" 열 개라고 하였다.

필자는 이탁의 서술과 오봉협의 주장은 다 하도와 관련이 있으면서도 구체적 내용은 다르다고 지적하였다. 특히 이탁의 경우엔 전문 하도와 관련한 것이 아니고 문제점으로 되는 것은 후자의 논문이 이탁의 논문을 본 후에 나왔는가 하는 것이라고 하면서 본 후 쓴 것이라면 후자의 가치 중량이 낮아지는 것이라고 하였다. 필자는 양자의 주장은 비슷한 시기에 각각 나온 것이며 후자와 전자는 아무런 관련이 없다는 것을 감히 말할 수 있다고 하였다.

셋째, 논문의 필자는 하도일설의 최초의 주창자(主唱者)로 되기에 손색이 없다고 하였다. 필자가 아는 자료에 의하면 훈민정음과 하도를 관련시키는 논문들이 60년대 말부터 나오고 있다고 하였다. 1968년에 유정기의 <훈민정음의 철학적 체계>(≪동양문화≫ 6, 7집), <훈민정음기원론>(윤덕중, 반재원, 1983년) 등이 있는데 이들의 공동점은 모두 중성을 주역의 하도에 연결시킨 것이고 <한글하도기원론>의 저자는 시간적으로나 내용적으로나 모두 이들 후배학자들의 선배로 되기에 손색이 없는바 오직 지리적, 역사적 혹은 정치적 원인으로 해서 그들에게 알려지지 않았거나 인용되지 못하고 있을 따름이라고 하였다.

넷째, 하도기원론의 학문적 가치를 그 학술내용에서 찾지 않는다면 안 될 것이고 중성순위에 대하여서만 예들어 설명하였다. 필자는 순위문제에서의 저자의 주장이 타당하다는 것을 수긍하면서 박병채, 김병제, 최정우의 모음순위에 대한 설명의 사실상 "하도기원론"의 작가가 인용하고 일부 부정한 전몽수의 이론의 반복에 불과하다고 하였다. 최초의 배열순서의 원인을 찾는 면에서 비교적 현실적인 결론을 지은 것은 학술계에 일정한 공헌을 한 것이 아닐 수 없다고 지적하였다.

다섯째, 하도기원론의 작가는 다른 모든 역학연구자들과 마찬가지로 역

사기록에 충실하여 해례제자해의 상형원리에서 진일보 나아가 추궁하였
으며 세종시대의 사상체계에 연계시켜 정음의 기원을 밝히려고 하였다고
설명하고 아래와 같이 기술하였다.

여기에서도 저자는 해방 후 비교적 일찍 손 쓴 계열에 속한다. 하도라
는 것은 전설적 존재로서 복희씨 때 황하에서 나온 용마의 등에 하도가
있었다는 것이다. 복희씨는 하도나 낙서에 의하여 팔괘(八卦)를 만들었는데
이것이 곧 주역의 내원이라고 한다. 원래 음양오행설 같은 것들은 원래
일종의 소박한 유물론사상과 변증법사상을 반영하였으며 고대의 천문, 화
학, 역수(歷數), 의학의 발전에 큰 작용을 일으켰다. 그 후 유심론적철학가
들에 의하여 신비주의적 종교 유심론적 색채를 띠게 되었다. 그러나 그중
의 합리한 요소는 시종 유물론학자들에 의해 계승되었다. 바로 이러한 원
인으로 해서 정음을 역학에 연계시키는 것은 전부 유심론적인 것으로 밀
막아버릴 수 없는 것이다. 문제는 저자가 어떤 입장에서 그것을 대하는가
가 더욱 중요하다. 저자는 음양오행설본신을 무조건, 철저히 긍정하는 것
이 아니라 그러한 사상적 배경 하에 만들어진 훈민정음창제시의 진면모
를 밝히려는데 그 공력을 들이고 있다. 그리고 저자는 저자가 하도와 같은
"이러한 존재에 근거하여 팔괘가 일어났고 역의 사상이 일어났으며 많은
미신이 잇달아 일어났음"을 지적하면서 "하도기원도 이런 발전적 입장에
서 역사적으로 연구할 따름이요, 그 기원이 하도라 해서 한글의 신성을 말
하거나 한글의 불명예를 논함은 결코 아니다."라고 하였다고 기술하였다.

필자는 <한글하도기원론>의 역사적, 세계관적 제한성으로 비과학적인
것들을 가지고 있다고 지적하면서 다음과 같이 기술하고 있다.

기원론에서 우선 기본자 석자의 연원을 따져야 할 것이다. 그러나 저자
는 기본자에 대한 것보다 그 외 여덟 자에 논문의 중점을 두고 있다. 물론
저자의 모음도에서 그 생차(生次)와 위수(位數)를 보면 기본자와 하도와의
관계가 나타나지만 저자는 이에 큰 설명을 하지 않았으며 오히려 그저

"정린지의 상형기원설"을 "근본적으로 시인"한다는 것으로 미루고 말았다. 이리하여 논문은 자체의 전일성을 가짐에 있어서 일정한 손색을 갖게되었다.(이는 기원론연구논문들이 가지는 공통된 병집이다. 여러 기원설들이 다 정음 28자의 일부에만 맞는 것이 상례이다. 그러므로 저자 한사람만 나무랄 것이 못된다.)

논문은 일부 주관적 오유를 범하고 있다고 지적하면서 다음과 같이 기술하였다. "자음의 하도기원" 부분에서 자음에서도 순위만 운운하였는데 주관적임을 저자의 자음도에서 인차 알아볼 수 있다.

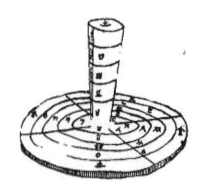

자음도에 대한 설명에서 아(목), 설(화), 순(土), 치(금), 후(수)의 순서는 하도와 관계없다고 말하기 어렵지만 그러나 이 순서와 청탁은 오히려 중국음운학에 연계되고 있는 것이다. 만약 중국음악이 하도와 관계될 수 있다 하더라도 그러한 결론을 내리기는 어려울 것이다. 이를 감측한 나머지 저자자신도 "자음도에 관한 아무러한 문헌도 전함이 없으며 나의 이 가상도는 부질없는 자의 한 개의 장난에 지나지 못할 것이며 쓸데없는 고집을 쓸 아무러한 이유도 없는 것이다."라고 하였다.

필자는 작가 본신이 자기가 주장한 모음도에 대해서는 신심을 보이면서 자음도에 대하여 이렇듯 신심을 보여주지 못하는 것은 바로 자기의 주관적 오유를 느꼈기 때문이라고 보아진다고 하였다.

2.1.2.2.2. 이득춘(1993), <훈민정음모음순위와 하도기원설>, ≪중국조선족문화연구≫, 연변대학출판사. p63-79

필자는 중국에서의 조선어역사 연구분야의 첫 작품인 <한글하도기원론>에서 저자는 정음의 여러 면에 거쳐 하도일설을 주장하였지만 여섯 번째 부분 ≪모음의 하도기원≫에서 훈민정음 중성순위를 밝히고 있는데 본 논문에서는 이에 대하여 다만 모음순위부분에 대해서만 평가를 하려고 한다고 하였다. 이는 중국조선어학계로 하여금 하도일설의 진가를 알게 하려고 하는데 목적이 있다고 하였다.

논문은 크게 세 개 내용 즉 "<한글하도기원론>에서 천명한 모음순위", "역대 역학서들에서의 하도와 그에 대한 기술", "모음순위 하도기원의 최초의 주창자" 등으로 구성되었다. 전시기 학자들의 연구결과들이 오봉협 선생의 주장과 맞으면서도 일부 다른 점도 있다. 그러나 하도일설이라고 할 때 모두 다 한 부류로 묶어보게 된다고 하였다. 오봉협 선생을 제외한 학자들의 경우, 그것은 오봉협 선생의 주장을 더욱 세워주고 보충해주고 윤색해주는 데 불과하다고 보아야 한다고 하였다.

하도기원설은 세상에 나와서부터 오늘까지 있어야 할 평가를 받지 못하였고 당시는 물론, 후세의 조선어학계에도 그리 알려지지 않고 있었고 오늘 우리는 논문에 대하여 충분히 긍정해주어야 하며, 훈민정음의 여러 기원설가운데 새롭게 세워주어야 한다고 하였다.

<한글하도기원론>의 작자는 다른 모든 연구자들과 마찬가지로 역사기록에 충실하여 해례제자해의 상형원리를 긍정하면서도 진일보 나아가 추궁하였으며 세종시대의 사상체계에 연계시켜 정음의 기원을 밝히려고 하였음을 지적하였다.

2.1.2.2.3. 허동진(1995), <정음연구-하도기원론>, ≪언어사≫, 민족출판사. p498-507

필자는 해방직후 중국에서의 조선어연구는 거의 자체의 독자성을 보이지 못하였는데 그것은 자체의 연구기구와 연구대오를 가지지 못하였으며 해방 전의 연구기초도 없었고 재료도 매우 결핍하였기 때문이라고 하였다. 그러한 형편에서도 50년대 초에 논문 <한글하도기원론>이 나왔는데 1951년에 잡지 ≪교육통신≫에 2기로부터 6기까지 연재되었었다고 하였다. 필자는 당시 연변대학 조문 과에서 교편을 잡고 있던 오봉협 선생으로서 그는 논문의 머리말에서 "1947년에 연변고급사범학교에서 교편을 잡았는데 당시 최현배가 지은 ≪한글갈≫을 처음 보고 거기에 수록된 정린지 등이 지은 정음해례에서 풀기 어려운 암초에 걸려 관심이 커갔는데 후에 우연히 주역을 읽고 계발을 받아 3년래의 암초를 돌파하고 500년래의 미지수를 해결하게 되었다. 곧 정음은 상형으로 된 동시에 하도10)에 뿌리를 박고 있음을 캐어내게 되었다."고, 그리고 이어서 "시급히 원고를 써서 9월 20일경에 조문과 학생들에게 네 번을 걸쳐 발표했으며 동 27일에는 전몽수 선생께 보내어 의견을 교환하였다."는 지적이 있다.

≪하도기원론≫은 무려 15조항의 체계로 나뉘어 서술되어있는데 그중 하도의 의의, 훈민정음연구의 세 가지 난점, 모음의 하도기원, 자음의 하도기원 등이 비교적 상세하게 서술되어있다고 하였다.

필자는 오봉협 선생의 ≪하도기원론≫의 내용을 상세히 서술하였다. 즉 조선어 모음과 자음은 중국의 복희씨가 황하수에서 나온 용마의 등에 선 모로 된 그림을 보고 8패11)를 만들었다는 이론은 바탕으로 하여 만들

---

10) 하도(河圖). 옛날 복희씨 때에 황화에서 용마가 지니고나 왔다는 동사 남북 중앙으로 일정한 수로 나뉘어져 배열된 55점의 그림. 낙사와 함께 주역(周易)의 기본적 이치가 됨.

11) 팔패(八卦). 주역가운데서 8가지 부호로 복희씨가 만들었다고 전하여지고 있는 것으로 팔패는 음(— —)과 양(—) 두 가지 선으로 조성되었는데 음양은 팔패의 근본이 된다. 팔패는 각기 사물의 일정한 속성을 상징하고 있다. 곧 팔패중의 음양은 겹쳐서 8가지 상

었다고 하였다.

필자는 하도의 의의에 대해 설명하였다. 우선 하도의 의의에 대해 설명하였다. 하도란 10위의 수를 위수로 하여 매개 수를 천수(天數)와 지수(地數)로 배치하였는데 1, 2, 3, 4, 5는 생수(生數)이고 이 각수에 5를 더한 6, 7, 8, 9, 10은 성수(成數)라 하였다. 그리고 하도에서 생수는 안에 두고 성수는 밖에 두었다. 이 수들은 5행[12]과 관계된다고 하였다.

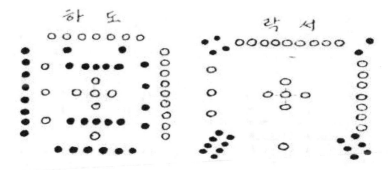

○점은 양을 표현하니 기수이면 천수.
●점은 음을 표현하니 우수이며 지수.

이것을 도표로 보이면 다음과 같다.

(象)으로 나타난다는 것이다. 여기에서 보면 건과 곤, 진과 손, 리와 감, 태와 간은 서로 대립되어있다. 팔괘는 또 두괘가 서로 겹쳐서 64괘로 변화되어 자연현상과 사회현상의 발전변화를 상징한다는 것이다. 처음에는 옛사람들의 기사의 부호로 씌었으나 후에 점쟁이의 부호로 되어 신비화되었고 춘추시대이후에는 지배계급들의 천명론과 미신사상을 고취하는 도구로 전락되었다.
12) 오행(五行). 중국고대철학에서 천지간에 부단히 순환하며 우주 만물을 형성하는 다섯 가지 원기. 곧 금목수화토 5행상생과 5행상극의 이치로서 전 우주만물을 지배한다고 한다.

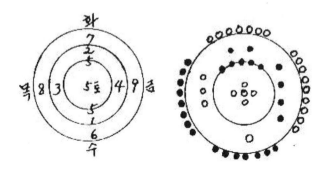

　5행과 수의 관계를 보면 1과 6은 수, 3과 8은 목, 2와 7은 화, 4와 9는 금, 5와 10은 토에 배당되었다고 하였다.

　하늘은 상생(相生)의 도라 하고 곧 수생목, 목생화, 화생토, 토생금, 금생수와 같고[13) 낙서[14)는 상극[15)의 도라 하니 수극화, 화극금, 금극목, 목극토, 토극수와 같다고 하면서 이런 도리가 훈민정음창제원리에 안받침되었다고 하였음을 지적하였다.(생이란 생성시킨다는 말이니 수생목이란 물이 나무를 생성한다는 말이다. 극이란 이긴다는 뜻이니 수극화란 물이 불을 이긴다는 말이다. 이하는 같음-저자)

　다음으로 필자는 모음의 하도기원에 대해 설명하였다. "훈민정음창제원리에 관념적인 역학사상을 부가시켜 5행음양설[16)에 의거시키려 했는데 이것은 봉건통치계급의 그 지위를 보장하는 한 개의 무기요, 인민을 자기

---

13) 상생의 도(水生木, 木生火, 火生土, 土生金, 金生水). 5행설에서 물은 나무, 나무는 불, 불은 흙, 흙은 쇠, 쇠는 물을 생성시킨다는 것을 이르는 말이다.

14) 낙서(洛書). 하(夏)나라의 우왕이 홍수를 막아낼 때 낙수에서 나온 영묘한 거북의 등에 씌여있었다는 글을 이르는 말.

15) 상극의 도(水克火, 火克金, 金克木, 木克土, 土克水). 5행설에서 물은 불을, 불은 쇠, 쇠는 나무, 나무는 흙, 흙은 물을 이긴다는 것을 이르는 말이다.

16) 음양(陰陽). 음양은 량의(倆儀)라고 하는데 천지간의 만물을 창조하는 두 가지 서로 상반되는 2기(二氣)가 교감하여 만물이 생성된다는 것을 이르는 말

들에게 복종시키는 정신적 마취제요, 마비약이었다…", "그 사상이 여하튼 한글의 기원을 찾음에 있어서 이것을 사실 그대로 기록함도 사적연구의 의의로 보아 가히 나쁠 것 같지 않다."고 하면서 다음과 같이 하도기원의 근거를 밝히었다고 하였다.

① **모음과 하도의 관계**
  훈민정음해례에
  ㅗ17)는 처음 하늘에서 나서 하늘은 일로서 물(수)이 나는 자리요
  ㅏ는 다음에서 하늘이 삼이요 나무(목)가나는 자리요
  ㅜ는 처음 땅에서 나서 땅은 둘로서 불(화)이 나는 자리요
  ㅓ는 다음에서 땅이 넷이요 금이 나는 자리요
  ㅛ는 다시 하늘에서 나서 하늘이 일곱이니 불을 이루는 수요
  ㅑ는 다음에서 하늘이 아홉이니 금을 이루는 수요
  ㅠ는 다시 땅에서 나서 땅은 여섯이니 물을 이루는 수요
  ㅕ는 다음에서 땅이 여덟이니 나무를 이루는 수라고 하였다.

  또 "ㆍ는 하늘이 다섯이니 흙(토)의 자리요 ─는 땅이 열이니 흙을 이루는 수라, ㅣ가 홀로 자리와 수가 없는 것은 대개 사람이란 곧 무극(無極)의 자리와 25의 정기(精氣)가 묘하게 합하여 엉킨 것이니 진실로 정위(定位)와 성수(成數)를 논할 수 없다."고 하였다는 지적하였다. 여기서 보면 1, 3, 5, 7, 9에 하늘(天)을 붙이고 2, 4, 6, 8, 10에 땅을 붙였고 1, 2, 3, 4, 5는 생(生)을 붙이고 6, 7, 8, 9, 10은 성(成)을 붙이며 그리고 1과 6은 수, 3과 8은 목, 2와 7은 화, 4와 9는 금, 5와 10은 토라 하였다고 했다. 이같이 5행과 수를 모음에 결부시켜 ㅗ, ㅏ, ㅛ, ㅑ, ㆍ는 천이요, 1, 3, 7, 9, 5의 자리고 ㅜ, ㅓ, ㅠ, ㅕ, ─는 지요, 2, 4, 6, 8, 10의 수라하였다고 했다. 다음 5행이 돌아간 순서를 위의 수의 배치에서 살펴보면 수, 목, 화, 금의 순으로

---

17) 한글 타자 상의 원인으로 본래 자모대로 적지 못함

도는 경향을 볼 수 있으니 이것은 하도의 좌회순행(左回順行) 곧 목화토수
금의 순을 따르게 했음을 볼 수 있다고 하였다. 낙서의 순은 이와 달리 우
회전을 되어있고 이런 이유에서 모음은 하도에 기원했다는 것이 엿보인
다고 하였다고 지적하였다.

② 모음도의 실정

"모음의 숫자를 하도의 숫자적 표음도에 대입하면 모음도가 나온다고
하였다. 중앙의 ·, 다음 10을 쪼개어 중앙의 아래 위에 두듯이 ─를 둘로
쪼개어 ·의 상하에 둔다. ㅣ은 성수가 없다. 한 것은 하도의 수가 10이므
로 그 자리에 들어갈 곳이 없으니 수가 없다고 하였다. ㅣ를 넣는다면 ㅕ,
ㅏ, ㅓ, ㅑ의 줄에 넣어야 될 것이요 또 ·, ─, ㅣ는 천, 지, 인을 상징하
였으니 모음의 기초가 될 뿐 아니라 ·, ─, ㅣ가 모음의 중앙에 있으니
ㅣ도 중앙에 넣어야 한다. 중앙에 넣되 ─를 둘로 쪼개어 ·의 상하에 놓
듯이 ㅣ도 둘로 쪼개어 ·의 좌우에 넣어야 될 것이다. 이렇게 하며 모음
도가 된다고 하였다."라는 설명이 있다고 하였다.

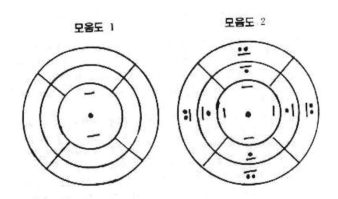

모음도 1   모음도 2

이로써 모음의 몇 개 문제가 해결된다고 하였다.

① 일흡일벽(一翕一闢)문제의 해결

"정음해례에 ·는 하늘의 둥근 모양을 본뜨고 ㅡ는 땅이 평평한 모양을 본뜨고 ㅣ는 사람이 선 모양을 본뜨고 ㅗ, ㅏ, ㅜ, ㅓ, ㅛ, ㅑ, ㅠ, ㅕ는 일흡일벽이라고 하였다. 이 일흡일벽의 문제를 못 해결했으나 하도 모음도가 발견된 뒤 쉽게 풀 수 있는 것이다. ㅗ, ㅜ, ㅛ, ㅠ는 흡, ㅏ, ㅓ, ㅑ, ㅕ는 벽이 되는데 이는 하도모음도의 종획에 든자, ㅕ, ㅏ, ㅓ, ㅑ는 벽에 속하게 되었음을 알 수 있게 되었다고 하였다."고 필자는 지적하였다.

② ㅗ, ㅏ, ㅜ, ㅓ의 순위 내원을 해결

ㄱ) 하도의 좌회순행법대로 왼쪽으로 돌아가면서 순위를 잡았다. 천수(기수)를 먼저 놓고 지수(우수)를 놓아 천일, 천삼, 지이, 지사의 순으로 갔음을 쉽게 이해할 수 있다고 하였다.

ㄴ) 이것은 또 하나가 읍이면 하나가 벽으로 되는 순위이다. 즉 ㅗ, ㅏ, ㅜ, ㅓ, ㅛ, ㅑ, ㅠ, ㅕ는 일흡일벽의 순으로 잡았는데 또 ㅗ, ㅏ는 양성, ㅜ, ㅓ는 음성이므로 일양일음의 순으로 돌아갔다고 보아도 옳을 것이라 하였다.

ㄷ) ㅛ, ㅑ, ㅠ, ㅕ의 순위의 내원도 같은 도리로서 해결된다고 하였다.

③ ·음가의 초보적 해결

·음가에 대해서는 여러 가지 설이 있는데 ㅏ, ㅗ, ㅡ; ㅏ, ㅡ; ㅏ, ㅓ, ㅗ, ㅜ, ㅡ, ㅣ의 간음 등이다. 하도모음도에 의하여 보면

ㄱ) 위치를 보아 복판소리

·를 중심으로 단획에서 복잡한 획글자로, 단모음에서 중모음으로 벌려졌으니 ·는 단모음이다. 양과 음은 모두 제 위치와 음이 있는

데 ·는 그 복판에 놓여있으니 가운데소리이다.

ㄴ) ·는 입을 벌리지도 오무리지도 않는 소리이다. 흡과 벽의 교차점
에 있으니 그 사이에 있는 소리다.

ㄷ) 안의 양의 위치 즉 천5의 위에 있으니 양성모음이다.

ㄹ) ·는 양성 네 음 가운데 있되 ㅗ, ㅏ는 양, ㅜ, ㅓ는 음성이니 ㅜ,
ㅓ보다 ㅗ, ㅏ에 더 가까운 소리다.

3) 자음의 하도기원

오봉협 선생이 자음도 하도와 음의 청탁에 따라 순위를 잡았다고 지적
하였다.

① 자음의 순위도 하도에 의거했다. 자음의 순위는 아, 설, 순, 치, 후의
순위로 되어있다. 훈민정음예의 아음은 목이며 동이고 설음은 화이며 남,
순음은 토, 치음은 금이며 서, 후음은 수이며 북이라 하였으니 목(동), 화
(남), 토(-), 금(서), 수(북)의 순으로 되었다. 즉 목, 화, 토, 금, 수, 동남-서북
의 순으로 배열하였으니 하도 좌회순행의 법을 따르고 있음을 부인할 수
없다. 하도의 5행의 순위가 이러하기 때문이라고 하였다. 그리고 이 가설
을 논증할 근거로서 훈민정음의 여러 대목에서 오행의 순위로 된 예들을
찾아들었다.

② 자음도의 가상에서 자음에 대해 가상도를 만들었다. 훈민정음 당시
에 모음도를 작성했을 것이며 모음도를 작성했다면 자음도도 작성했을
것이라면서 자음을 하도에 배열한 가상도를 작성하여보였다고 하였다.

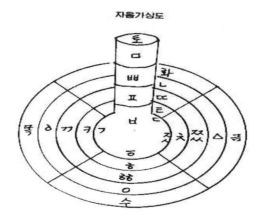

이상과 같이 필자는 오봉협 선생이 훈민정음창제의 원리를 하도에 기원했다는 이론적 근거를 들었다고 하였다.

저자는 이 주창을 발성기관 상형기원설을 승인하면서 겸하여 말한다고 하면서 "하도기원론을 주창함은 사적연구 그것뿐이요 결코 … 그 기원이 한글의 신성화함을 말하거나 한글의 불명예를 논함이 아니다."라고 하였다고 지적하였다.

저자는 이 논문은 훈민정음창제자들이 그 자형, 자모 수, 자모의 순위 등을 어떻게 설정하였겠는가를 역사의 면모를 그대로 밝혀보려는 시도에서 씌어졌다고 하였다. 역학적 원리로 설명되어있는 원문을 해석하여 중국철학의 방법론에 의거하고 있는 정음창제자들의 철학사상과 그 사고방식을 찾아 그들의 이런 사상과 사고방식이 훈민정음창제에 어떻게 반영되고 있는가를 밝힘으로써 훈민정음의 창제원리를 역사적 면모대로 이해할 수 있게 하려는데 일정한 의의가 있다고 하였다.

2.1.2.3. 훈민정음언해와 훈민정음해례에 대한 연구

≪훈민정음≫과 관련되어 ≪실록본≫, ≪언해본≫, ≪해례본≫ 등 몇 개 문헌들이 전해지고 있다.

≪해례본(解例本)≫은 훈민정음의 원본이고 1446년에 이루어졌는데 우선 원문이 있고 그 다음 해례가 있으며 마지막에 서문이 있다. 첫 부분은 세종이 쓴 원문인 예의이고 둘째부분의 해례는 최항 등 8명에 의해 씌어졌는데 제자해, 초성해, 중성해, 종성해, 합자해, 용자례의 순서로 6개 부분으로 구성되었으며 세 번째 부분의 서문은 정린지가 쓴 것이다.

≪언해본(諺解本)≫은 한문으로 씌어진 원문인 ≪훈민정음해례(訓民正音解例)≫의 세종이 쓴 예의 부분을 조선말로 언해한 것이다. 보통 ≪훈민정음언해(訓民正音諺解)≫라고 한다.

중국에서의 훈민정음에 대한 연구에는 이러한 문헌에 대한 연구를 진행한 것도 보이는데 김영수의 <≪훈민정음언해≫일별>과 김광수의 <≪훈민정음해례≫ 용자례(用字例)의 단어선정 및 우리말의 변화 고찰>을 들 수 있다.

2.1.2.3.1. 김영수(2000.11), <"훈민정음언해" 일별>, ≪중국조선어문≫

필자는 1444년 1월에 한문으로 지은 ≪훈민정음≫을 그 후에 번역한 것이 ≪훈민정음언해≫라고 하면서 이 책은 ≪훈민정음≫을 번역하였다는 데서 의의가 있을 뿐만 아니라 정음자가 창제된 후의 초기 번역 작품이라는 데서도 중요한 의의를 가진다고 하였다. 이 책에는 현대조선어와 구별되는 정음자 초기의 서사상 특징, 언어적 특징이 반영되어 있으며 15세기 초의 번역사상도 반영되어 있다고 하면서 서사규범, 어휘적 특징, 문법적 특징, 직역과 의역, 번역기교 등 차례로 고찰, 분석하였다.

서사규범에서 ≪훈민정음언해≫에는 현대어와 구별되는 일련의 표기법들이 있다고 지적하면서 아래와 같이 기술하였다.

첫째, 한자어휘는 한자로 표기하고 고유어휘는 정음자로 표기하였다. 이를테면 "中國소리옛 니소리ᄂᆞᆫ 齒頭와 正齒왜 ᄀᆞᆯᄒᆡ요미"에서 '중국', '치두', '정치'는 한자어휘로서 한자로 표기하고 그 나머지는 고유어휘로서 정음자로 표기하였다.

둘째, 표음주의원칙에 의해 고유어휘의 표기는 한자어휘와 달리 기본상 하철로 되었다.

한자어:	字ᄅᆞᆯ	고유어:	말ᄊᆞ미(말씀이)
	百姓이		노미(놈이)
	點이		니겨(익혀)

셋째, 사이소리 표기에 각이한 자모들이 쓰이었다. 현대어에서는 1960년대까지 사이소리 표기로 'ㅅ'하나만 쓰이다가 후에는 사이소리 표기가 없어 졌지만 ≪훈민정음언해≫에는 'ㅅ'를 비롯한 각이한 자모들이 쓰이었다. 즉 사이소리 표기는 'ㅅ'이외에 위의 음절의 말음과 같은 자리에서 발음되는 음에 따라 모음으로 끝났을 때에는 'ㆆ', 'ㅱ' 종성아래에서는 'ㅸ', 'ㆁ' 종성아래에서는 'ㄱ', 'ㄴ' 종성아래에서는 'ㄷ', 'ㅁ' 종성 아래에서는 'ㅂ'가 표기되었는데 이를테면 '齒頭ㅅ字', '君ㄷ字', '侵ㅂ 字', '洪ㄱ字', '彌ㆆ字', '漂ㅸ字' 등이 그러하다고 하였다.

넷째, 초성에 현대에 쓰이지 않는 합용병서, 각자병서들과 자모들이 쓰이었다.

합용병서:	ㅳ(ᄠᅳ들)	각자병서:	ㆀ(히ᅇᅧ)	자모:	ㅿ(처ᅀᅥᆷ)
	ㅄ(ᄡᅮ메)				ㅸ(ᄀᆞᆯᄫᅡ쓰면)
	ㅼ(ᄯᆞᄅᆞ미)				ㆁ, ㆆ
	ㅽ(ᄲᆞᄅᆞ-)				

다섯째, 모음 'ㆍ'가 모음 'ㅡ'와 양성과 음성모음의 대립으로 존재하면서 그 사용빈도가 상당히 높았는데 이를테면 '밍ㄱ노 니', 'ㄱ트니', '펴아 나는' 등에서 볼 수 있다.

여섯째, 모음 'ㅣ' 아래에서 여격 '에'는 '예'로 표기되었다. 이를테면 '中國에'는 '에'가 '귁'의 'ㄱ' 아래에서 의연히 '에'로 되지만 '소리예'는 '에'가 '리'의 'ㅣ' 아래에서 '예'로 된다.

어음현상과 관련되는 서사표기에서 아래와 같은 특징이 있다고 기술하였다.

첫째, 구개음화가 일어나지 않았다. 그 예로 '펴디'(펴지), '스뭇디'(사뭇지), '뿛디-'(쓸지-) 등을 들 수 있는데 'ㄷ'는 발음그대로 서사표기에서 'ㄷ'로 쓰이었다.

둘째, 모음 'ㅣ' 아래에서 'ㄱ'가 규칙적으로 탈락되었다.

> 예: 則去聲이오
>   역문: 뭇 노폰 소리오

여기서 '오'는 '소리'의 'ㅣ' 아래서 'ㄱ'가 탈락되어 '고'가 못되고 '오'로 된 것이다.

어휘적 특징에서 고유어휘가 많이 쓰이었다. 한자어휘와 고유어휘가 다 있는 상황에서는 고유어휘를 선택하였다.

> 예: ㅇ 初聲을 合用홇디면 則幷書ㅎ라 終聲도 同ㅎ니라
>   역문: 첫소리를 어울워 뿛디면 굴바쓰라 乃終ㄱ 소리도 훈가지라
>   ㅇ ㅠ는 如戌字中聲ㅎ니라
>   역문: ㅠ는 戌字 가온딧 소리 ㄱ트니라

예문에서 '初聲', '合用', '幷書', '中'은 다 대응되는 '초성', '합용', '병서', '중'과 같은 한자어휘가 있지만 '첫소리', '어울워', '굴바', '가운데'와 같은 고유어휘를 선택하였다. 저자의 통계에 의하면 ≪훈민정음언해≫에 중복되는 단어를 망라하여 총 단어수가 286개인데 그중 고유어휘가 226개이고 한자어휘가 60개로서 그 사용비예는 79:21이다.

문법적 특징에 대해서도 필자는 상세히 분석하고 아래와 같이 기술하였다.

≪훈민정음언해≫에는 현대어와 다른 일련의 문법적 특성들이 반영되어 있다.

첫째, 'ㅅ'가 사이소리 표기만 하는 것이 아니라 속격적 의미로도 쓰이었다. '나랏 말ㅆ미'에서 'ㅅ'는 속격의미로 쓰인 것이다.

둘째, 여격 '에'가 현대어의 '와/과'의 의미로도 쓰이었다.

> 예: 國之語音이 異乎中國ᄒᆞ야
> 역문: 나랏 말ㅆ미 中國에 달아

예에서 보다 시피 '에'는 '와/과'의 문법적 의미로 쓰이었는데 이것은 이 시기에 여격과 구격이 의미상 확연히 분화되지 않았다는 것을 말하여 준다. 지금도 그 잔재로 '에'가 비교의 대상을 나타낼 때가 있다. 예를 들어서 '이 천에 비기다'와 '이 천과 비기다'는 동일한 의미로 쓰인다.

셋째, 속격 '의'가 여격의 의미로도 쓰이었다.

> 예:ㅣ ㅏ ㅓ ㅑ ㅕ 란 附書於右ᄒᆞ라
> 역문:ㅣ와 ㅏ와 ㅓ와 ㅑ와 ㅕ와란 올ᄒᆞᆫ 녀긔 브텨 쓰라

여기서 '녀긔'는 '녁+의'의 하철표기로서 속격 '의'가 여격의미로 쓰인 것이다. 다시 말하여 이 시기에 속격과 여격이 미분화상태에 있었으므로

'의'와 '에'가 서로 통용되었다.

넷째, 규정여격이 있었다. 이를테면 "中國소리옛 니소리는"에서 '옛'은 여격 '예'(에)와 속격 'ㅅ'의 결합형으로서 규정여격을 나타내었다.

다섯째, '혀'가 사역의 의미를 표시하는 데 쓰이었다.

> 예: 欲使人人ᄋ로 易習ᄒ야 便於日用耳니라
> 역문: 사름마다 히여 수비 니겨 날로 쓰메 便安킈 ᄒ고져 홇 ᄯᄅᆞ미
> 니라

예에서 '히혀'는 한문의 '使'의 대응으로, 즉 사역의 의미로 쓰인 것인데 모음 'ㅣ'로 시작되고 'ㅣ'로 끝나는 사이에만 이 사역표기가 쓰이었다.

여섯째, 구격적 의미가 연속 나타날 때에 지금은 마지막에 구격토를 달지 않지만 ≪훈민정음언해≫에서는 마지막에도 구격토를 붙이고 다시 다른 토를 붙이었다.

> 예: ·ㅡㅗㅜㅛㅠ란 附書初聲之下ᄒ고
> 역문: ·와 ㅡ와 ㅗ와 ㅜ와 ㅛ와 ㅠ와란 첫소리 아래 브텨쓰고

예에서 보다 시피 'ㅠ'라는 마지막에도 구격토 '와'가 붙고 또 그 뒤에 '란'이란 토가 붙었다. 이것은 당시 하철표기가 위주이기에 단어와 토가한데 녹아 붙어서 서로 떨어 질 수 없으므로 같이 쓰여만 하였던 사정과 관련된 것이 아닌가 생각된다.

일곱째, 'ㅣ'가 주격을 표시하였다.

> 예: 凡字ㅣ 必合而成音ᄒᆞ니
> 역문: 믈윗 字ㅣ 모로매 어우러ᅀᅡ 소리 이ᄂ니

역문에서 '字ㅣ'의 'ㅣ'가 주격을 나타내었다.

여덟째, 단일문보다 복합문이 많다. 이러한 복합문들은 접속토 '니', '면' 등으로 이룬 것이 특징이다.

> 예: ○ ㄷ는 舌音이니 如斗ㅸ字初發聲ᄒ니 幷書ᄒ면 如覃ㅂ字初發聲ᄒ니라
>
> 역문: ㄷ는 혀쏘리니 斗ㅸ字 처엄 펴아나는 소리 ᄀᆞᄐᆞ니 굴바쓰면 覃ㅂ字 처엄 펴아나는 소리 ᄀᆞᄐᆞ니라
>
> ○ 漢音齒聲은 有齒頭正齒之別ᄒ니 ㅈㅊㅉㅅㅆ字는 用於齒頭ᄒ고 ㅈㅊㅉㅅㅆ字는 用於正齒ᄒᆞ니 牙 舌 脣 喉 之字는 通用於漢音ᄒᆞ니라
>
> 역문: 中國소리옛 니소리는 齒頭와 正齒왜 굴히요미 잇ᄂ니 ㅈㅊㅅㅆ字는 齒頭ㅅ 소리예 쓰고 ㅈㅊㅉㅅㅆ字는 正齒ㅅ 소리예 쓰ᄂ니 엄과 혀와 입시울와 목소리옛 字는 中國소리예 通히 쓰ᄂ니라

예문에서 보다 시피 복합문이 많은 것은 원문의 문체와 내용, 구조와 관련되는데 원문이 산문체로서 흔히 복합문이 쓰이는데서 역문도 따라서 복합문이 많게 된 것이다.

필자는 번역방법 즉 직역과 의역에 대해서도 분석하고 아래와 같은 결론을 도출하였다.

우선 직역과 의역이란 개념부터 밝히고 그 계선을 명확히 그어야 한다.

보통 직역이란 원문의 문구대로 어순만 역문언어의 구조적 특성에 맞게 바꾸면서 번역하는 수법을 말한다.

> 예: 新制二十八字ᄒ노니
>
> 역문: 새로 스믈여듧字를 밍ᄀ노니

역문에서는 원문의 단어와 대응되는 단어로, 즉 '新'은 '새', '制'는 '밍ㄱ'(만든다), '二十八'은 '스믈여듧', '字'는 '자'로 대응시키였고 다만 어순만 조절하여 원문의 '술어-보어'의 어순을 '보어-술어'의 어순으로 바꾸어 놓았는데 이와 같은 번역을 직역이라고 한다.

의역이란 원문의 단어, 구조를 그대로 두고 어순만 바꾸어 번역하여서는 원문의 내용을 선명하게 재현하기 힘들거나 역문언어의 문법, 습관에 맞지 않는 경우에 원문의 내용을 그대로 살리면서 원문의 개별적 단어와 의미와는 다르게 문장구성을 부분적으로 조절하거나 문장을 바꾸어 번역하는 것을 말한다. 이를테면 "冬去春來, 夏去秋至"를 "겨울이 가고 봄이 오고 여름이 가고 가을이 온다"로 번역하였을 때는 직역이 되고 "철이 바뀌며 세월이 흐른다"로 번역하였을 때는 의역으로 된다. 그러나 실상 번역에서는 직역과 의역이 겹칠 때가 많다. 다시 말하여 직역 속에 의역이 있을 수 있고 의역가운데 직역의 요소가 있을 수 있다.

예: 二則上聲이오
　　역문: 點이 둘히면 上聲이오

역문의 '點'은 원문에 없는 단어를 첨가한 것이다. 다시 말하여 다른 단어들은 원문의 단어들과 대응되어 직역으로 되지만 '點'만은 원문에 없는 말을 번역 상 필요에 의해 보탠 것으로서 의역으로 된다. 이와 같이 직역이 주요한 수단으로 되면서 의역을 결합한 수법의 번역을 순수한 직역과 갈라서 직역 위주형이라고 하고 한 문장 안에서 직역의 분량이나 의역의 분량이 비슷한 것을 직역 의역형이라고 한다. 그리하여 여기서는 직역형, 직역 위주형, 직역과 의역의 결합형 세 가지로 나누기로 한다.

이 분류기준에 따라 ≪훈민정음언해≫를 보면 단일문, 복합문을 망라한 문장을 단위로 직역이 33번이고 직역 위주형이 6번이고 직역과 의역의 결합형은 한 건도 없는데 그 분포비예를 보면 85:15:0이다.

필자는 번역기교 상의 문제도 설명을 가했는바 아래와 같이 기술하였다.

번역기교는 원문과 역문이 단어의 의미, 색채, 용법에 차이가 있고 문법구조와 관습적 용법이 서로 다른 상황에서 어떻게 원문의 내용을 보다 정확하게 또한 역문언어의 문법, 관습에 맞게 번역하는가 하는 문제를 풀기 위해 나온 일련의 번역수법들을 말한다. 번역기교는 주로 어휘의 처리, 문장의 구성에서 표현된다.

≪훈민정음언해≫는 분량이 많지 않고 담은 내용이 문자로서의 ≪훈민정음≫에 대한 소개이기 때문에 번역의 다양한 수법들이 많이 적용되지는 않았다. 그러나 일부 번역기교가 쓰이었는데 그러한 기교에는 한문과 조선어에 대한 당시 사람들의 인식이 반영되어 있다. 아래에 어휘번역과 문장의 구성을 위한 번역기교들을 보기로 한다.

우선 의미구체화수법에 대해 기술하였다. 의미구체화수법이란 구체적인 문맥에서의 단어의 의미를 정확히 포착하고 역문언어에서 가장 적합한 단어를 선택하는 방법을 말하며 ≪훈민정음언해≫에 이 수법이 더러 쓰이었는데 전형적인 것으로는 어조사 ≪而≫의 경우를 들 수 있다고 하였다.

　예: ① 故로 愚民이 有所欲言ㅎ야도 而終不得伸其情者ㅣ 多矣라
　　　　역문: 이런 젼ᄎ로 어린 百姓이 니르고져 흟배 이셔도 ᄆᄎᆞᆷ내 제
　　　　　　　ᄠᅳᆯ 시러 펴디 몯홇 노미 하니라
　　　② 凡字ㅣ 必合而成音ㅎᄂ니
　　　　역문: 믈읫 字ㅣ 모로매 어우러ᅀᅡ 소리이ᄂ니
　　　③ 入聲은 加點이 同而促急ㅎ니라
　　　　역문: 入聲은 點 더우믄 ᄒᆞ가지로ᄃᆡ ᄲᆞᄅᆞ니라

≪훈민정음언해≫에는 어조사 '而'가 세 번 나타나고 있는데 그 역문은 서로 다르다. 이것은 당시 사람들이 형태변화가 없는 한문은 같은 단어라도 문맥에 따라 의미가 달라진다는 이치를 잘 알고 있었다는 것을 말하여 준다고 하였다.

예 ①에서의 '而'는 앞뒤부문(分句)을 양보적 관계로 이어 놓았고 예 ②에서는 앞뒤단어를 조건적관계로 이어 놓았으며 예 ③에서는 앞뒤단어를 맞세움 관계로 이어 놓았다. '而'의 이 각이한 관계적 의미에 따라 역문에서 각기 각이한 형태로 대응시켜 놓았는데 ①에서는 양보적 관계를 표시하는 '도'로, ②에서는 조건적 관계를 표시하는 'ᅀᅡ'로, ③에서는 맞세움 관계를 표시하는 'ᄃᆡ'로 번역하였다고 하였다.

다음 첨가수법에 대해 기술하였는데 첨가수법은 원문에 없는 단어들을 역문에서 첨가하는 수법을 말한다고 하면서 아래와 같이 분석하였다.

이 번역기교는 ≪훈민정음언해≫에서 여섯 번 쓰이고 있는데 첨가의 유형에 따라 예를 하나씩만 들어 보이기로 한다.

예: ① 故로 愚民이 有所欲言ᄒᆞ야도
역문: 이런 젼ᄎᆞ로 어린 百姓이 니르고져 홇배 이셔도
② 無則平聲이오
역문: 點이 업스면 平聲이오
③ ㅈㅊㅉㅅㅆ字ᄂᆞᆫ 用於齒頭ᄒᆞ고
역문: ㅈㅊㅉㅅㅆ字ᄂᆞᆫ 齒頭ㅅ 소리예 ᄡᅳ고

예 ①에서 '故'는 '젼ᄎᆞ'(까닭)에, '愚民'은 '어린 百姓'에, '有'는 '이셔'에, '所'는 '배(바+ㅣ)'의 불완전명사 '바'에, '欲'은 의도를 나타내는 '져'에, '言'은 '니르고'에 대응되고 있는데 유독 '이런'만은 원문에 없는 단어이다. 그렇다면 무엇 때문에 원문에 없는 이와 같은 단어를 첨가하여야 하는가? 이것은 한문과 조선어의 접속수단이 서로 다르기 때문이라고 하였

다. 한문은 접속수단이 주로 어순의 배열과 의미적 연결로 이루어지기에 '이런'과 같은 의미의 단어가 없이도 앞뒤문장을 의미적 연관에 따라 밀접히 이어 주지만 조선어는 형태변화가 풍부하고 또 토로 문법적 의미를 표시하기 때문에 문장과 문장 사이에 보다 치밀한 연결이 이루어 질 것을 요구한다고 하였다. 따라서 원문에는 없어도 대응하는 말이 조선어에서는 반드시 있어야 할 경우가 많다고 하였다. 역문에서의 '이런'은 바로 이런 차이를 인식하고 앞문장과의 연결을 째이게 하기 위하여 첨가한 것으로 된다고 하였다. 예 ②는 원문에서 앞 절에 이미 '點'이란 주어가 나왔기 때문에 원문의 간결성을 보장하기 위하여 생략한 것인데 역문에서 원문에 따라 직역하면 '업스면'의 대상이 모호해 지기에 '點'을 첨가한 것이다. 예 ③은 원문에서는 '齒頭'에 '音'(소리)이 포함되지만 역문에서의 '齒頭'에는 '소리'가 포함되지 않기 때문에 원문대로 직역하면 "치두에 자모를 쓴다"로 되어 논리적으로 통할 수 없는 엉뚱한 말로 되므로 '소리'를 첨가한 것이다. 예문에서 보다시피 ≪훈민정음언해≫에서는 첨가수법이 주로 이 세 가지 경우에 쓰이었다고 하였다.

필자는 총적으로 보면 ≪훈민정음언해≫는 직역이 위주였고 첨가수법과 같은 의역이 별반 쓰이지 못하였고 특히 생략과 같은 수단은 찾아 볼 수 없다고 하였다. 그리하여 부분적 역문들에는 조선어의 견지에서 보면 군더더기로 되는 것도 더러 있게 된다고 하였다.

예: ① 而終不得伸其情者ㅣ 多矣라
　　　역문: 므춤내 제 뜨들 시러 펴디 몯홇 노미 하니라
　　② 予ㅣ 爲此憫然ᄒ야
　　　역문: 내 이롤 爲ᄒ야 어엿비 너겨

역문의 '시러'와 '爲ᄒ야'는 각기 원문의 '得'과 '爲'와 의미적으로 대응되어 쓰인 것이지만 조선어의 견지에서 보면 아무런 쓸 데도 없는 군더더기로 된다. 역문에서 '시러'와 '爲ᄒᆞᆞ야'를 생략하여 각기 "ᄆᆞ춤내 제 ᄠᅳ들 펴디 몯ᄒᆶ 노미 하니라", "내 이룰 어엿비 너겨"로 하면 오히려 표현이 더 간결해 지고 내용전달에도 아무런 지장이 없을 것이다. 그럼에도 불구하고 생략하지 않은 것은 당시 사람들이 역문의 표현보다 원문에 보다 더 충실하려고 한 것과 한문의 매 글자를 빠짐없이 역문에 옮겨 놓으려는 번역의도와 관련된다고 할 수 있다고 하였다.

2.1.2.3.2. 김광수(2014.9), <≪훈민정음해례≫ 용자례(用字例)의 단어선정 및 우리말의 변화 고찰>, ≪중국-한국조선언어문학연구(10)≫, 흑룡강 조선민족출판사

필자는 ≪훈민정음해례≫는 우리민족 글자 훈민정음에 대하여 해설한 책으로서 글자를 만든 목적과 원리, 사용규범 등을 이론적으로 체계화하고 예를 들어 해설한 원전적인 책이며 이 책은 세종의 관할 밑에 정린지, 최항 등 집현전의 8명의 학자들에 의하여 1446년 10월(음력 9월 상순)에 완성되었다고 하였다.

책은 ≪훈민정음≫, ≪훈민정음해례≫, 정린지의 서문 등 세 개 부분으로 이루어져있고 ≪훈민정음해례≫편은 책의 구체적인 내용에 해당한 부분으로서 다시 ≪제자해≫, ≪초성해≫, ≪중성해≫, ≪종성해≫, ≪합자해≫, ≪용자례≫로 되어있는바 ≪용자례≫에서는 94개의 단어들을 들어가면서 글자들을 실제로 쓰는 예를 설명하였다고 지적하였다.

본고는 ≪훈민정음해례≫의 ≪용자례≫를 통하여 15세기 초성, 중성, 종성을 정확히 사용을 인도하기 위한 15세기 조선어학자들의 정확한 우리말 단어선정과 그 시기 단어사용양상 그리고 이러한 어휘들이 오랜 과정을 거쳐 현대조선어에로 이르렀는가를 고찰하려고 한다고 하였다.

우선 필자는 ≪용자례≫를 통해 15세기 언어적 특성을 고찰한다고 하면서 아래와 같이 기술하였다.

15세기 조선어는 조선어 발달과정에서 중세조선어에 속하는 시기로서 중고조선어와 근대어조선어를 이어주는 우리말 발전단계에서 아주 중요한 고리라고 할 수 있다. 특히 15세기 ≪훈민정음≫ 창제는 조선의 문자 생활은 획기적인 전환을 가져오고 우리말의 규범을 가져왔으며 민족어에 의한 언어생활의 통일성을 기할 수 있게 되었다. 15세기 세종대왕을 비롯한 어학자들은 조선어의 정확한 사용 그리고 규범과 통일을 가져오고저 ≪훈민정음해례≫와 같은 우수한 고전적인 역작들을 펴내었다고 하였다.

필자는 용자례 어휘선정을 고찰하면서 아래와 같이 기술하였다.

15세기 ≪용비어천가≫, ≪월인석보≫와 같은 문헌을 보아도 많은 수의 우리말 어휘가 사용되었음을 알 수 있으나 ≪용자례≫에서 우리문자 초성, 중성, 종성 표기의 대표로 되는 94개의 어휘를 선정한다는 것은 그렇게 쉬운 일이 아니었을 것이다. 때문에 세종대왕은 집현전 학자들과 함께 이러한 어휘 선정에 상당히 고민을 하였으며 많은 심혈을 기우렸으리라 믿는다고 하였다.

아래 선정된 어휘를 찾아본다고 하면서 단어선정의 예를 들었다.

● 17초성 : [ㄱ, ㅋ, ㆁ, ㄷ, ㅌ, ㄴ, ㅂ, ㅍ, ㅁ, ㅸ, ㅈ, ㅊ, ㅅ, ㆅ, ㅇ, ㄹ, ㅿ]
용자례: (17×2=34)
:감, ·콩, 우·케, 콩, 러·울, 서·에, ·뒤, ·담, 고·티, 두텁, 노로, 납, 볼, :벌, ·파, 풀, :뫼, ·마, 사·ᄫᅵ, 드·ᄫᅦ, ·자, 죠·ᄒᆡ, ·체, 채, ·손, :셤, ·부헝, ·힘, ·비육, ·ᄫᅣ얌, ·무뤼, 어·름, 아ᅀᆞ, :너ᅀᅵ

이와 같이 초성에 쓰인 어휘들에서 보면 순한소리와 거센소리만 보이고 된소리는 보이지 않는다고 지적하고 이것은 중세조선어 시기까지만 하여도 된소리가 하나의 어음체계로 확립되지 않았음을 보여주며 실제 사용되는 17초성에만 한하였다고 하였다. 그리고 실제사용의 측면을 생각하여 초성자 목구멍소리 "ㆆ"를 만들었으나 쓰지 않고 경순음 "ㅸ"는 기본자에는 없으나 사용하였다고 하였다.

● 11중성: [·, ㅡ, ㅣ, ㅗ, ㅏ ㅜ, ㅓ, ㅛ, ㅑ, ㅠ, ㅕ]
용자례: (11×4=44)
기본자: ·톡, ·풋, ᄃᆞ리, ᄀᆞ래, ·ᄆᆞᆯ, ·발·측, 그력, 드·레, ·깃, :밀, ·피, ·키
초출자: ·논, ·톱, 호·ᄆᆡ, 벼·로, ·밥, ·낟, 이·아, 사·ᄉᆞᆷ, 숫, ·울, 누·에,
구·리, 브ᅀᅥᆸ, :널, 서·리, 버·들
재출자: :죵, ·고욤, 쇼, 삽됴, 남샹, 약, 다야, 쟈감, 율믜, 쥭, 슈룹, 쥬련,
·엿, 뎔, 벼, :져비

중성에 쓰인 어휘들에서는 초성 11자 외에도 실제 사용되는 겹모음들인 "ㅐ[a+i], ㅔ[ə+i], ·ㅣ[ʌ+i], ㅢ[ɨ+i], (ㅚ[o+i], ㅟ[u+i])"도 씌었다고 하였다.

● 8종성: [ㄱ, ㆁ, ㄷ, ㄴ, ㅂ, ㅁ, ㅅ, ㄹ]
용자례: (8×2=16)
닥, 독, :굼벙, 올창, ·갇, 신, ·신, ·반되, 섭, ·굽, :범, :ᅀᅵᆷ, :잣, ·못, ·ᄃᆞᆯ, :별

15세기 문헌에는 8종성 밖에 기타 받침도 쓰인 실례들이 보이지만 용자례에서는 8종성을 초과하지 않았다고 하였다.

필자는 논문에서 ≪용자례≫에서 대표로 되는 단어를 선정할 때 모든 단어가 고유어휘로, 초성과 종성은 각각 2개씩, 중성은 특별히 4개씩 선정하였다고 하였고 그것은 훈민정음 창제 당시에도 학자들은 음절의 중심이 모음(母音)으로 됨을 인식하고 사용의 측면을 중시한 것 같다고 하였다.

용자례의 단어들을 음성학적으로 분석하면서 아래와 같이 지적하였다.

선정된 어휘 94개는 음성학적 측면에서 고찰할 때도 아주 과학적으로 선정하였음을 알 수 있다. 전반 어휘 94개 중 초성, 중성, 종성의 출현빈도수는 아래와 같다.

음소구성 및 사용:

초성:

전청: ㄱ: 12, ㅇ: 14, ㄷ: 14, ㅅ: 16, ㅂ: 16, ㅈ: 8 (8~12~14~16)

차청: ㅎ: 4, ㅋ: 3, ㅌ: 4, ㅊ: 4, ㅍ: 4 (3~4)

불청불탁: ㄴ: 8, ㄹ: 13, ㅁ: 8, ㆁ: 3, (3~8~13)

유성음: ㅸ: 2, ㅿ: 3 (2~3)

중성:

기본모음: ·ㅡ: 11, ㅡ: 8, ㅣ: 16 (8~11~16)

합성모음: ㅗ: 13, ㅏ: 22, ㅜ: 12, ㅓ: 14 (12~13~14~22)/ ㅛ: 5, ㅑ: 5, ㅠ:

　　　　　5, ㅕ: 9 (5~9)

겹모음: ·ㅣ: 3, ㅓㅣ: 2, ㅐ: 2, ㅔ: 5, ㅚ: 2, ㅟ: 2 (2~3~5)

종성:

ㄱ: 8, ㄴ: 5, ㄷ: 3, ㄹ: 16, ㅁ: 13, ㅂ: 9, ㅅ: 6, ㅇ : 6
(3~5~6~8~9~13~16)

음소수:

전체 음소수 : 338/ 음소 종류수 : 42

초성 음소수 : 136 (40.23669%)/ 초성 종류수 : 17

중성 음소수 : 136 (40.23669%)/ 중성 종류수 : 17

종성 음소수 : 66 (19.52663%)/ 종성 종류수 : 8

음성학적으로 분석해 보면 초성에서 전청자를 많이 쓰고 다음으로 불청불탁자(그 가운데서도 "ㄹ, ㅁ, ㄴ, ㅇ")를, 마지막으로 차청자 꼭 같은 개수로 사용되었다. 중성에서는 기본자와 1차 합성자를 가장 많이 쓰고 다음으로 2차 합성자, 마지막으로 겹모음이("ㅔ"를 제외하고 나머지 수는 기본 같음) 사용되었다. 종성에서는 "ㄹ, ㅁ"를 많이 쓰고 다음으로 "ㅂ, ㄱ, ㅅ, ㅇ" 마지막으로 "ㄴ, ㄷ"를 사용되었다. 그리고 초성과 중성의 총 음소수도 아주 과학적인 배치로 각각 136개로 되었음을 알 수 있다고 하였다.

단어의 음절수도 고찰하였는데 단어의 음절을 볼 때 오직 1음절과 2음절 단어로만 용자례에 들었고 1음절로 된 단어가 2음절로 된 단어보다 많

이 쓰였는바 이는 1음절 단어가 2음절 단어보다 어음론적 해석이 더 용이
하거나 1음절 단어가 2음절 단어보다 많이 쓰임을 암시해 준다고 하였다.

> 1음절:(52)
>
> 뎔, :감, ·갈, 콩, ·뒤, ·담, 납, 발, :벌, ·파, 팔, :뫼, ·마, ·자, ·체, 채, ·손,
> 신, :셤, ·힘, ·탁, ·풋, ·믈, ·깃, :밀, ·피, ·키, ·논, ·톱, ·밥, ·날, 숫, ·울, :널,
> :죵, 쇼, 약, 죽, ·엿, 벼, 닥, 독, ·갈, ·신, 섭, ·굽, :범, :쉽, :잣, ·못, ·돌, :별
>
> 2음절(42):
>
> 우·케, 러·울, 서·에, 고·티, 두텁, 노로, 사·비, 드·뵈, 죠·해, ·부형, ·비
> 육, ·ᄇᅟᅣᆷ, ·무뤼, 어·름, 아ᄉᆞ, :너ᇫ, 다리, 가래, ·발·측, 그력, 드·레, 호·
> 미, 벼·로, 이·아, 사·ᄉᆞᆷ, 누·에, 구·리, 브ᅀᅥᆸ, 서·리, 버·들, ·고욤, 삽됴, 남
> 샹, 다야, 쟈감, 율믜, 슈룹, 쥬련, :져비, :굼벙, 올창, ·반되

  어휘들의 음절형태 유형도 고찰하였는데 전체 음절수: 136, 음절 종류
수 : 126+10(반복)이라고 하였다.

> 순한소리로 시작된 음절: 간, 감1, 고1, 구, 굼, 굽, 그, 깃, ᄀᆞ, 골/ 난, 남,
> 납, 너, 널, 노, 논, 누/ 다, 닥, 담, 뎔, 독, 되, 됴, 두, 뒤, 드1, 들, ᄃᆞ, 돌/ 래,
> 러, 레, 력, 련, 로1, 룹, 뤼, 름, 리2/ 마, 못, 뫼, 무, 믈, 믜, 밀, 미/반, 발, 밥,
> 버, 벌, 범, 벙, 벼1, 별, 부, 브, 비1, ᄇᆞ, 볼/ 사1, 삽, 샹, 서1, 섭 셤, 손, 쇼,
> 숫, 슈, 신, 신, ᄉᆞᆷ, 쉽/ 자, 잣, 쟈, 져, 죠, 죵, 쥬, 죽/
> 거센소리로 시작된 음절: 케, 콩, 키/ 텁, 톱, 티, 특/ 파, 피, 풀, 풋/창, 채,
> 체, 측/ 형, 호, 힘, 히
> 기타 자음으로 시작된 음절: 뵈, 비/ ᅀᅥᆸ, ᇫ, ᄉᆞ/ 아, 에, 울
> 모음으로 시작된 음절: 아, 야, 약, 얌, 어, 엿, 올, 욤, 우, 울, 육, 율, 이, 에

  다양한 음절(136)이 나타났으나 반복된 음절은 10뿐이며 동음어 사용을
피하려 한 것도 보아낼 수 있다고 하였다.

평, 상, 거, 입성의 표기:

15세기 우리말 창제 당시에 단어의 왼쪽에 점을 찍어 성조를 표기하였는데 평성, 상성, 거성, 입성 등이 다양하게 보인다고도 하였다.

1음절: 덜, 콩, :감, ·갈, ·뒤, ·담, 납(평, 상, 거, 입)

2음절: 다야, 쟈감, 율믜(평평), 우·케, 러·울, 서·에(평거)/ :져비, :굼벙(상평)/ ·비육, ·ᄇ얌, ·무뤼(거평)/·발·측(거거)

어휘의 의미적 분류도 진행하였는바 용자례에 선정된 어휘 전부가 고유어휘임을 확인할 수 있고 의미적으로 분류하면 "[+인간], [+식물], [+동물], [+기구], [+자연]" 등 의미를 나타내는 단어들로 폭넓게 분포되어 있음도 쉽게 보아낼 수 있다고 하였다.

● 인간:

아ᅀᆞ와 먼 ᄶᅡ해 잇ᄂᆞ니≪두시-초 25:27≫

님긊 孫손子ᄌᆞ로셔 婆빵羅랑門몬이 종이 ᄃᆞ외노니<1459월인석보20:48a>

큰 力士 업더디여 발로 ᄶᅡ홀 구르니<1447석보상절11:31b>

[아ᅀᆞ, :종, 발, ·발·측, ·굼, ·힘, ·손, ·탁, ·밥, 쥭, ·엿, 브섭, ·담, 죠·해] (14)

● 식물:

과시를 비와 밤과 대초와 감과쁜 ᄒᆞ고<1518번역소학10:32a>

서리예 미햇 히 서늘ᄒᆞ니 우케ᄂᆞᆫ 하ᄂᆞᆯ ᄇᆞᄅᆞ매 니겟도다<1481두사언해(초간)7:16a>

고욤을 닉게 ᄶᅧ 씨 ᄇᆞᄅᆞ고 <1660구황촬요(윤석창본),17a>

[감, ·귤, 우·케, 콩, ·뒤, ·파, ·마, 꼿, 가래, 그력, :밀, ·피, 버·들, ·고욤, 삽됴, 쟈감, 율믜, 벼, 닥, 실, 섭, :잣] (22)

● 동물:

염쇼와 여호와 노루와 곰과 여러 가지 쀠과 여러 가지 오리와<1889사민필지,73>

노로도 우니며 사ᄉᆞᆷ도 우니며 <1459월인석보20:51b>

[러·울, 고·티, 두텁, 노루, 납, :벌, 팔, 사·ᄫᅵ, ·부형, ·비육, ·바얌, :너시,

사·숨, 누·에, 쇼, 남샹, 약, :져비, :굼벙, 올창, ·반되, :범] (22)

● 기구:

우믌ᄀᆞ애 드레와 줄 다 잇ᄂᆞ니라<1517번역노걸대上:32a>

ᄀᆞ는 비예 호미ᄅᆞᆯ 메오 셔니<1481두사언해(초간)7:15a>

[드·뵈, ·자, ·체, 채, 드·레, ·키, ·톱, 호·미, 벼·로, ·낟, 이·아, :널, 다야,
슈룹, 쥬련, 독, ·갇, ·신] (18)

● 자연:

구루메 울에 번게ᄒᆞ고 무뤼 오고 한 비 븟다가도<1447석보상절21:05a>

阿難아 므리 어름 ᄃᆞ외얫다가 어르미 도로 믈 ᄃᆞ외ᄃᆞᆺᄒᆞ니라<1461능엄경
언해3:67b>

霜온 서리오 露ᄂᆞᆫ 이스리라 慨ᄂᆞᆫ 애와틸씨라<1459월인석보1:月釋序15b>

[서·에, :뫼, :셤, ·무뤼, 어·름, 다리, ·믈, ·깃, ·논, 숫, ·울, 구·리, 서·리,
덜, :쉼, ·못, ·돌, :별] (18)

총적으로 ≪용자례≫에 선정된 어휘들을 통해 15세기 언어학자들은 이
미 "인간이 동물, 식물을 떠날 수 없으며 여러 가지 노동 도구를 사용하여
자연을 개조하면서 사는 인간의 삶의 방식"을 알고 있었으며 94개 어휘들
은 15세기 우리 겨레의 물질, 문화생활을 반영하는 일반어휘들로 이루어
졌음을 확인할 수 있다고 지적하였다.

필자는 ≪용자례≫의 어휘와 현대어휘로의 변화과정을 분석하면서 아
래와 같이 기술하였다.

언어는 사회적인 약속에 의해 이루어지기에 함부로는 바꿀 수가 없으
나 일정한 시간이 지나면 달라지는 것이 사실이다. 즉 언어는 사회적 의
사소통의 수단이 되면서도 자체가 하나의 생명체와 같이 유동적이며 많
은 변화를 겪는다고 볼 수 있는 것이다. 언어는 다양한 형태로서 공시적
으로 기능하며 체계를 갖추면서도 통시적으로 변화를 하는 것이다.

변화가 없는 단어(34항=36.2%)

용자례에 나타난 일부 단어들은 560여 년이 지난 오늘까지도 변화가

없다.

예를 들면: :감 爲枾:＝감, 우·케:爲未舂稻＝우케, 콩 爲大豆:＝콩, ·담 爲墻: ＝ 담, :벌 爲蜂: ＝벌, ·마 爲薯蕷: ＝마, ·파 爲葱: ＝파, ·자 爲尺:＝자, ·손 爲手:＝손, :별 爲星:＝별, ·신 爲屨:＝신, ·굽 爲蹄:＝굽, :잣 爲海松:＝잣, ·못 爲池:＝못, 독 爲甕: ＝ 독, ·밥 爲飯: ＝밥, 누·에 爲蚕:＝ 누에, 구·리 爲銅: ＝구리, 서·리 爲 霜:＝서리, ·엿 爲飴 餹: ＝엿, 벼 爲稻:＝벼, :밀 爲蠟:＝밀, ·피 爲稷:＝피, ·키 爲箕:＝키, ·논 爲水田: ＝논, ·톱 爲鉅:＝ 톱

변화가 없는 단어를 보면 대부분(82.3%)은 1음절 어휘이고 일상생활에서 늘 쓰는 말 즉 어린이로부터 어른에 이르기까지 그리고 일상 언어생활로부터 여러 분야의 언어교제에서 공동으로 많이 쓰이는 기초어휘들이라고 말할 수 있다고 하였다. 일부 어휘는 변화가 없지만 또한 단어 의미의 명확성을 기하기 위하여 음절을 확대하는 방법도 사용하여 오늘에 이르렀다고 하였다.

버·들 爲柳:＝버들, 버드+나무, :범 爲虎:＝범, 호랑이, :널 爲板:＝널, 널+빤지, ·울 爲籬:＝ 울, 울+타리, ·고욤爲梬:＝고욤, 고욤+나무, 채 爲鞭: ＝채, 채찍, 닥 爲楮: ＝닥, 닥+나무

변화가 있는 어휘(60=63.8%)

필자는 우리가 15세기 쓰이던 말과 오늘날 쓰이고 있는 말들을 비교해 보면 말들이 많이 달라졌음을 발견하게 된다고 하면서 이는 언어는 함부로 바꿀 수는 없는 것이기는 하나 고정된 것은 아니고 심리적, 사회적, 역사적 원인으로 바뀔 수 있음을 알 수 있다고 하였다. 특히 언어의 기본요소 중에서 어휘의 바뀜을 많이 발견하게 된다면서 어휘변화는 "당시에 사용되던 소리가 오늘날에 사용되지 않는 것, 단어의 소리가 바뀌는 것, 더

이상 사용되지 않거나 형태나 의미가 변화된 것, 형태나 형태소 구성방식
이 변화가 있는 것" 등에서 고찰할 수 있다.

필자는 마지막으로 논문의 내용을 다음과 같이 종합했다.

우선 ≪용자례≫에서 중성은 비록 초성보다 적은 수 11개(30%)이지만
음절에서의 중요한 위치를 인식하고 중성의 용례를 4개씩 44자(46%)로 더
잡았다. 그리고 바른 우리말 어음을 가르치기 위하여 용례 어휘는 꼭 고
유어로만 한정하여 보여주었다.

다음으로 음성학적으로 분석해 보면 용자례 어휘에 사용된 초성, 중성,
종성을 그리고 음소 및 음절의 빈도를 아주 과학적으로 배분하였음도 확
인하였다. 그리고 선정된 어휘들은 의미적으로 우리 인간과 밀접히 관계
를 가지고 있는 인간 자신 그리고 동물, 식물, 기구, 자연 등과 관련이 있
는 기본어휘들로 이루어졌음을 확인할 수 있다.

마지막으로 언어는 사회적인 약속에 의해 이루어지기에 함부로는 바꿀
수가 없으나 일정한 시간이 지나 사용하는 과정에서 변화를 가져오는데
15세기로부터 지금가지 변화하지 않은 어휘(36.1%)와 변화된 어휘(63.8%)가
있는데 변화를 이루어진 유형들을 보면 어음변화(40.4%), 음절증가(음절감소
는 없음)(9.5%), 그리고 다른 단어로의 대체(13.8%) 등으로 되었다.

총적으로 ≪훈민정음해례≫의 ≪용자례≫에서의 선정된 단어 94개를
보면 15세기 초, 중, 종성을 정확히 가르치기 위한 과학적인 단어선정이
되었고 이러한 어휘를 통하여 우리말은 훈민정음 창제 이후 지금까지 500
여 년 동안 많은 변화과정을 거쳤음도 확인할 수 있다.

2.1.2.4. 훈민정음 어음 및 방점(성조)에 대한 연구

≪훈민정음해례본≫에는 28자(자음 17자와 모음 11자)밖에 합용병서, 각자
병서, 합성자 등 여러 형태의 글자들이 나타나고 있다. 이러한 자들은 고

유어를 표기하려는 자들도 있고 한자음을 표기하려는 자들도 있으며 형식적인 글자도 있었다. 때문에 이러한 글자들의 당시 음가를 추청하는 작업은 어음사의 각도에서 아주 필요한 작업이다.

최윤갑 교수는 주로 문헌을 통하여 모음자 'ㆍㅣ, ㆎ, ㅑ, ㅕ, ㅙ, ㅞ'와 그 음가에 대해 추정하고 황대화 교수도 방언적 고찰의 방법으로 역사적 모음 'ㆍ'의 음가에 대해 분석하였다.

≪훈민정음예의≫원문에는 "글자는 반드시 어울려야 소리가 된다. 왼쪽에 한점을 더한 것은 거성이고 점이 둘이면 상성이다. 점이 없으면 평성이다. 입성은 점을 더함은 한가지로되 빠르다(凡字必合而成音, 左加一点則去聲, 二則上聲, 無点平聲, 入聲加點同而促急)"고 하였고 ≪훈민정음언해≫에는 성조에 대해 설명하기를 "평성은 가장 낮은 소리", "상성은 처음이 낮고 나중이 높은 소리", "거성은 가장 높은 소리", "입성은 빨리 끝닫는 소리"라고 하였다. 전학석 교수는 중세조선어문헌자료에 반영된 방점과 함경도방언의 음조의 대응관계와 그 규칙의 변화에 대해 상세히 분석하였다.

2.1.2.4.1 최윤갑(1992), <모음자 'ㅚ, ㆌ, ㅑ, ㅖ, ㅙ, ㅞ'와 그 음가에 대하여>, ≪중국조선어문≫ p11-14

필자는 훈민정음해례본에는 모음자 'ㆍㅣ, ㅓ, ㅚ, ㅐ, ㅟ, ㅔ, ㅒ, ㅖ, ㅙ, ㅞ' 외에 모음자 'ㅚ, ㆌ, ㅑ, ㅖ, ㅙ, ㅞ'도 보인다고 하면서 훈민정음해례본중성해에는 "ㅗ 與 ㅑ 又同出於 ㅣ 故合而爲 ㅑ……ㅠ 與 ㅕ 又同出於 ㅣ 故合而爲 ㅖ"라 하였고 또 "一 字中聲之與 ㅣ 相合者十 ㆍ ㅡ ㅗ ㅏ ㅜ ㅓ ㅛ ㅑ ㅠ ㅕ 是也 二字中聲之與ㅣ 相合者四 ㅘ ㅝ ㅙ ㅞ 是也"라고 하였는바 이 훈민정음해례본에 나타난 모음 'ㆍㅣ, ㅓ, ㅚ, ㅐ, ㅟ, ㅔ, ㅒ, ㅖ, ㅙ, ㅞ'에 대해서는 매우 익숙히 알고 있을 뿐만 아니라 학자들이 많은 연구가 있으나 모음자 'ㅚ, ㆌ, ㅑ, ㅖ, ㅙ, ㅞ'에 대해서는 매우 적게 연구되었다고 지적하였다. 본고에서는 모음 'ㅚ, ㆌ, ㅑ, ㅖ, ㅙ, ㅞ'들은 어

떤 성질의 음가를 가졌으며 당시 조선어에서 이 음들의 음운적 지위는 어떠하였는가에 대하여 밝힌다고 하였다.

필자는 우선 모음자 '외, ㅠ'와 그 발음에 대해 아래와 같이 기술하였다.

모음자 '외, ㅠ'의 발음에 대해서는 위에서 훈민정음해례본 중성해의 것을 인용한 바와 같이 일자(一字)로 된 중성이 'ㅣ'와 서로 결합하여 된 자가 열이라는데서(ㅣ, ㅓ, ㅚ, ㅐ, ㅟ, ㅔ, ㅒ, ㅖ, ㅙ, ㅞ)도 알 수 있거니와 그 말 아래에 "ㅣ 於深淺闔闢之聲 並能相隨者以其舌展聲淺而便於開口也"라고 한데서도 충분히 알 수 있다고 하였다. 이 설명은 글자의 구조적 각도에서가 아니라 확실히 어음적 각도에서 설명한 것이다. 다음으로 'ㅒ, ㅖ'의 발음을 대부분 학자들이 'jai, jəi'로 인정하는 이상 '외, ㅠ'의 발음도 'joi, jui'로 인정하여야 될 것이라고 하였다. 왜냐하면 'ㅒ, ㅖ'와 '외, ㅠ'는 모두 같은 조성방법으로 글자를 조성하였기 때문인데 'ㅒ, ㅖ, 외, ㅠ'는 'ㅑ, ㅕ, ㅛ, ㅠ'에 'ㅣ'를 합한 것이기 때문이다. 그다음 조선한자음의 'ㅐ, ㅔ, ㅚ, ㅟ'와 'ㅖ, ㅠ, ㅙ, ㅞ'는 한어의 하강적 이중모음이거나 상승하강의 삼중모음을 표기하였다고 하였다. 조선의 17~18세기 학자 최석정은 ≪경세훈민정음도설(經世訓民正音圖說)≫에서 '외, ㅠ'의 발음을 각각 '要伊, 由伊'라고 하였다. 이상의 사실로써 모음자 '외, ㅠ'의 발음은 'joi, jui'였다는 것을 알 수 있다. 그리고 필자는 물론 단일자에 순서대로 빠짐없이 'ㅣ'를 결합하여 글자를 만들어놓은 것도 있겠지만 당시 조선어의 어음으로서의 '외, ㅠ'가 존재한 것을 반영한 것도 사실인 것이라고 하였다.

필자는 15~16세기 문헌에 나타나는 고유조선어휘를 예를 들어 보였다.

쇠무릅, 쇠머리, 쇠힘, 쇠야지, 쇠똥/ 여윈, 비춰짓, 취품ᄒ다, 취다
吹, 臭, 醉, 就, 醜, 取, 聚, 翠

이상의 예에서 보면 모음 '외, ㅠ'는 모두 자음 'ㅅ, ㅈ'와 결합되어 제

한된 조건하에서 사용되었다고 하였다. 모음 '괴, ㎔'와 모음 'ㅚ, ㅟ', 더 나가서 모음 'ㅏ, ㅓ, ㅗ, ㅜ, ㅔ'와 모음 'ㅑ, ㅕ, ㅛ, ㅠ, ㅖ'가 자음 'ㅅ, ㅊ(ㅈ)' 아래에서 분별없이 사용되는가 아니면 확연이 구별되어 사용되었는가를 밝힘으로서 삼중모음표기인가 아니면 'ㅅ, ㅊ' 아래에서의 이중모음 표기인가를 밝히었다.

필자는 우선 15~16세기 문헌들에서 'ㅏ, ㅓ, ㅗ, ㅜ, ㅔ'와 'ㅑ, ㅕ, ㅛ, ㅠ, ㅖ'는 자음 'ㅅ, ㅊ, ㅈ' 아래에서 엄격히 구별되어 사용되었고 모음 'ㅚ, ㅟ'와 모음 '괴, ㎔'가 자음 'ㅅ, ㅊ' 아래에서 대립되어 쓰인 예 쇠(鐵)과 쇠(牛)/ 쉰(五十)과 여쉰(六十)을 보여주면서 대립되어 쓰인 예는 아주 적다고 하면서 '괴, ㎔'는 'ㅚ, ㅟ'의 변종의 표기라거나 구개음화 'ㅅ, ㅊ' 아래에서 'ㅚ, ㅟ' 표기라고 할 수 없다고 강조하였다. 즉 'ㅑ, ㅕ, ㅛ, ㅠ, ㅖ'가 'ㅏ, ㅓ, ㅗ, ㅜ, ㅔ'의 변종이 아닌 이상 즉 구개음 'ㅅ, ㅊ'의 아래에서의 'ㅏ, ㅓ, ㅗ, ㅜ, ㅔ'의 표기가 아닌 이상 '괴, ㎔'는 'ㅚ, ㅟ'의 변종이 아닌 것이라고 하였다. 그리고 필자는 15~16세기 문헌에서 'ㅚ, ㅟ'를 'ㅚ, ㅟ'로 썼거나 도 '괴, ㎔'를 'ㅚ, ㅟ'로 쓴 예를 찾아보기 힘들다 하였다. 다시 말하면 'ㅚ, ㅟ'와 '괴, ㎔'를 혼동하여 표기한 예를 찾기 힘들다고 하였다. 한자어에서 보면 '췻ᄒ다'(醉ᄒ다)의 '취'는 언제나 '취'로 표기되었었다. 이것은 '괴, ㎔'의 'ㅣ'와 'ㅛ, ㅑ, ㅠ, ㅕ, ㅖ'의 'ㅣ'가 'ㅅ, ㅊ'의 구개음화의 표시가 아니며 또 '괴, ㎔'가 'ㅚ, ㅟ'의 변종이 아니라는 것을 의미한다고 하였다. 그러나 17세기에 들어서면 일부 어휘에서 'ㅚ, ㅟ'와 '괴, ㎔'가 혼동된 것이 보이는데 예를 들면 두시언해초간본에서는 '쇠로기'로 표기하였는데 두시언해 중간본에서는 '쇠로기'로 표기하였다고 하였다. 이러한 혼동현상은 18세기말부터는 더 많이 볼 수 있다고 하였다. 예를 들면 ≪한청문감≫에서는 '쇠비름'이라고 썼는데 유희의 ≪명물고≫에서는 '쇠비름'이라고 하였고 ≪명물고≫에서는 '쥐똥나모'(쥐똥나무)라 할 때는 '쥐'로 표기하다가 '수쥐똥'이라 할 때는 '쥐'로 표기하였다. 이 혼동현상은 자음 'ㅅ, ㅊ, ㅈ' 아래에서 모음 'ㅑ, ㅕ, ㅛ, ㅠ, ㅖ, ㅚ, ㅞ'의 선행모음 'ㅣ[j]'가 빠져나가는 현상과 관련된다고 하였다. 다시 말하면 자음 'ㅅ, ㅊ, ㅈ' 아래에서 반모음 'ㅣ'가 소실됨에 따라 즉 발음상에서 자음 'ㅅ, ㅊ, ㅈ' 아래에서 'ㅚ, ㅟ'와 'ㅙ, ㅞ'가 구별이 없음에 따라 'ㅚ, ㅟ'와 'ㅙ, ㅞ'가 혼동이 생기게 된다고 하였다. 모음 'ㅑ, ㅕ, ㅙ, ㅞ'와 그 발음에 대해서도 상세히 기술하였다.[18]

필자는 상술한 논술을 종합하여 모음자 'ㅑ, ㅙ'는 훈민정음 해례본에 보이나 고유조선어표기에서나 조선한자음표기에서나 전혀 쓰이지 않았으며 모음자 'ㅕ'는 동국정운음운표기에 쓰이었으나 실제 존재한 음은 아니었다고 하였다. 그리고 모음자 'ㅚ, ㅟ'의 음가는 'joi, jui'였으며 모음자 'ㅕ, ㅞ'의 음가는 'j u ə(ㅟ), juəi(ㅞ)'였으며 모음 ≪ㅚ, ㅟ≫는 중세조선어에 쓰이었으며 모음 ≪ㅞ(juəi)≫는 중세조선어한자음에 쓰이었다. 따라서 모음 ≪ㅚ, ㅟ≫는 모음 ≪ㅚ, ㅟ≫의 변종이 아니고 ≪ㅞ≫는 모음 ≪ㅔ≫의 변종이 아니라는 결론을 내렸다.

2.1.2.4.2. 전학석(1989), <중세조선어의 방점과 연길지방말의 높낮이의 비교>, ≪조선관계 전문학자들의 국제과학토론회 토론집≫, 사회과학출판사

필자는 우선 중세조선어의 방점의 본질에 대해 단어의 장단음을 표시했다는 장단설과 단어의 고저음을 표시했다는 고저설이 있으며 중세조선어가 성조언어라는 관점과 엄격한 의미에서의 성조언어가 아니라는 관점이 있는데 논문에서 근근이 중세조선어에서 방점이 표기되었던 단어들이 연길지방말에서 어떻게 발음되는가를 비교하려 한다고 하였다.

다음으로 저자는 국어성조연구에서 경상도방언의 성조와의 비교를 위하여 선택한 1003개 중세조선어어휘가운데서 오늘 연길 지방말에서 쓰인

---

18) 이하 략(略)

다고 짐작되는 583개에서 골라잡고 연길시에서 조선족이 많이 집중된 신
흥가에서 조사를 진행하였다.

　필자는 결론에서 중세조선어의 방점과 연길지방말의 높낮이를 비교해
보면 첫음절에서의 대응관계는 아주 규칙적이라고 하였다. 1음절이건 2음
절이건 3음절이건 관계없이 첫 음절이 ≪평성≫이면 연길 지방말에서 낮
은 소리와 대응되고 첫 음절이 ≪거성≫, ≪상성≫이면 연길 지방말에서
높은 소리로 대응된다고 하였다. 두 번째 음절, 혹은 세 번째 음절에서도
일정한 대응관계를 보이나 첫음절처럼 그렇게 대응관계가 규칙적이 못
된다고 하였다. 이것은 중세조선어에서의 ≪말음평성화≫의 변화와 더불
어 연길 지방말에서도 말음절로부터 일정한 변화을 일으켜 오늘은 첫음
절위치에서만 그 대응관계가 가장 분명한 것이 아닌가 하는 가설을 제기
하였다.

2.1.2.4.3. 전학석(1998), ≪함경도방언의 음조에 대한 연구≫, 흑룡강조선민족출판사

　필자는 저작에서 중세조선어문헌자료에 반영된 방점과 함경도방언의
음조의 대응관계에서 주로 중세조선어문헌자료에 반영된 방점의 본질, 중
세조선어의 방점과 함경도방언의 음조의 대응관계, 음조의 규칙적인 변화
에서의 대응관계를 설명하였다.

　우선 중세조선어 문헌자료를 통하여 보면 훈민정음창제 초기로부터 임
진조국보위전쟁(1592) 직전까지의 문헌들에는 ≪방점(旁点)≫이 쓰이었다고
하고 방점에 대하여 조선어학계의 적지 않은 학자들이 견해를 발표하였
지만 지금까지 견해 상의 통일을 보지 못하고 있다고 하였다. 일부 학자
들은 당시 조선어의 음의 장단을 표시한 것이라고 보고 있으며 일부 학자
들은 조선어의 음의 고저를 표시한 것이라고 보고 있다고 하였다. 또 장
단설을 주장하거나 고저설은 주장하는 학자들 사이에도 그 기본적인 구

별을 셋으로 보는가 둘로 보는가에 따라 차이를 가지고 있다고 하였다.

필자는 우선 전시기 학자들인 주시경, 이희승, 고노로꾸로(河野六郎), 허 웅, 김영만, 문효근의 견해를 상세히 기술하고 종합하였다. 다음 저자는 중세조선어의 방점의 본질을 밝힘에 있어서 당시의 ≪훈민정음≫의 해례본, 언해본 그리고 ≪훈몽자회≫의 범례 등 문헌기록에 근거하고, 한어운서의 것을 본뜬 것이나 그대로 옮긴 설명보다는 우리말로 된 방점설명을 중시하며 방증(旁証)자료를 옳게 인용하고 공시적인 언어 사실을 존중해야 한다고 하였다.

훈민정음 창조초기의 학자들은 중세조선어의 음조를 주요한 특성으로 하는 운율적 현상을 정확히 파악한 기초 위에서 한어의 음조표시에 쓰이는 ≪4성≫을 받아들여 중세조선어의 음조를 표시하였으며 또 조선어의 음조 특성에 입각하여 설명을 하였다고 하였다. ≪훈민정음언해≫의 설명에 따르면 '평성'은 가장 낮은 소리로서 '무점'으로 표시되고 '상성'은 처음이 낮고 나중이 높은 소리로서 '두점'으로 표시되었으며 '거성'은 가장 높은 소리로서 '한점'으로 표시되었고 '입성'은 빨리 끝을 닫는 소리로서 고유어와 한자어에서 다르게 처리되었다고 하였다. 고유어에서는 그 음조에 따라 평성, 상성, 거성에 분입시켰고 한자어에서는 점 하나를 찍어 '거성'과 같이 처리하였다고 하였다.

이렇게 필자는 훈민정음창제초기의 학자들이 한어 '4성'을 받아들여 당시의 조선어의 음조를 설명한 사실을 통하여서도 방점의 본질이 음조를 표시한 것을 알 수 있다고 하였다.

총적으로 중세조선어문헌자료에 반영된 방점의 본질은 당시 조선어의 음조를 표시한 것으로서 '무점'(평성)은 저조를, '두점'(상성)은 사승조를, '한점'(거성)은 고조를 표시한 것이라는 결론을 도출한다고 하였다.

다음으로 필자는 함경도방언의 음조와 중세조선어의 방점은 정연한 대응관계를 이루고 있다고 하였다. 필자는 회령, 경성, 함주 등 함경도방언에 대한 조사에 근거하여 체언, 용언에서의 대응관계를 분석하고 또한 김영만(1974), ≪방점표기의 원칙과 성조변화≫와 문효근(1974), ≪한국어성조의 분석적연구≫의 견해를 분석한 후 함경도방언, 경상도방언, 영동방언의 음조의 대응관계를 설명하였다.

중세조선어	함경도방언(전학석)	경상도방언(김영만)	영동방언(문효근)
무점(평성)	저	고	고
한점(거성)	고	저	저
두점(상성)	고	저-장	중-장

도표와 같이 필자는 중세조선어에서 '무점'(평성)은 저조, '한점'(거성)은 고조, '두점'(상성)은 상승조를 표시했다고 보는 입장에서 함경도방언의 음조가 경상북도방언의 음조나 영동방언의 음조보다 중세조선어의 방점과 더 정연한 대응관계를 이루고 있다고 본다고 하였다.

2.1.2.4.4. 황대화(1999), <역사적모음 [ㆍ]의 변화에 대하여>, ≪중국조선어문≫

필자는 우선 역사적 모음 [ㆍ]는 15세기 훈민정음창제 당시 28자 하나로 들어갔으며 또한 중성의 기본자의 하나로서 당당한 음운의 자격을 가지고 정음초기에 널리 쓰이었다고 하였다. 그러면서 모음 [ㆍ]는 그 후 일정한 동요를 보이다가 18세기부터는 음운의 기능으로서의 기능을 잃게 되었으며 오늘날에 와서는 제주방언에서만 그 흔적을 찾아볼 수 있을 뿐이고 표준어나 기타 여러 방언들에서는 그것을 죄다 다른 모음으로 바뀌고 말았다고 하였다.

논문에서는 옛날 책들에서 [ㆍ]로 표기되었던 단어들이 오늘 여러 방언에서 어떻게 발음되고 있으며 그것은 또 표준어와는 어떤 대응관계를 이

루고 있는가를 보이는 한편 나아가서는 역사적으로 살아진 모음 [ㆍ]의
전반 변화과정과 그 음가에 대해서도 살펴본다고 하였다.

첫음절에서의 [ㆍ]의 변화에서 단음절 경우에 "ᄀᆞᆯ(蘆)→갈, 깔, ᄃᆞᆯ(月)→
달, ᄃᆞᆰ(酉)→달" 처럼 모음 [ㆍ]가 'ㅏ'로 바뀌어졌고 2음절 및 다음절의
경우에도 "ᄀᆞ새(剪)→가위, 가우, 가시개, ᄆᆞ디(節)→마디, 매디, ᄒᆞᄅᆞ(一日)→
하루, 하리, 하로, 할리"처럼 [ㆍ]가 'ㅏ'로 발달된 것이 상당히 많고 한자
어에 있어서도 "ᄀᆞᆫ절(懇切)→간절, ᄂᆡ일(來日)→내일, ᄆᆡ장(埋葬)→매장, ᄌᆞ연
히(自然히)→자연히"와 같이 첫음절에서 [ㆍ]는 'ㅏ'로의 변화를 보이고 있
다. 고유어이건 한자어이건 크게 관계없이 첫음절의 [ㆍ]는 제주방언을
제외한 모든 방언에서 일반적으로 'ㅏ'로 대응하고 있어 이것은 법칙성을
띤 일종의 말소리변화현상으로 되고 있다고 하였다. 그러나 예외적인 현
상 즉 "ᄒᆞᆰ(土)→흙, ᄐᆞᆨ(頤)→턱"도 없지 않지만 이상의 두 단어들은 방언에
따라 의연히 "ᄒᆞᆰ→ᄒᆞᆰ, 할기[육진], ᄐᆞᆨ→탁[서북], [제주]/탁수가리, 탁냉이,
탁내가리, 탁아리[서북]/택[동북, 육진, 동남, 서남, 중부]"처럼 'ㅏ'나 혹은
'ㅏ'의 요소인 'ㅐ'로 나타나고 있어 'ㅏ'의 범위를 더욱 넓히고 있다고
하였다.

한자어에 있어서 다만 'ᄀᆞᆫ(根)'에서만 예외적으로 'ㆍ>ㅡ'로 변화를 보
이고 있고 첫음절에 오는 'ㆍ'는 방언적으로 'ㅗ'로 바뀌어지는 경우가 적
지 않다고 하였다. 예를 들면 "ᄃᆞ토다(爭)→도투다[서북 대부분], [동북 약
간], ᄂᆞᆫ호다(分)→노누다[서북, 동북일부, 동남일부], [육진-온성, 회령], 농
구다[동남일부, 동부 대부분], [육진], [중부-충북일부]이며 이와 같이 첫
음절의 'ㆍ'는 'ㅗ'로 바뀌어지고 있는데 그것은 주요하게 뒤음절의 둥근
모음 'ㅗ'의 영향에 의한 변화로 되고 있다고 하였다. 이러한 'ㆍ>ㅗ'의
변화는 이상 몇 개 단어에만 나타나고 있는 것으로 보인다고 하였다.

모음 'ㆍ>ㅗ'의 변화는 입술자음과의 관계에서 가장 집중적으로 나타
나고 있다고 하였다. 예를 들면 "ᄆᆞᆯ(馬)→몰[동남-경남(하동, 사천, 게제, 충무,

남해, 통영)], [동북-갑산, 혜산, 금야, 정평, 오로, 신흥, 리원, 풍산], 넓다(踏)
→넓다[육진], [동북-함북일부], [동남-경남대부분], 풀[蠅]→폴[육진], [동
북-혜산, 갑산, 삼수, 보천, 풍시, 풍산][동남-경북(영양), 경남 대부분] [서
북-전북(순창, 남원, 임실)전남 대부분]" 등 입술자음 아래에서 나타나고 입
술자음 자음 앞에서도 "ᄉ매(袖)→소매[표준어 및 대부분방언], 눕(他人)→
남[표준어와 대부분 방언], 놈[서북], [제주], [동남-경남(남해, 하동)], [서남
-전남일부]"

필자는 위의 예를 통하여 첫음절의 모음 'ㆍ'는 일반적으로 'ㅏ'로 바
뀌어지기도 하지만 주로 입술자음 'ㅁ, ㅂ, ㅃ(새), ㅍ'와 결합에서는 규칙
적으로 'ㅗ'의 변화현상은 적든 많든 대부분 방언들에서 나타나고 있으나
그 가운데서 육진방언, 동북방언, 동남방언, 서남방언에서 가장 현저하게
나타나고 있는 것으로 보인다고 하였다. 즉 이 몇몇 방언에서는 'ㆍ'의
'ㅗ'되기에서 기타 방언에 비해 더욱 생산적이라고 하였다.

제주도 방언에서만은 모음 'ㆍ'를 얼마간 보존하고 있는 것으로 하여
초기 정음문헌과 일치하는 경우가 있다고 하면서 첫음절에 오는 모음
'ㆍ'는 표준어와 기타 방언에서 주로 'ㅏ'나 'ㅗ'로 바뀌어지고 있지만 제
주방언에서만은 'ㆍ'가 일정하게 그대로 지켜지고 있다고 하였고 중세정
음문헌에 'ㆍ'로 나타나지 않는 것까지도 "ᄌ봄(저가락), ᄌ드랭이(겨드랑),
줌복(전복), ᄌ믈다(저물다), 줍씨(접시), 줍니불(겹이불)"처럼 'ㆍ'로 대응시키
는 경우가 있다고 하였고 하였다.

둘째음절에서의 'ㆍ'의 변화에서 첫음절보다 다소 복잡하나 대체적으
로 'ㅡ'로 바뀐 것이 가장 많다고 지적하였다. 예를 들면 "하ᄂᆞᆯ→하늘, 바
ᄂᆞᆯ→바늘, ᄀᆞ놀→그늘, 다ᄃᆞᆷ다→다듬다, ᄀᆞᄅᆞ치다→가르치다, 니ᄅᆞ왇다→
일으키다, 바ᄅᆞ다→바르다, ᄲᆞᄅᆞ다→빠르다, 알ᄑᆞ다→아프다, 말쏨→발쏨,
ᄆᆞ숨→마음" 등이다.

필자는 방언에서는 표준어에서와 달리 어떤 자음과 결합되는가에 따라

모음 'ㆍ'는 달리 나타난다고 하였다. 우선 입술소리 'ㅂ, ㅃ, ㅍ'와 결합
된 모음 'ㆍ'는 대부분의 방언들에서(혹은 입말에서) 'ㅡ'를 거쳐 다시 'ㅜ'
로 바뀌어짐이 보통인데 이는 입술자음에 의한 모음의 적응현상이 일어
났기 때문이라고 할 것이라고 지적하였다.

> 예: 낟ᄇ다>나쁘다>나뿌다/ 밧볼다>바쁘다>바뿌다/ 알ᄑ다>아프다>아
> 푸다/ 골ᄑ다>고프다>고프다>고푸다

　다음으로 자음 'ㅅ'나 'ㅿ'와 결합된 'ㆍ'는 'ㅡ'로 되었다가 다시 'ㅣ'로
바뀌어지기도 하는데 이에는 동남방언, 서남방언, 제주방언에서 가장 뚜
렷이 나타난다고 하였다.

> 예: 가ᄉᆞᆷ>가슴>가심/ 사ᄉᆞᆷ>사슴>사심/ 가ᅀᆞᆯ(ᄀᆞᅀᆞᆯ)>가실, ᄀᆞ실/ 마ᅀᆞᆯ(ᄆᆞ
> ᅀᆞᆯ)>마실, 모실, ᄆᆞ실

　첫음절이 입술자음으로 시작되는 조건에서 둘째음절의 'ㄴ'와 결합되는
'ㆍ'는 동북방언, 동남방언, 서남방언에서와 경기도를 제외한 중부방언에
서는 "마ᄂᆞᆯ>마눌, 바ᄂᆞᆯ>바눌, 비ᄂᆞᆯ>비눌, 며ᄂᆞ리>며누리"처럼 'ㅡ'로 아
니라 'ㅜ'로 발음되는 경향을 보이고 있는바 이것도 기실은 먼저 'ᄂᆞ>느'
를 거쳐 '누'로 발달된 것이라고 하였고 그러나 자음 'ㄹ'나 'ㄷ'와 결합
된 'ㆍ'만은 'ㅡ'로 바뀌어진 후에도 일반적으로 2차적 변화를 입지 않았
다고 하였다.
　필자는 "ᄆᆞᄌᆞ막>마지막, 남ᄌᆞ호다>남짓하다, ᄆᆞ춤내>마침내, ᄂᆞᄌᆞ기>
나직이, 아ᄎᆞᆷ>아침"처럼 2음절에서 자음 'ㅈ, ㅊ'와 결합되었던 'ㆍ'는 오
늘날에 와서 표준어와 대부분 방언들에 'ㅣ'로의 발달을 보이고 있다고
하면서 그러나 서북방언, 동북방언, 육진방언에서만은 옛형 '아ᄎᆞᆷ'이 '아
츰'으로 발음되듯이 모음 'ㆍ'는 'ㅡ'로 바뀌어지고 있음을 볼 수 있는데

그것은 후기문헌에 나타나고 있는 '무즈막, 마즈막(<무즈막)', '남즉ᄒ다(<남녹ᄒ다)', '느즈기(<ᄂᆞ즈기)', '무ᄎᆞᆷ내(<무ᄎᆞᆷ내)'와 일치하고 있다고 하였다. 자음 'ᄌ, ᄎ'와 결합되었던 모음 'ㆍ'는 본래 'ㅡ'로 바뀌어졌으나 방언에 따라 서로 다른 어음론적 특성으로 하여 서북방언, 동북방언, 육진방언에서는 줄곧 그대로 유지하게 되고 기타 방언들에서는 'ㆍ>ㅡ>ㅣ'로 발달하게 되었다고 하면서 한마디로 말하여 'ㆍ>ㅣ'의 변화도 기실은 'ㆍ>ㅡ'의 변화를 전제로 한 후기적변화로 되고 있다고 하였다.

표준어와 방언에 "모기>모기, 무디>마디, 나비>나비" 처럼 'ㅣ>ㅣ'의 변화도 보이는데 이것은 단어들의 둘째음절의 모음도 본래 'ㆍ'가 선행된 겹모음 'ㆎ'였으나 선행요소인 'ㆍ'가 'ㅡ'로 바뀌어지면서 'ㅢ'로 되었다가 다시 'ㅢ'의 홑모음과정을 거쳐 마침내 'ㅣ'로 발달하게 된 것이라고 하였다. 즉 "모기>모긔>모기, 둥기다>둥긔다>당기다, 션비> 션븨>선비, 몬지>몬즤>먼지"와 같은 변화과정을 거쳤음을 알 수 있다고 하였다.

다음으로 모음 'ㆍ'는 규칙적으로 'ㅗ'로 바뀌어지고 있음을 볼 수 있는데 그것은 입술자음과의 결합에서 가장 뚜렷이 나타난다고 하였다.

예를 들면:
ᄀᆞᄫᆞᆯ>ᄀᆞ올>고올>골(고을)
ᄃᆞ뷔다>ᄃᆞ외다>되다
ᄒᆞᄫᅡ>ᄒᆞ오ᅀᅡ>ᄒᆞ온ᅀᅡ>혼자
사오나ᄫᆞᆫ>사오나온>사오나운>사나운
보ᄃᆞ라ᄫᆞᆫ>보다라온>보드라운

모음 'ㆍ'는 입술자음과의 결합에서 단어의 첫음절에서뿐만 아니라 둘째 음절 이하에서도 'ㅗ'로 바뀌어지고 있는 것인 만큼 그것은 법칙성을 띤 자모음의 결합적변화현상임이 틀림없다. 이러한 법칙적인 결합적변화현상은 모음 'ㆍ'와 대립관계를 이루었던 모음 'ㅡ'와 입술자음과의 결합에서도 나타나고 있어 그것은 '입술자음+·>입술자음(혹은 탈락)+ㅗ', '자음+·+입술자음>자음+ㅗ+입술자음'의 법칙성을 더한층 안받침 해 준다고 하였다.

예를 들면: 믈>물, 블>불, 플>풀, 쌜>뿔, 허믈>허물, 거플>거풀, 니블> 이불, 더브러>더부러

이처럼 입술자음과 결합된 모음 '·', 'ㅡ'가 법칙적으로 'ㅗ', 'ㅜ'으로 바뀌어질 수 있는 것은 평순모음 '·', 'ㅡ'가 입술자음에 끌려 그에 상응 하는 원순모음으로 바뀌어졌기 때문이라고 하였다.

자음 'ㄹ'와 결합된 모음 '·'도 "ᄀᄅ(粉)>ᄀ로>가로(>가루), ᄂᄅ(津)> ᄂ로>나로(>나루), ᄂᄅ>니로(>나루>이루), 바ᄅ>바로(규정형)>바루(방언 형)"처럼 'ㅗ'로 바뀌어지는 경우가 있는데 그것은 단어적으로 일부 명사 와 부사에서만 나타나고 있는 것으로 보인다고 하였고 용언어간의 마지 막 음절인 'ᄅ'만은 "다ᄅ다>다르다, 모ᄅ다>모르다, 오ᄅ다>오르다"처 럼 일률적으로 '르'로 바뀌어지고 있다고 하였다.

'ㄹ'와 결합된 '·'가 단어의 둘째음절에서 'ㅗ'로 바뀌어지는 경우가 있지만 그것은 입술자음과 결합된 '·'의 'ㅗ'되기와 꼭 같은 성질의 것이 라 할 수 없다고 하면서 입술자음과 결합된 '·'의 'ㅗ'되기는 위치나 품 사와는 크게 관계없는 자모음적 결합에서 나타나는 순 어음론적 변화현 상으로 되고 있지만 자음 'ㄹ'와 결합된 '·'의 'ㅗ'되기는 자모음절결합 과는 전연 관계없는 일부 명사와 부사의 끝음적에 한해서난 행해지는 어 음론적 결합적 변화현상으로 되고 있기 때문이라고 하였다.

그리고 필자는 리숭녕(1949)의 <[·]>음고에서 'ᄀᄅ(紛)', 'ᄂᄅ(津)', 'ᄆ ᄅ(宗, 棟)', 'ᄌᄅ(柄)', 'ᄒᄅ(一日)' 등 명사들의 끝음적 'ᄅ>로'의 발달을 이 화작용에 의한 것으로 보면서 "<ᄋ>음의 이화작용은(ᄋ+ᄅ+ᄋ>ᄋ+ᄅ+

오)의 형식을 취한 발달로서 (ㅇ)음의 중출을 기피하는 현상이니 한쪽 <ㅇ>음이 <오>음으로 변한 것이다."라는 견해에 대해 세 가지로 반박을 진행하였다.

첫째로, 'ㆍ>ㅏ'의 발달이 전적으로 이화작용에 의한 것이라면 품사와는 관계없이 명사에서뿐만 아니라 용언어간에서도 'ㅺㄹ다(速)'가 '빠로다'로, 'ㅂㄹ다(塗)'가 '바로다'로 되어야 할 텐 데 전연 그렇지 못하고 있는 것이 문제로 된다.

둘째로, 명사에 있어서 'ㅇ+ㄹ+ㅇ'와 같이 'ㆍ'의 중복이 없음에도 불구하고 "ㅂㄹ>비로>비루, 여ㅿ>여우< 아ㅿ>아우"처럼 둘째음절의 'ㆍ'는 'ㅗ'나 'ㅜ'로 바뀌어지는 경우가 있다.

셋째로, 'ㆍ'와 대립관계를 이루었던 모음 'ㅡ'도 "시르>시루, 그르>그루, 서르>서루"처럼 명사나 부사의 끝모음으로 될 때는 'ㅗ'나 'ㅜ'로 변하고 있는 점이다.

이와 같이 용언어간에서는 이른바 이화현상이 일어날 수 있는 어음론적 조건이 구비되었음에도 불구하고 'ㆍ>ㅗ'의 변화를 전혀 보이지 않고 있으나 명사나 부사에서는 정반대로 어음론적 조건 여하에는 크게 관계없이 일률적으로 'ㆍ>ㅗ(ㅜ)'의 변화를 보이고 있으며 지어는 'ㅡ'까지도 'ㅗ, ㅜ'로의 변화를 보인다고 하였다. 이와 같은 상이한 변화현상은 'ㆍ>ㅗ(ㅜ)'의 변화가 자음결합이나 이화작용에 의한 것임이 아님을 증명해 준다고 하면서 다시 말하여 여기에서의 'ㆍ>ㅗ(ㅜ)'의 변화는 자모음결합이나 이화작용과 같은 어음론적인 것과는 아무런 상관이 없는 별개의 문제로서 이른바 'ㅇ+ㄹ+ㅇ>ㅇ+ㄹ+오'의 공식은 절대로 성립될 수 없다고 하였다.

끝으로 필자는 역자적 모음 'ㆍ'의 음가에 대하여 아래와 같은 결론을 지었다. 역사적모음 ≪ㆍ≫는 방언들에서 'ㅏ, ㅡ, ㅗ'로의 발달을 보이고 있다. 즉 강한 위치인 첫음절에는 절대다수가 'ㅏ'로 나타나고 약한 위치인 둘째음절에서는 절대다수가 'ㅡ'로 나타나며 입술자음과 결합되거나 앞뒤음절의 모음이 'ㅗ'일 경우에는 규칙적으로 'ㅗ'로 나타난다. 그러고 보면 모음 'ㆍ'는 모음 'ㅏ', 'ㅡ', 'ㅗ' 가까운 소리(혹은 그 세모음의 가운데 소리)라고 할 수 있는데 'ㆍ'가 'ㅡ'보다 혀를 더 오무린다는 점에서 'ㅏ', 'ㅗ'와 같은 뒤모음으로 되고 있는 듯싶다. 모음 'ㆍ'는 변화규칙에 따라 홑모음의 위치를 설정하면 다음과 같다고 하겠다.

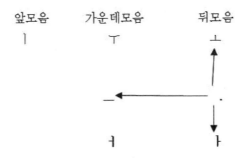

필자는 그림에서와 같이 'ㆍ'는 'ㅗ', 'ㅏ', 'ㅡ'와 직접 대하고 있는 가운데 위치하고 있는 모음으로서 그것은 입술소리와의 결합에 의하여 원순화되면 'ㅗ'로 될 수 있고 강한 위치에서 입을 좀 크게 벌리게 되면 'ㅏ'로 될 수 있으며 약한 위치에서 입을 좀 더 평평하게 하면 'ㅡ'로 될 수 있다고 하였다.

2.1.2.5. 훈민정음 창제설과 비창제설

1940년에 ≪훈민정음≫(해례본)이 발견되기 전까지만 해도 훈민정음의 기원에 대하여 "고전기원설, 범자기원설, 몽고파스바문자기원설, 서장문자기원설, Pah문자기원설, 고대문자기원설, 발음기간상형기원설, 창호문자기원설, 태극사사앙기원설, 기타 기원설(거란문자, 여진문자, 일본신대문자, 악리기원설, 28숙기원설, 설총창작설, 요의(了義)창작설, 시리아문자전래설)” 등이 있었다. ≪훈민정음≫(해례본)이 발견된 이후에도 세종대왕이 직접 창제하였는가? 아니면 집현전 학자들이 만들었는가? 세종대왕과 집현전학자들이 함께 만들었는가 하는 문제를 가지고도 많은 의견들이 존재했다. 이에 대하여 이득춘 교수, 허동진 교수와 이홍매가 이 문제에 대해 역사기록과 기타 문헌을 통해 자신의 견해를 대담히 밝히었다.

2.1.2.5.1. 리득춘(1999. 3), <훈민정음 창제설과 비창제설>, ≪중국조선어문≫

필자는 본 논문에서 ≪훈민정음≫의 창제, 신대문자설, 가림토설, 반복되는 역사 등 네 개 부분에 나누어 “훈민정음 창제설과 비창제설”에 대해 상세히 분석하였다.

≪훈민정음(訓民正音)≫이란 우리 민족글자를 일컫는 이름이고 우리글자는 자모문자이면서 음소문자로서 세계문자사에서도 아주 발달한 형태의 표음문자인바 처음 이 글자를 만들었을 때에는 “백성을 가르치는 바른 소리”라는 뜻에서 ≪훈민정음≫이라 하였던 것이라고 하였다.

≪훈민정음≫과 때를 같이하여 ≪언문(諺文)≫이라고도 하였는데 이것은 한문과 구별되는 글자라는 뜻에서 사용한 용어이고 그 후 우리 글자를 ≪반절≫, ≪본문≫, ≪국문≫, ≪조선문≫, ≪배달글≫, ≪가갸글≫, ≪한문(韓文)≫, ≪한자(韓字)≫, ≪아문(我文)≫, ≪정음≫ 등으로, 또한 한문숭상사상으로 인하여 ≪암클≫, ≪아이글≫, ≪중글≫, ≪상말글≫이라고 지칭하였다고 하였다. ≪한글≫이란 이름은 20세기 초부터 나타났는데 ≪한≫은 ≪一≫, ≪大≫의 뜻이라고 하였다.

필자는 세계의 여러 민족문자들이 대부분 오랜 세월에 걸쳐 누구 만든지를 모르고 있는 형편이지만 우리 글자는 만들어진 날과 만든 사람에 대

하여 똑똑한 기록을 가지고 있다고 하면서 우리 글자는 이씨조선왕조 제4
대 임금인 세종이 1443년에 창제하여 1446년에 세상에 공포하였는데 아
래와 같은 문헌에서 똑똑히 보여준다고 하였다.

　　是月上親制諺文二十八字.(《세종실록》권 102, 25년 12월)
　　癸亥冬我殿下創制正音二十八字(《훈민정음》 해례본서문, 28년 9월 상한)

후시대에 어떤 사람들은 세종의 명령으로 8학자가 만들었다고 하기도
한다고 지적하였다.

　　世宗設諺文廳命申高靈成三問等製諺文(성현, 1439~1504, 용재총화)
　　我世宗大王命詞臣依蒙古字樣質問黃瓚制(류희, 1773~1837)

보다시피 세종친제설이든 세종명제설이든 그리고 신하협찬설이든 할
것 없이 한결같이 우리 글자는 세종이 직접 참여하여 창제하였고 새롭게
만들어진 글자라는 것을 지적하고 있다고 하였다.

필자는 신대문자설에 대해서도 기술하였는바 신대(神代)문자설이란 일찍
일본에서 자기들의 고대문자가 발견되었다고 하면서 그것인즉 신대문자
라고 주장한 것을 말한다고 하면서 아래와 같이 서술하였다.

지금으로부터 3백여 년 전에 일본의 신도가(神道家)와 국학자들이 자국
의 고대에 글자가 없었던 것을 수치로 여겨 이른바 신대문자라는 것을 만
들어냈는데 그들은 조선 언문과 비슷하게 글자를 위조해놓고 그것이 조
선에 전해져서 정음자의 원형이 되었다고 퍼뜨리었다. 그 신대문자라는
것들 중에서 아히루신자(阿比留神字)를 예를 들어보았다.

원래 ≪일본서기≫에 "天武帝十一年(638년)三月, 命境部蓮石積等, 更肇碑造新字一 部四十四"이란 기록이 있고 ≪신대구결≫(1367년)이란 책에 "神代文字象形也…聖德太子以漢字附日本字後, 百有余年而成此書焉"이란 기록이 있는데 16세기 이래 일본의 일부 학자들은 이 책들에서 말하는 문자가 바로 일본고대의 고유문자라고 주장하면서 신대문자설을 끌어내기 시작하였다고 하였다. 이런 추정에 발맞추어 위의 학자들이 도표에 보이는 것과 같은 글자들을 돌에 새겨 유물이라고 위조했던 것이라고 지적하였다.

19세기 이래 신대문자론자와 그 반대론자의 사이에 격렬한 논쟁이 있었다고 하면서 결과적으로 이 조작설은 19세기 일본학자 방노부토모(伴信友), 20세기 초의 가나자와쇼오사브로우(金澤庄三郎) 그리고 오루라신뻬이(小倉進平)를 대표로 하는 학자들에 의하여 신대문자 부인론자들이 승리하게 되고 위조한 학설은 까밝혀지게 되었다고 하였다. 이렇게 일본의 신대문자라 우리 글자를 고의로 개작한 것일 뿐 일본고대문자가 아니며 일본으로부터 훈민정음원형이 수용된 것은 더욱 아니라고 하면서 신대문자설은 그 후 시기 일제의 조선강점에 동반한 문화침략선전물이 되었다고 하였다.

필자는 가림토설에 대해서도 아래와 같이 구술하였다. 본세기초인 1911

년 계연수(桂延壽)라는 사람이 묘향산 단굴암에서 공개되지 못하고 민가에 비장되어있던 ≪삼성기≫, ≪단군세기≫, ≪북부여기≫, ≪태백일사≫ 등을 편찬하고 합본하여 서명한 ≪한단고기(桓檀古記)≫라고 하였다. 이것이 1949년 이유립(李裕立)의 위촉으로 오형기라는 사람이 한단고기를 필사하였는데 이로부터 세상에 전해지게 되었다고 하였다.

≪환단고기≫ 중의 한 책인 ≪단군세기≫의 삼세단군 가륵조에는 다음과 같은 기록이 있다.

庚子二年, 時俗尙不一, 方言相殊, 雖有象形表意之眞書, 十家之邑語多不通, 百里之國字難相解, 於是命三郎乙普勒, 撰正音三十八字, 是爲加臨土.

이것은 경자 2년 3세단군인 가륵이 을보륵에게 명하여 만들었다는 가림토글자는 ≪단군세기≫에 다음과 같이 소개되었다고 한다.

이상의 ≪기록≫에 근거하여 훈민정음창제설을 부인하고 가림토정음창제설을 주장하는 사람들이 나타났다고 하였다. 다시 말하여 세종창제설을 부인하고 가륵찬제설을 주장하는 일부 사람들이 최근에도 나타나고 있다고 하였다. 이 부류의 사람들은 가림토가 몽골 어느 동굴과 만주의 경박호암벽에 새겨있다고 하며 연길박물관자료에 고증이 있다고 한다.(≪인쇄계≫ 96년 10월 5일 97쪽)

필자는 가림토가 우리가 사는 이곳에 있다고 하지만 우리는 아직 모르고 있고 한국의 학계에서도 대부분 부정하는 태도를 보인다고 하였다.

필자는 가림토는 훈민정음과 너무도 비슷하지만 이것은 단국시기의 문자로 보기 어렵다고 하였다. 1911년에 저술되었다는 ≪환단고기≫역시 오래된 고서가 아니며 믿을만한 문헌적 근거도 충분치 않다고 하였다. 몽골의 동굴이나 만주의 경박호, 연변의 박물관에 있다고 하지만 그 탁본이나 사진은 세상에 존재하지를 않는다고 하였다.

세계문자사 상 4~5천 년 전에 회화문자나 상형문자도 아닌 음소문자, 그것도 고도로 짜인 체계의 자모문자가 나타나기 어렵다고 하면서 창제되어 지금까지만도 정음자체(字體)는 변하여왔는데 가림토는 반만년동안 아무런 변형도 없이 점과 선획이 그토록 15세기의 정음자와 일치되는 것은 의심스러운 일이라고 하였다.

가림토는 글자의 꼴과 수를 보아도 수천 년 전의 고대문자일 수 없으며 따라서 정음의 모문자(母文字)로 될 수도 없다고 하였다.

전문가들의 연구에 의하면 가림토는 이조시기 중국어학습을 위해 화음 (和音)을 표기하던 정음변형글자체계와 일치한 것은 다수이라고 하였다. 그런 책 중의 하나인 1906년에 나온 권정선의 ≪음경≫의 변형극자와 글자꼴, 변형방법이 일치하다고 하면서 이에 비추어보면 계연수는 그것들을 옮겨놓았을 가능성이 십분 강하다고 하였다.

필자는 마지막 부분 반복되는 역사에서 우리가 오늘 새삼스럽게 신대문자요, 가림토요 하는 이설들을 다시 돌이켜보는 것은 그리 무의미한 일이 아니라고 하면서 아래와 같이 기술하였다.

"일본인가운데는 지금까지도 한글은 일본의 신대문자가 조선에 전한 것이라는 한글의 신대문자기원설을 종종 들고 나오는 사람들이 있으며 이러한 그들의 주장이 호응을 얻지 못하자 최근에는 한글의 기원이 동북아 민족 간에 널리 퍼져있던 고대문자에 있다는 쪽으로 주장을 바꾸기도 하였다. 이것은 한글을 조선민족이 독자적으로 개발한 사실을 부정하려는 일부 일본인들의 끈질긴 노력이다."(≪한글≫224호, 1994년)

이와 같이 정음글자는 단군시대에 만들어졌다고 하면서 한글의 기원을 이루는 동북아고대문자설이 자주 논의되고 있다고 하였다.

필자는 동북아 고대문자에 대하여는 연구할 가치가 있으며 어디까지나 역사유물론에 입각하고 과학적 방법을 이용하여 발굴해야 한다고 지적하면서 아래와 같이 기술하였다.

우리가 보건대 동북아에 고대문자가 없었을 수도 있으며 한자의 시초형태든, 그 어떤 문자이전의 형태든 있었을 것은 의심할 수 없다. 이런 의미에서 역사기록에 가담가담 나오는 단군시기부터 고조선에서 쓰이었다는 신지(神志)글자에 대하여도 계속 범위를 넓혀 연구할 필요가 있다. 그러나 동북아 고대문자가 곧 가림토라거나 혹은 신대문자와 관련된다거나 하면서 단언해버려서는 안될 일이다. 그렇게 주장하는 이들이 없는 것도 아니라고 하였다. 필자는 그런 이들은 다음과 같이 말한다고 하였다. "고조선시초의 신지글자가 이러저러한 과정을 거쳐 가림토글자에 이르고 그것이 고조선말기, <삼한> 초기에 훈민정음의 옛체(비인체)로 발전하였으며 또 다시 부단한 변천, 발전과정을 밟아 훈민정음(지금체)으로 계승, 완성되었다는 것을 거의 의심할 바 없이 보여주고 있다."(≪조선출판문화사≫, 1995년)

"여기서는 옛날체의 글자라는 것은 곧 <가림토> 글자를 가리키는 것이고 그것이 다름 아닌 <비인서(肥人書)>이며 도 <아바루글자>이며 이른바 <신대글자>라는 것을 잘 말해준다."(≪단군과 고조선에 관한 연구논문집≫, 1994년)

필자는 마지막으로 보는 바와 같이 신지글자, 가림토, 신대문자(아비루글자, 비인서)를 마구 한 꼬쟁이에 산적처럼 꿰는 데는 아직 미흡한 점이 너무 많다. 그 어떤 새로운 유물이나 유적, 또는 문헌들을 내놓지 않고는 답습하기 어려운 결론들이라고 강조하였다.

2.1.2.5.2. 허동진(1990.1), <≪훈민정음≫ 창제 문제>, ≪중국조선어문≫

필자는 논문에서 문헌기록에는 ≪훈민정음해례본≫편찬에 당시 저명한 학자들인 정린지, 최항, 박팽년, 신숙주, 성삼문, 강희안, 이개, 이선로 등이 참가하였다고 명확히 말하고 있으나 이들 여덟 학자가 정음자 창제에 직접 참여하였는가 하는데 대해서는 말하여 주지 않았기에 정음자 28자의 창제는 세종이 홀로 하였는가 아니면 여덟 학자도 협력하여 편찬하였는가 하는 문제를 둘러싸고 지금까지 일치한 견해를 보이지 못하고 있다고 지적하면서 아래와 같이 기술하였다.

적지 않은 사람들은 ≪훈민정음≫(예의편)은 세종이 친히 창제한 것이 아니라 여덟 학자들의 협력편찬으로 이루어졌다고 보고 있고 일부학자들은 ≪훈민정음≫(예의편)은 세종이 친히 창제한 것이며 여덟 학자는 직접적인 참가자가 아니라고 한다.

첫째 견해를 가진 사람들 가운데는 두 가지 이유를 들고 있는데 한류의 사람들은 일부 문헌기록을 근거로 삼고 있으며 다른 한류의 사람들은 "인민, 오직 인민만이 역사를 창조하는 동력이다."라는 견해에 서서 지배계급의 최고통치자가 어찌 인민에 이롭고 그들의 편의를 도모하는 역사의 동력이 될 수 있는 사업을 할 수 있겠는가 그러므로 당시의 여러 학자들의 참예 하에 ≪훈민정음≫과 같은 훌륭한 사업을 할 수 있었다고 보고 있다. 지금에 와서 역사사실을 부인하는 이 마지막 견해는 더 운운할 필요는 없는 것이다. 그러나 구경 ≪훈민정음≫ 창제에는 여러 사람들이 참여하였는가? 하는 것을 역사의 사실 그대로 밝히는 것은 매우 필요하다고 보아진다.

역대의 문헌기록에 의하면 ≪훈민정음≫(예의편)의 창제자는 세종이다. ≪훈민정음≫ 어제 서문에는 "…내가 이를 불쌍히 여기여 새로 28자를 만드나니 사람들로 하여금 쉽게 익혀 나날이 쓰기에 편이케 하고자 함이다."라고 말하였다. 훈민정음창제의 그 실행을 반대하여 나온 최만리의 상소문을 반박하여[19] 세종은 "너희들이 음으로 합자하는 것은 옛 것을 반대하는 것이라고 하나 설총의 이두도 그런 음이 아닌가? 황차 이두를 제작한 본의가 백성을 편케 함이라면 이것도 백성을 편케 함은 같다. 언문 역시 백성을 편케 함인데 너희들이 설총만 옳게 여기고 군상의 일은 그르다고 여기니 어찌된 일이냐?"라고 하였다.

《훈민정음해례본》의 정린지 서에서는 "우리 신하께서 정음 28자를 창제하사 대략 예와 의를 올려보시고 이름을 지어 《훈민정음》이라 하시니…"라고 하였다.

《세종실록》권 102 세종 25년 12월 조에는 "이달에 전하께서 친히 언문 28자를 만드시니 글자는 고형을 본뗫고 초중종성으로 나누었는데 합한 연후에 글자를 이룬다. 무릇 글자로서 본국의 말을 모두 가히 쓸 수 있다. 글자는 간단하나 변환이 무궁하다. 훈민정음이라 한다."라고 씌어있다.

강희맹의 문충공(신숙주를 가리킴)행장[20]에는 "우리나라 음운과 한어가 비록 다르나… 각국이 모두 나라 음과 글이 있어 제나라 말을 적는데 유독 우리나라만 글이 없어 임금께서 언문 28자를 만드시니…"라고 씌여있다.

리파의 문충공비명과 묘지[21]에도 "여러 나라가 모두 글자를 만들어 나라말을 표기하는데 유독 우리나라만 없어 세종께서 친히 자모 28자를 만들었는데 언문이라 한다…"고 씌어있다.

필자는 이상의 문헌기록을 보면 세종은 "내가…새로 28자를 만드니…"하고 또 "군상의 일을 그르다고 여기니…"라고 하여 정음자는 자기가 만들었고 자기의 일이라고 하였으며 다음으로 신하들은 "우리 전하께서 정

---

19) 세종실록 권103 세종 26년 2월 2일
20) 姜希孟의 文忠公(申淑舟)行狀은 保閑齋集, 11부록 행장에서.
21) 李坡卷의 文忠公碑銘과 墓志

음자 28자를 창제하사…", "이달에 전하께서 친히 언문28자를 만드시니"
등과 같이 언문자모 28자는 세종이 만들었다고 말하였다고 하였다. 그 다
음 훈민정음창제를 반대한 최만리일파도 세종이 언문 28자를 창제하였다
고 한데 대해서는 아무런 이의도 없었다. 세종이 "내가…새로 28자를 만
드니…"라고 했지만 최만리는 훈민정음의 창제를 반대하면서도 "언문의
창제는 지극히 신묘하여 창물운지(創物運智)가 멀리 천고에 나오나…"고 하
면서 정음창제의 이치를 오히려 매우 높게 평가하면서도 그것이 세종의
창제가 아니라면 이들은 그 어떤 반대의 구실이라도 잡으려고 하였을 것
이다. 그러지 않았다는 것은 정음창제가 세종이 친히 한 일이라는 것을
간접적으로 실증해준다고 하였다.

그다음 ≪해례본≫의 편찬에 참가한 정린지, 강희안, 신숙주들도 모두
자기들이 직접 참가하였다는 말을 하지 않고 이구동성으로 "전하의 친제"
라 하고 있다. 정린지는 ≪훈민정음≫서에서 "…그 연원과 정미한 뜻이
가지는 오묘한 이치 같은 것은 저희들이 도저히 다 발휘할 수 없는 바이
다."고 정음창제의 원리를 극구 찬양하고 있다. 만약 여덟 학자들이 직접
≪예의편≫의 창제에 참가하였다면 자기 한 일은 저절로 이렇게 하면 반
대파들에게 좋은 구실을 만들어줄 수 있기 때문이다.

필자는 그러면 정음자는 세종이 혼자서 만들었겠는가 하는 물음을 제
기하고 아래와 같이 기술하였다. ≪세종실록≫권 103 26년 2월 조에는 최
항, 박팽년, 신숙주, 이선로, 이개, 강희안 등에 명하여 언문으로 문서를
번역하라고 한 기록이 있다. 정음자는 세종 25년 12월에 만들었다고 하였
는데 26년 2월에 이런 학자들에게 운회번역을 시켰다는 것은 무엇을 말
해주는가? 이 학자들은 그처럼 짧은 시간 내에 언문을 능숙하게 쓸 수 있
는 지식을 습득할 수 있었겠는가? 이것은 의문이 되지 않을 수 없다. 기실
이런 학자들은 정음자를 창제하였다고 반포한 그전부터 벌써 정음의 원
리와 사용법칙을 장악하고 있었다는 것을 말해준다. 이들이 능히 왕의 명

을 받을 수 있는 언문지식을 소유하게 된 것은 단시일의 학습에 의해서가
아니라 벌써 일찍부터 정음자와 접촉하면서 쌓은 것이라고 하였다.

필자는 또한 세종 25년 12월에 "이달에 임금이 친히 언문 28자를 만들
었는데…"라고 한 것은 정음자의 창제가 끝났음을 알리는 시간이다. 정음
자를 만드는 과정에 긴 시간이 들었겠지만 초보적으로 다 만든 후 그것의
타당성, 시용의 가능성 등을 재검토한 과정에도 퍽 긴 시간이 걸렸을 것
이라고 하였다. 거듭되는 시험과정이 끝난 뒤에야 정음자의 창제를 공포
했을 것이다. 그런데 만드는 과정도 그러했겠거니와 특히 시험하는 과정
에는 세종 홀로는 할 수 없는 일이니 자연 여러 학자 혹은 기타 사람들과
상의하거나 의견을 청취하는 등의 길을 걷지 않을 수 없었을 것이며 따라
서 여러 학자들은 직접적으로 정음창제에 참가하지 않았다 하더라도 정
음자와의 접촉이 가능했을 뿐 아니라 밀접하여졌을 것이라고 하였다.

세종은 중년에 건강상태가 좋지 않았는데 특히 눈병으로 청주의 초정
약수터에 가서 치료한 적이 있었다고 하면서 이때에 국사를 가지고 갔
다[22]고 지적하였다. 때는 세종 26년 2월이니 정음자가 다 만들어진 뒤의
일이고 여기서 세종은 정음자를 다 만든 뒤에도 계속 그것을 재검토하고
있었다는 것을 알 수 있다. 초정온천에 갈 때 성삼문, 이개, 신숙주, 최항
등이 편복을 하고서 임금의 가마 앞에서 여러 가지 물음에 대답함을 영예
로 삼았다[23] 하였다. 이것은 상술한 학자들이 이때에 벌써 세종의 사업에
접촉하고 있었겠다는 것을 말하여준다고 하였다. 이런 과정에서 여러 학
자들은 훈민정음을 습득하고 사용할 수 있는 기초를 닦았으리라 보인다
고 하였다. 때문에 정음이 창제된 지 불과 2년 남짓한 사이에 거질의 운
회번역의 과업을 맡을 수 있는 정도에 이르게 되었다고 하였다. 그러나
이것은 그들이 정음 28자를 함께 협력, 편찬하였다는 것과는 다르다고 지

---

22) 세종실록 권103 26년 2월 20일조
23) 연여실기술 성삼문항과 장등지(단종의 등에 대한 사적을 기록한 책)에서

적하였다.

필자는 여러 학자들은 이미 만들어진 문자의 사용가능의 여부를 시험하는 과정에 참여한 것이었겠다는 짐작된다고 하면서 정린지, 최항, 박팽년, 신숙주, 성삼문, 강희안, 이개, 이선로 등은 이미 창제된 새 문자에 대하여 이론의 체계를 세우고 그 원리를 밝히며 그 용법을 상세히 규정하여 쓸 수 있게 하는 사업에 직접적으로 참가하였다는 기록은 있어도 정음자 창제에 직적 참가하였다는 기록은 없다고 하였다.

≪해례본≫의 서에서 정린지는 이렇게 명하였다. "…드디어 명사시와 자세히 해석을 붙여서 모든 사람들을 깨우치게 하시니 이에 신기…무리도 더불어 삼가 모든 해석과 용례를 지어서 그 대강의 줄거리를 서술하였으니…그 연원과 정미한 뜻이 가지는 오묘한 이치 같은 것은 저희들이 도저히 다 발휘할 수 없는 바이다."고 하여 자기들은 명을 받고 "해석과 용례를 지어서 서술하였다"고 하면서도 글자창제에 참가하였다고는 하지 않았다. 오히려 "그 정미한 뜻이 가지는 오묘한 이치는 저희들이 도저히 발휘할 수 없는바"이라고 하였다고 하였다. 이처럼 이미 만들어진 정음자에 대하여 객관적인 평가를 하는 것으로써 그들은 정음자창제에 직접 참가하지 않았음을 밝혀주었다.

다음 ≪태허정집≫에 수록된 강희안의 묘지[24]에도 다음과 같이 썼다고 하였다. "세종께서 언문을 창제하시고 금중(禁中)에 개국하시여 친히 각 유생 8원을 간택하시고 훈민정음과 동국정운 등의 책을 만드는 일을 관장하셨다."여기에서는 명확히 언문을 창제하시고 8원을 간택하시여 훈민정음과 동국정운 등을 편찬하게 하였다고 하였는데 여기서 말하는 ≪훈민정음≫은 ≪훈민정음해례본≫이라고 하였다.

임원준의 ≪보한재집(保閑齋集)≫ 서에서도 우와 같은 내용이 씌어있는

---

24) 太虛亭集, 姜希顔의 墓志

데 이상의 기록들은 ≪훈민정음≫(예의편)은 세종이 친히 창제한 것이고
명유 여덟 학자들은 거기에 직접 참가하지는 않았고 정음자가 창제된 뒤
그 시용여부를 시험하는 과정에서부터 참예하였으며 그들은 ≪훈민정음
해례본≫의 편찬사업에는 직접 참가하였다는 것을 보여준다고 하였다.

그런데 여덟 학자들이 세종의 ≪훈민정음≫ 창제에 직접 참예하였다
고 보는 일부 사람들의 견해도 일정한 문헌적 기록에 근거한 것이라고
하였다.

성종시의 성헌의 저 ≪용재총화(慵齋叢話)≫에는 "세종이 언문청을 설치
하고 신고령, 성삼문 등에 명하여 언문초종성 8자, 초성8자, 중성12자를
만들었다. 그 자체는 범자에 의거하였는데 본국과 여러 나라 어음을 문자
로써 기록하여 막힘이 없었다."고 기록되어 있다고 하였다. 여기서 정음자
28자는 성삼문 등이 언문청에서 명을 받고 만든 것으로 되어있는데 이로
부터 학자들은 명유 8원이 정음자창제에 참가하였다고 보고 있다고 하였
다. 그러나 성헌의 말은 ≪훈민정음≫ 예의 편과 해례본을 구별하지 못하
고 있다는 사실에 주의하지 하지 못하였다고 말하였다.

문헌자료에 의하면 세종이 집현전과는 별개로 금중에 ≪언문청≫이란
전담기관을 설치했는데 그 시일은 세종 28년 11월로 되었으니 정음창제
후에 설치되었다고 하였다. 따라서 성헌이 언문청을 설치하고 언문을 만
들었다고 한 것은 해례본을 저술한 것을 정음자창제와 혼동하고 있다는
것이 분명하고 이밖에도 정음자창제에 여덟 학자들이 협력, 편찬했다는
이유들을 들고 있으나 모두 근거가 명확하지 못하다고 하였다.

2.1.2.5.3. 리홍매(1997. 11), <훈민정음 친제설과 비친제설>, ≪중국조선어문≫

필자는 훈민정음이 반포된 지 550여 년이 되는 때 세종대왕의 업적을
높이 찬양하면서 훈민정음에 관한 다방면의 연구를 심도 있게 펼쳐왔지

만 막상 훈민정음은 누가 만들었는가에 대한 문제에 와서는 서로 반대되는 두 가지 견해가 치열하게 맞서고 있다고 지적하였다. 즉 친제설과 비친제설로 나뉘고 있고 또한 비친제설은 또 세종대왕의 명령으로 창제되었다는 명제설과 세종이 여러 학자들의 협조 하에 만들었다는 협찬설 두 개로 갈라진다고 하면서 친제설과 비친제설파의 견해에 대해 소개하겠다고 하면서 아래와 같이 기술하였다.

① 친제설

필자는 친제설은 훈민정음을 세종대왕이 친히 만들었다는 주장이며 여기서는 주로 세종대왕의 학문을 중심으로 견해를 피력하고 있다고 하였다. 세종대왕은 어려서부터 학문을 좋아하였고 경학과 사학에 큰 관심을 가졌으며 일정한 학문적 깊이에 도달하였고 이에 관해서는 신숙주가 말한 바 있다고 하였다.

> "우리 세종장헌대왕께서는 운학에 마음을 두시고 깊이 연구하시어 훈민 정음약간자를 창제하시니 …"

그리고 최만리 등이 정음을 반대하여 상소했을 때 세종은 "내가 운서를 바로잡지 않는다면 누가 바로잡을 것이냐… 평민으로 말하면 지금의 언문도 또한 평민을 위한 것이 아니냐. 그대들이 설총만 옳게 여기고 그대들의 군상(君上)이 한 일은 옳지 않다고 하는 것은 무슨 까닭이냐… 또 그대들이 운서를 아느냐, 사성과 칠음을 알며 자모는 몇이나 있는지 아느냐. 만일에 내가 운서를 바로잡지 않는다면 누가 바로잡을 것이냐…"고 말하였는데 여기에서 음운학연구에 대한 세종대왕의 자신감을 엿볼 수 있다. 때문에 그는 대담히 착상으로 완전한 음소문자를 만들려는 발상을 할 수 있었고 전통적인 운서의 틀—성모와 운모의 2문법에서 벗어나 초성, 중성,

종성의 음절 3분법으로 비약했던 것이라고 하였다. 특히 ≪훈민정음해례≫
의 ≪종성해≫를 보면 세종의 맞춤법이론은 국어의 형태음소론을 연구한
학자만이 생각해낼 수 있는 고도로 이론화된 맞춤법이라고 하였다.

> "그러므로 <ㆁ ㄴ ㅁ ㅇ ㄹ ㅿ>의 여섯자는 평상거성의 종성이 되고 그
> 나머지는 모두 입성의 종성이 되나 ≪ㄱ ㆁ ㄷ ㄴ ㅂ ㅁ ㅅ ㄹ≫의 여덟자
> 만으로 쓰기에 족하다. 예컨대 梨花가 <빗곶>이 되고 狐皮가 <엿의 갗>이
> 되지만 <ㅅ>자로 통용할 수 있는 까닭에 오직 <ㅅ>자로 쓰는 것과 같다."

필자는 여기에는 종성에 'ㅈ ㅿ ㅊ' 등을 쓰는 맞춤법과 'ㅅ'만을 쓰는
맞춤법 두 가지가 제시되어있다. 그런데 ≪용비어천가≫와 ≪월인천강지
곡≫을 불 때 세종대왕의 맞춤법주장은 전자가 아니겠느냐는 생각이 든
다. 왜냐 하면 세종24년(1442)부터 세종29년(1447)까지 시종 세종의 관심을
모았던 ≪용비어천가≫가 전자와 같은 맞춤법을 쓰고 있으니 말이다. 당
시 그 누가 왕의 명을 어겨 맞춤법을 사사로이 택하려 했겠는가. 또 ≪월
인천강지곡≫ 상권을 보면 'ㅿ ㅈ ㅊ'과 'ㅌ'은 'ㅅ'와 'ㄷ'에 획을 더하
는 등 글자를 지워 고친 흔적이 뚜렷하다. 이는 세종대왕이 원고대로 찍
지 않은 것을 후에 발견하고 노하여 수정하게 명령을 내린 것임에 틀림없
다고 하였다.

필자는 ≪월인석보≫(세조5년 1459)에 포함된 ≪월인천강지곡≫이 교정
을 충실히 따르고 있는 것은 상술한 문제에 대한 보충설명이 된다고 하였
다. 단행본 ≪월인천강지곡≫과 ≪월인석보≫본 ≪월인천강지곡≫을 대
비해보면 단행본의 176장이 ≪월인석보≫본에는 177장으로, 178장이 179
장으로, 194장이 195장으로 되어있고. 이는 ≪월인천강지곡≫ 교정 시에
1장이 추가된 결과로 보인다고 하였다.

이외에도 ≪월인천강지곡≫에 'ㄴ ㄹ ㅁ ㅿ'로 끝난 명사와 경우와 'ㄴ
ㅁ'로 끝난 동사어간의 경우에 이들과 조사 또는 어미를 분리하여 표기하

고 있는 것을 모아 생각해보면 음절합자법을 이용한 이런 문법단위의 구별표기는 당시 세종의 독특한 맞춤법을 잘 알려주고 있지만 백성들이 배우는데 더욱 편리를 도모하자는 신하들의 주장에 끝내는 후자와 같은 맞춤법을 쓰는데 수긍하고만 것으로 생각된다고 하였다.

한마디로 세종대왕의 이런 심오한 학문적 수양은 훈민정음을 창제할 능력을 갖추고 있음을 암시하고 있는 것이라고 하였다.

필자는 또 ≪세종실록≫(권 103. 26년 2월)을 보면 그 누가 세종을 도왔다든지 세종이 그 누구에게 명령하여 글자를 만들었다든지 하는 기록을 찾아볼 수 없다고 하면서 아래와 같이 기술하고 있다.

세종이 집현전의 학자들에게 명령하여 일을 돕게 한 것은 ≪운회≫의 번역이 처음일 따름이다. 다시 말하면 정음창제는 반포되기 전까지 그 누구도 모르고 있었다. 즉 아주 비밀적인 행동이었던 것이다. 하여 집현전의 일부 학자들이 정음과 관련을 맺자 다른 학자들이 상소를 올렸던 것이다. 상소문의 한 단락을 보면 다음과 같다.

> "臣들이 엎드려 뵈옵건대 언문제작은 대단히 신묘하와 창물운지 (創物運智)가 천고에 나오나… 만약 언문을 부득이 창제하셔야 될 일이라 해도 이는 풍속을 바꾸는 일이라 마땅히 재상으로부터 백료(百僚)에 이르기까지 상의하여야 하고 국인이 모두 옳다고 해도 오히려 미리 생각하고 거듭 생각하여 역대 제왕에게 질문하여도 어그러지지 않고…" (최만리 일파의 상소문 세종실록 권103 26년 2월)

그리고 정린지의 ≪훈민정음≫서문의 일부를 보아도 세종대왕의 친제를 찬양하고 있다. "계해년 겨울에 우리 전하께서 정음 28자를 창제하시고 간략하게 예의를 들어보이시고 이름하여 훈민정음이라 하셨다… 우리 전하께서는 하늘이 내신 성인으로 제도시위(制度施爲)가 백왕을 초월하시어 정음을 지으심도 조술한바 없이 자연에서 이루신 것이라 참으로 지극한 이치가 있지 아니한 곳이 없으니 …"

이처럼 창제당시의 문헌들을 두루 살펴보아도 모두 세종대왕의 ≪친제≫를 말하고 있다. 그리고 "내 이를 위하여 불쌍히 여겨 새로 28자를 만드노니 …"라는 세종대왕자신이 ≪훈민정음≫ 어제서(御製序)에서 한 말에서도 천제를 실감할 수 있다고 하였다.

필자는 마감에 친제설파들은 세종대왕이 정음창제의 반포를 전후하여 여러 번 요양지에 갔다고 말하고 있는데 이것은 세종대왕이 역사의 전환점으로 되는 문자창제라는 위대한 과업을 혼자서 떠멨기 때문이라는 해석이 된다고 하였다.

② 비친제설

필자는 비친제설은 훈민정음은 결코 세종대왕의 손에서 고고성을 올린 것이 아니라 그 이전에 우리 민족의 고유문자로 존재해있었던 기존문자가 불사조처럼 재생했다는 것이라고 하였다. 즉 인류사회에는 기존의 기초를 떠난 그 무슨 엉뚱한 발명이란 있을 수 없다는 것이다. 친제설파에 대항하여 비친제설파들은 주로 세 개 방면-즉 신지글자, 가림다문, 그리고 주요 공헌자 신숙주에 대해 쓰고 있다고 하면서 아래와 같이 기술하였다.

훈민정음창제 이전에 쓰인 글자에 대해 언급한 문헌들을 보면 ≪삼성기≫에서는 "단군 때에 신전이 있었다."고 하였고 백의 ≪태백일사≫에서는 "단군 때에 신지전서가 있었는데 그것은 태백산과 흑룡강, 청구(조선), 구려 등의 지역들에서 널리 썼다."고 하였다. 또 평양법수 교다리에 옛비가 있었는데 그 글자는 우리글자(훈민정음)도 아니고 인도의 범자도, 중국의 전자도 아니며 혹 단군 때의 신지가 쓴 것이라 하는 ≪평양지≫의 기록도 있다.

추정에 의하면 신지글자는 소리글자, 소리마디 단위의 마디글자유형으

로서 전반 조선반도와 압록강, 두만강이북 등 넓은 지역에서 씌었다고
한다.

≪세종실록≫ 25년 12월조에는 "이달에 임금이 언문 28자를 만들었다.
그 글자는 옛 전자를 본땄다."고 하였고 정린지의 ≪훈민정음≫(해례)서문
에서도 "글자는 옛전자를 본땄다."고 쓰고 있다. 최만리의 상소문을 보아
도 "글자들이 비록 옛전문을 모방하고 글자를 합쳐서 소리를 내나 모두
다 옛 것과 반대이다."라고 쓰고 있는데 이러저러한 기록들을 보면 여기
에서의 전자는 곧바로 훈민정음의 전신이 아니겠는가. 그런데 한때 그토
록 활발하게 씌었다는 우리 문자가 왜 한동안 즘즘했을가? 정인보은 이렇
게 말한다고 하였다.

> "…다만 고초의 문자–단군고조선이래의 문화를 실어가지고 내려오는 일
> 면, 내려오면서 수익없는 전쟁에 시달려 문자의 발전이 자연히 지후함을 면
> 치 못하게 되자 한족의 문자 점점 융성하여 방취하는 손이 어찌할 수 없이
> 그리 향하게 되매 뒤에 미쳐서는 한자로 고문대책(高文大册)에 사용하기까
> 지도 마침내 주저하지 아니하였으니 지금까지 전하는 고구려 광개토대왕의
> 비가 그 하나이다"(정인보 ≪조선사연구≫ 하권 전고갑3. 예문전. 안호상.
> 민족정혼 쪽31).

한 가지 더욱 신통한 점은 전자로 된 천부경(천제환국의 구전지서)의 ≪일
석삼극≫의 원리가 훈민정음의 ≪제자해≫의 설과 일치한 것이다. 천부
경연구에 일생을 바친 일암 선생의 ≪단군철학석의≫가 이것을 증명해주
고 있다.

> "…환문(한글)의 의지(義旨)를 세구(細究)하면 먼저 ●○의 실(實)하고 허
> (虛)한 2개의 환을 만들었으니 곧 성경 (천부경)의 ≪일시무시≫(一始無始)에
> 실이 먼저이오, 허가 후임의 의(義)이오, ●중의 종횡 두 가지 원리를 배출
> 하여 (ㅣ)(一)의 가름이 되니 곧 성경의 ≪일석삼극≫(一析三極)의 의(義)오.

一가 ㅣ에 입(入)하여 ㅐ(ㅕ ㅑ)가 되고 ㅣ가 一에 입(入)하여 ㅒ(ㅛ ㅠ)가 되어서 종과 횡이 교적(交積)하니 곧 성경의 ≪일적십거≫(一積十鉅)에 ≪무궤화삼≫(無匱化三)의 의(義)요 ㅐ(ㅕ ㅑ)가 ㅒ(ㅛ ㅠ)로 더불어 합하여 삼(三)을 생(生)하여 운(運)함의 묘한 리라. 그 구조가 정밀하고 심원하여 의리가 극진함이 성경으로 더불어 문합(吻合)하니 그 일수(一手)(단군)에서 같이 나왔음이 의심이 없나니라. 고로 함부로 성문(한글)으로써 성경의 도를 지으니 오는 자는 상세히 할지어다…"

이로부터 일암 선생은 천부경의 전비문을 도해해보면 곧 한글이라는 결론을 내리였다고 하였다.

필자는 다음 정음창제의 중요한 표본이 되었다고 말할 수 있는, 소위 신지글자로부터 훈민정음에 이르는 그 중간단계인 가림다문에 대한 기록에 대해 소개하였다.

단군 제3세 가륵 2년에 삼랑(三郎)을 보륵에게 명하여 정음 38자를 지었다는 ≪태백일사≫의 한 구절이 있는데 훈민정음 28자가 거의 다 원형대로 가림다문 38자속에 들어있는 것이 참 놀랍다. 고려 광총 때까지도 가림다문이 산재하고 있음을 말한 ≪태백일사≫며 ≪한단고기≫의 ≪단군세기≫에는 가림다문의 자형이 그대로 실려 있다.

≪단군세기≫는 행촌 이암이 1363년에 완성한 것이다. 행촌은 이명, 범장과 같이 천보산 태소암에 머물다가 그곳에 저장되어있던 발해의 비장서를 많이 얻었는데 이는 고구려의 문적들이었다고 한다. 그런데 한자로 표기되어있었으므로 행촌은 ≪단군세기≫를 서술하면서 가림다의 38자 전문을 여기에 예시해놓았던 것이다. 훈민정음 반포 77년 후에 내각의 비밀상서를 탐독하고 나서 지은 이백의 ≪태백일사≫가 ≪단군세기≫를 많이 인용한 것을 보면 그때까지 ≪단군세기≫가 그냥 보존되어있었음을 증명한다.

이외 신숙주는 훈민정음 창제 때에 중요한 한몫을 막은 사람이라 말해

두고 싶다고 말하고 나서 아래와 같이 기술하였다. 신숙주는 어릴 때부터
책읽기를 열심하였고 우리의 고유문자가 분명히 있었다는 사실이 적힌
문헌인 전기의 책들을 거두어들이라는 수서령(收書令)을 내릴 때의 행정권
의 실력자였는데 장서각에 박혀 고금서를 모조리 읽었다니 그때까지 보
존되어있던 ≪단군세기≫가 신숙주의 눈을 벗어날 리가 없는 것이다. 그
는 또 훈민정음반포 1년 전에 일본에 서장관으로 갔다가 올 때 대마도에
들렸고 창제 시에 명나라로 황찬을 찾으러 13번이나 요동을 왕래한 것이
모든 것은 제자에 필요한 정도의 지식을 갖추고 있음이 틀림없다.

필자는 일본의 옛책인 행지의 ≪훈석언문해≫에서는 훈민정음에 대하
여 이렇게 적고 있다고 하였다.

"옛날체와 지금체의 두 가지가 있었다. 옛날체는 삼한초에 만들어 전하
는 것이고 지금체는 이조 세종 때에 옛날체의 글자를 고쳐 만든 것이다…"

또 "언문은 고려조로부터 있었던 것을 빌어썼다.", "언문은 모두 고자(古
字)에 근본하였으며 신자가 아니다"라는 세종실록 26년 2월의 기록을 봐
도 정음의 원형은 세종임금 때 비로소 창제된 것이 아님을 다시 한 번 느
낄 수 있지 않은가?

필자는 이상과 같이 훈민정음 친제설과 비친제설을 간단히 살펴보고
현재 더욱 심입된 연구가 진행되기 전에는 아직도 여차여차하기 힘들다
고 하면서 더욱 많은 학자들의 고심한 연구가 기다려지고 있을 뿐이라고
하였다.

2.1.2.6. 훈민정음 글자체계와 글자변화 연구

≪훈민정음≫이 1443년 12월에 창제된 후 지금까지 반세기 동안의 역

사적발전 과정을 거쳐왔다. 세상의 모든 사물이 변화, 발전의 역사적 과정을 거치기 마련이고 우리글도 이 과정에 "글자의 체계와 글자의 수, 글자의 순서, 글자의 이름 그리고 글자의 모양" 등이 적지 않은 변화를 가져왔다. 이러한 사실을 확인하고 학문적으로 고찰하는 것은 우리글 문자의 역사, 그리고 더 나가서는 세계문자사를 고찰하는데 아주 유조한 연구일 것이다. 이 부분에서 "<훈민정음> 창제 이후 조선글자체계의 변화발전"과 "훈민정음 창제 이후 한글 글자 유형에 대한 고찰"을 통해 우리말 글자체계와 글자모양의 변화의 연구에 대해 찾아본다.

2.1.2.6.1. 김영옥(1989.3), <≪훈민정음≫ 창제 이후 조선글자체계의 변화발전>, ≪중국조선어문≫

필자는 우리 민족의 문화발전에서 획기적인 의의를 가지는 ≪훈민정음≫은 1441년 1월에 창제[25]되어 이미 반세기가 흘러갔는데 이 반세기동안 우리글은 어떤 변화를 거쳐 오늘에 이르렀는가, 우리글의 자모수, 자모배열순서, 자모의 이름, 받침수는 어떤 변화를 가져왔는가 하는 의문을 제기하면서 글을 시작하였다.

우선 ≪훈민정음≫ 창제 당시 자모와 자모수, 글자의 배열, 종성 등에 대해 설명하고 자모의 이름이 없음을 말하였다. 그리고 훈민정음창제부터 16세기말엽에 이루기까지 조선글자에는 일련의 변화가 일어났다고 하면서 아래와 같이 기술하였다.

15세기말엽~16세기 초에 연산군의 폭행으로 하여 우리글은 전멸의 비운에 빠졌다. 이 시기 우리글자는 다만 반절이란 이름으로 민간에 유행되어 전해내려 왔다. 이런 시기에 최세진은 1527년에 ≪훈몽자회≫를 짓고 그 범례에 우리 글자를 정리하여 우리 글자 교육과 보급에 크나큰 기여를 하였다.

---

25) 잘못된 인쇄(1441→1444)

≪훈민정음범례≫에서는 우리 글자를 정리하였는데 글자수는 자음 17
자, 모음 11자 도합 27자로 하였으며 배열 순서를 초성과 종성에 통용하
는 8자, 초성으로만 쓰는 8자, 중성으로만 쓰인 11자로 되었다. ≪훈민정
음≫에서의 글자체계를 보면 ≪훈민정음≫의 28자 중에서 'ㆆ'자가 당시
인민들의 언어생활에서 가지지 못하였다는 것을 보여주며 따라서 16세기
에 우리 글자에 27자로 변화되었다고 말할 수 있으며 또 그것이 ≪훈몽자
회≫에 반영된 것이라고 하였다. 글자의 배열을 보면 최세진은 음의 갈래
를 고려하면서도 교육적 효과를 염두에 두고 자음자는 초성과 중성에 두
루 쓰는 자를 먼저 배열하고 그 다음 초성에만 쓰는 자를 배열하였다고
하였다. 모음은 열린모음에서 닫힌모음으로 나가면서 먼저 홑모음을 배열
하고 겹모음 'ㅑ, ㅕ, ㅛ, ㅠ'는 각각 해당한 홑모음 뒤에 놓았다고 하였
다. ≪훈몽자회≫에서의 이와 같은 글자배열은 쉽게 배우고 쓰기 편리하
게 하려는 교육적 효과를 위한 것이라고 하였다. 최세진은 8종성을 적용
하여 받침수를 'ㄱ, ㄴ, ㄷ, ㄹ, ㅁ, ㅂ, ㅅ, ㅇ' 8자로 정하였다고 하였다.
다음으로 최세진은 글자의 이름을 처음으로 달아주었다고 하면서 자모의
이름에 대해 설명하였다고 하였다.

필자는 ≪반절본문≫에 와서 ≪훈민정음≫에서의 자모수와 배열 순서
에 비하여 변화가 생겼다고 하면서 아래와 같이 기술하였다. 자음자에서
'ㆁ'와 'ㅇ'를 합쳐 'ㅇ'로 하였고 'ㅿ'는 없어졌고 받침사이에는 딴이 'ㅣ'
가 더 첨가되었다. 딴이 'ㅣ'라는 것은 '개'는 '가'에 'ㅣ'가 더해져 된 것인
데 이 'ㅣ'가 바로 받침이라는 것이다. 자음배열은 현재와 같이 'ㅈ, ㅊ'를
'ㅋ' 앞에 놓았다고 하였다. 모음 11자는 ≪훈몽자회≫와 같다. 따라서 초
성과 중성이 합해 이루어진 '가, 갸, 거, 겨, 고, 교, 구, 규, 그, 기, ㄱ'부터
'하, 햐, 허, 혀, 호, 효, 후, 휴, 흐, 히, ㅎ'까지 14줄은 같은데 다만 ≪반절
본문≫에는 '과, 뤄…화훠'가 더 많을 뿐이다.

필자는 17세기후반기에 들어서면서 실학이 하나의 사상조류로 됨에 따

라 우리글에 대한 연구도 한층 더 심입되어 학문적인 연구에로 들어섰고 최석정, 박성운, 홍계희, 신경준, 황윤석, 유희 등 학자들은 각각 해당한 시기에 우리글자의 연구와 발전에 상당한 기여를 하였다고 지적하였다.

글자수와 그 배열순서

필자는 홍계희는 ≪삼운성휘≫(1751)에서 글자 수를 25자로 정하고 초성과 종성에 통용하는 것(ㄱ, ㄴ, ㄷ, ㄹ, ㅁ, ㅂ, ㅅ, ㅇ), 초성에만 쓰이는 것(ㅈ, ㅊ, ㅋ, ㅌ, ㅍ, ㅎ), 중성자(ㅏ, ㅗ, ㅑ, ㅛ, ㅓ, ㅜ, ㅕ, ㅠ, ㅡ, ㅣ, ·)을 배열하였는데 여기에서 자음자를 보면 홍성희[26]는 ㆁ와 ㆆ를 ㅇ 에 합하고 ㅿ 는 빼버려 초성 14자로 되었다고 하였다고 하면서 이는 지금의 자음에서 된소리를 빼버린 것과 같고 'ㅈ, ㅊ'는 'ㅇ' 뒤에 놓았고 'ㅋ'는 'ㅌ' 뒤에 놓았다[27]고 하였다.

박성원은 ≪화동정음통속고≫(1747)에서 전혀 새로운 글자 'ㆁ'를 설정하고 그것을 순음에 포함시켰다고 하였다. 그가 설정한 자음수와 배열순서를 보면 'ㄱ, ㅋ, ㆁ, ㄷ, ㅌ, ㄴ, ㄹ, ㅈ, ㅊ, ㅅ, ㅂ, ㅍ, ㅁ, ㆁ, ㅇ, ㅎ, ㅿ'이라고 하였다.

신경준도 ≪훈민정음도해≫(1750)에서는 자음 36자, 모음 32자로 하고 'ᆢ'('ㅣ'와 '·'의 합성자) 등의 자모를 새롭게 만들었다고 하였다.

류희의 ≪언문지≫(1824)에서 자음은 25자(지금 쓰는 자모 외에 'ㆁ, ㅸ, ㅹ, ㅿ, ㆅ, ㆆ'를 설정하였다)로 하고 모음은 15자(지금 쓰는 단일자모외에 '·, ㅘ, ㅑ, ㅝ, ㆌ'를 더하였다.)로 정하였다고 하였다.

받침수

최석정은 ≪경세훈민정음≫(1678)에서 우리글 받침수를 16개로 정하고

---

26) 잡지에 타자가 잘못됨(홍성희→홍계희)
27) 모순된 기술

홑받침 'ㆁ, ㄱ, ㄴ, ㄷ, ㄹ, ㅁ, ㅂ, ㅿ, ㅅ, ㅈ, ㅇ, ㆆ'와 둘받침 'ㄹㄱ, ㄹㅂ, ㄹㅅ, ㄹㆆ' 등을 쓸 것을 주장하였다고 하였고 류희의 ≪언문지≫ 에서 받침을 'ㄱ, ㄷ, ㅂ, ㅇ, ㄴ, ㅁ' 6자로 잡고 'ㅅ'를 받침인 것이 아니라 사이소리라고 하였다. 그리고 'ㆆ'를 받침으로 사용할 가능성도 제기 하였다고 지적하였다.

자모이름

석범은 ≪언음첩고≫(1846)에서 자모이름을 논하면서 ≪훈몽자회≫에서 초성과 종성에 쓰이는 'ㄱ, ㄷ, ㅅ'를 각각 '기역, 디귿, 시옷'이라고 한 것은 한자로 자모이름을 지었기 때문이라고 하면서 자모의 이름을 'ㄱ(기윽), ㄴ(니은), ㄷ(디은), ㅂ(비읍), ㅅ(시읏), ㅇ(이응)'과 같이 모두 'ㅡ'로 통일할 것을 주장하였다고 설명하였다.

필자는 이시기 우리글의 문자수는 대체로 자음 14자, 모음 11자로 고착 되었다고 하면서 받침수는 ≪훈몽자회≫의 8종성으로부터 'ㄷ'가 자연히 폐지되면서 'ㅅ'를 전용하여 실제에 있어서는 7종성으로 되었다고 자모이름은 여전히 ≪훈몽자회≫에서 지은 그대로 쓰이었다고 하였다.

19세기말~20세기 초에 와서 국문운동의 흥기와 함께 우리글에 대한 연구열이 높아졌고 또 연구성과도 많았다고 지적하면서 우리 글자에 대한 여러 학자들의 견해를 일일이 소개하지 않고 국문연구소에서 채택한 ≪국문연구의정안≫을 개략적으로 소개한다고 하면서 아래와 같이 기술 하였다.

이시기 국문의 정리와 통일은 절실한 문제로 되었다. 하여 1907년 7월 조선내각학부에 국문연구소가 설치되었는데 주시경, 이능화, 지석영, 권보상 등이 의원으로 임명되었다. 당시 이들 앞에는 다음과 같은 문제들이 시급히 해결하여야 할 과제로 제기되었다.

중성 '='(지석영의 ≪신정국문≫에서 새로 만든 것임)를 쓰고 'ㆍ'를 폐지하겠는가?

'ㅈ, ㅊ, ㅋ, ㅌ, ㅍ, ㅎ' 종성대도 통용하겠는가?

글자의 순서와 자모이름을 어떻게 정할 것인가?

된소리를 어떻게 표기하겠는가 등등이다.

이러한 문제를 가지고 1907년 9월 6일부터 2년 3개월 동안 토론이 거듭되었는데 1909년 12월 최종적으로 ≪국문연구의정안≫이 나왔다. ≪국문연구의정안≫에서는 '='를 쓰는 것을 부정하고 '·'자는 당시 'ㅏ'와 섞갈리고 있었으나 서사생활에서 빈번히 쓰이는 것을 고려하여 계속 쓰기로 하였다. 'ㅈ, ㅊ, ㅋ, ㅌ, ㅍ, ㅎ'를 받침으로 쓰기로 하였다. 다시 말하면 소유의 초성자를 종성으로 통용하기로 하였다. 된소리는 'ㄲ, ㄸ, ㅃ, ㅆ, ㅉ' 등의 쌍글 자모로 적기로 하였다. 자모의 이름은 그 당시 쓰인 자모만 들어서 다음과 같이 정하였다.

> ㅇ(이응), ㄱ(기윽), ㄴ(니은), ㄹ(리을), ㅁ(미음), ㅂ(비읍), ㅅ(시읏), ㅈ(지읒), ㅎ(히읓), ㅋ(키윽), ㅌ(티읕), ㅍ(피읖), ㅊ(치읓)
> ㅏ(아), ㅑ(야), ㅓ(어), ㅕ(여), ㅗ(오), ㅛ(요), ㅜ(우), ㅡ(으), ㅣ(이), ·(ᄋ)

그런데 이 문자통일안은 당시 내각에 제출되었으나 어느 하나도 실시되지 못한 채 파묻히고 말았다고 하였다.

필자는 이 시기 주시경은 국문운동의 선두에 서서 큰 역할을 하였고 많은 업적을 남기였는바 특히 주시경은 받침에서 재래의 8종성 외에 'ㅈ, ㅊ, ㅌ, ㅍ, ㅎ, ㄲ, ㄳ, ㄺ, ㅀ, ㅄ, ㄾ, ㄻ, ㄼ'를 더 쓸 것을 주장하였다고 하였는바 이와 같은 주장은 우리글이 표음주의철자법으로부터 형태주의 철자법으로 넘어가는 기초를 닦아놓았다고 지적하였다.

필자는 일본이 조선을 완전히 강점한 이후 애국적인 학자들은 일제의 조선어말살정책에 맞서 계속 조선어 연구 사업을 벌여왔다고 하면서 아래와 같이 기술하였다.

1933년에 와서 ≪조선어학회≫에서는 많은 학자들의 집체적인 토론을 거쳐 ≪한글맞춤법통일안≫을 세상에 내놓았다. 이는 우리글의 문자와 표기법을 통일하고 보급하는데 획기적인 의의를 가지는 사변으로 된다. ≪한글맞춤법통일안≫에서는 자모수, 자모배열순서, 자모이름, 받침수를 아래와 같이 정하였다.

자모수와 자모배열순서

자음: ㄱ ㄴ ㄷ ㄹ ㅁ ㅂ ㅅ ㅇ ㅈ ㅊ ㅋ ㅌ ㅍ ㅎ(14자)

모음: ㅏ ㅑ ㅓ ㅕ ㅗ ㅛ ㅜ ㅠ ㅡ ㅣ(10자)

이 같이 자모수를 24로 정하였는데 ≪훈민정음≫ 창제 당시의 28자 중에서 자음 'ㅇ, ㅿ, ㆆ'와 모음 'ㆍ'가 없어졌다. 위에서 열거한 자모 외에 그런 자모로는 적을 수 없는 이음을 적기 위하여 ≪한글맞춤법통일안≫에서는 당시에 자음 'ㄲ, ㄸ, ㅃ, ㅆ, ㅉ'와 모음 'ㅐ, ㅒ, ㅔ, ㅖ, ㅘ, ㅙ, ㅚ, ㅝ, ㅞ, ㅟ, ㅢ'를 들었다.

자모의 이름

자모이름은 ≪훈몽자회≫와 비교하여 보면 ≪훈몽자회≫에서 초성과 종성에 통용한다는 한자음 8자와 중성에만 쓰는 모음 11자의 이름은 변함이 없고 ≪훈몽자회≫에서 외자이름으로 지은 'ㅈ, ㅊ, ㅋ, ㅌ, ㅍ, ㅎ'는 각각 두자이름을 붙여 '지읒, 치읓, 키읔, 티읕, 피읖, 히읗'으로 정하였다. 그리고 단서에 든 'ㄲ, ㄸ, ㅃ, ㅆ, ㅉ'는 각각 '쌍기역, 쌍디귿, 쌍비읍, 쌍시옷, 쌍지읒'으로 이름 지었다. 보다시피 'ㄱ ㄷ ㅅ'의 이름은 ≪훈몽자회≫에서와 같이 '기역, 디귿, 시옷'으로 하여 일관성을 보장하는데 손상을 주고 있다고 하였다.

받침수

받침수는 'ㄱ ㄴ ㄷ ㄹ ㅁ ㅂ ㅅ ㅇ ㅈ ㅊ ㅋ ㅌ ㅍ ㅎ ㄲ ㄳ ㄵ ㄶ ㄺ ㄻ ㄿ ㅁㄱ ㅄ ㅆ'(25개)로 정하였다.

받침수에 대한 이러한 규정은 8종성에 대한 철저한 부정으로서 조선글자의 받침은 이때에 와서야 비교적 완정한 체계를 이루게 되었으며 또한 이때로부터 형태주의를 기본으로 하는 맞춤법이 실시되었으며 현행맞춤법의 기초가 이루어지게 되었다.

필자는 《8.15》 해방과 더불어 우리 글자는 각 방면에서 더욱 완정한 체계를 이루게 되었고 1954년 북조선에서는 《조선어철자법》을 발표하여 자모수, 배열순서, 자모이름, 받침수를 제정하였다고 하였다고 하면서 《조선어철자법》에서는 음운과 문자의 호상관계, 교육실천상의 문제 등을 고려하여 'ㄲ, ㄸ, ㅃ, ㅆ, ㅉ'와 'ㅐ, ㅒ, ㅔ, ㅖ, ㅚ, ㅟ, ㅢ, ㅘ, ㅝ, ㅙ, ㅞ'를 정식으로 독자적인 자모로 잡았기에 우리글자의 자음 19개, 모음 21자 도합 40자로 되었다고 하였다. 자모배열순서는 과학적이면서도 문자의 교육과 기억의 편리를 도모하여 《한글맞춤법통일안》의 배열순서와 같게 하면서도 새로 설정된 된소리자모는 순한소리 'ㄱ, ㄷ, ㅂ, ㅅ, ㅈ'의 순서에 따라 'ㄲ, ㄸ, ㅃ, ㅆ, ㅉ'의 순서로 'ㅎ' 뒤에 배열하였다. 모음자의 배열에서도 새로 설정된 모음은 'ㅏ, ㅑ, ㅓ, ㅕ, ㅗ, ㅛ, ㅜ, ㅠ, ㅡ, ㅣ'의 순서에 따라 'ㅣ'와 결합된 자모를 'ㅐ ㅒ, ㅔ, ㅖ, ㅚ, ㅟ, ㅢ'의 순서로 배열하고 그 다음 'ㅘ, ㅝ, ㅙ, ㅞ'로 배열하였다고 하였다. 받침수는 홑받침 16자, 겹받침 11자로 정하였는데 《한글맞춤법통일안》에서의 'ㅁㄱ'를 폐지하고 새로 《ㄺ. ㄻ, ㄿ》를 더 설정하였다고 하였다. 자모의 이름을 보면 《조선어철자법》에서는 몇 백년 동안 써왔던 《한글통일안》에서도 그대로 둔 'ㄱ ㄷ ㅅ'의 이름을 부정하여 '기윽, 디은, 시읏'으로 이름을 고쳐 체계성과 일관성을 보장하여주었다고 하였다. 그리고 'ㄲ, ㄸ, ㅃ, ㅆ, ㅉ'는 '쌍'자를 버리고 그 음의 특성에 따라 '된'자를 붙여 '된기윽, 된디읃, 된비읍, 된시읏, 된지읒'으로 이름을 달았다고 하였다. ≪조선어철자법≫에서는 자음을 '그 느 드 르 므 브 스 으 즈 츠 크 트 프 흐 ㄲ 뜨 쁘 쓰 쯔'로 부를 수 있다고 하였다.

필자는 지금 우리가 쓰고 있는 자모수, 자모배열순서, 자모이름, 받침수는 ≪조선어철자법≫에서 제정한 그대로라고 지적하였다. 마지막으로 해방 후 남조선은 우리와 일부 다른 것이 있는데 이에 대해서는 언급하지 않는다고 괄호 안에 묶어서 기술하였다.

2.1.2.6.2. 김광수(2008), <훈민정음 창제 이후 한글 글자 유형에 대한 고찰>, ≪조선-한국언어문학연구(6)≫ 민족출판사

필자는 언어는 가장 기본적인 정보전달의 도구이고 문자는 언어의 청각신호를 시각신호로 변화시킬 뿐 아니라 언어의 연장과 확대로서 언어의 공간, 시각적 제한성을 극복하고 먼 곳에 전달하며 미래에까지 남겨준다고 하였다. 문자가 있음으로 하여 인류는 서면적인 역사적 기록이 있게 되었고 더욱더 문명생활을 촉진할 수 있게 되었다고 하였다.

한민족은 자기의 문자가 있기 전에는 중국어문언문과의 접촉과정에서 한자를 직접 사용하다가, 한자에 익숙한 다음 한자의 음과 뜻을 빌어 우리말을 적는 "이두"와 "향찰" 및 한자를 간소화한 "구결자" 표기법을 사용하였고 세종대왕이 1443년 ≪훈민정음≫을 만들고 궁중에 "언문청"을 설치하고 한글을 가르치고 보급을 추진함으로써 알기 쉽고 간편하며 우리말을 적을 수 있을 뿐 아니라 세상의 모든 소리를 적을 수 있는 과학적인 문자가 세상에 널리 알려지게 되었다고 하였다.

훈민정음이 창제 이후 이미 550여 년 동안 인류의 문화유산으로 되어 자기의 문자로서의 기능을 남김없이 발휘하였는바 이러한 한글 글자 유형을 고찰하는 것은 한글의 과학성과 그 효용성을 이해하는데 아주 큰 도움이 되며 오늘의 훈민정음 글자가 어떻게 발전하여 오늘에 이르렀는가를 고찰하는 데도 큰 도움이 될 것이라고 하였다.

필자는 우선 훈민정음 28자를 기본으로 하여 우리말을 적은 글자라는 부분에서 훈민정음 28자에 대해 기술하고[28] 이것을 기본으로 우리말을 적은 글자들을 서술하였다.

고유어에 쓰인 글자를 예에서

1) ≪훈민정음해례(訓民正音解例)≫[용자례(用字例)]
"初聲 ㄱ 如 :감 爲柹 ·ᄀᆞᆯ 爲蘆 ㅋ 如 우·케 爲未舂稻 ᄏᆞᆼ 爲大豆 ㆁ 如 러·ᅌᅮᆯ 爲獺 서·ᅌᅦ 爲流澌 ㄷ 如 ·뒤 爲芽 ·담 ……

2) ≪용비어천가(龍飛御天歌)≫[제35장, 제36장]
셔ᄫᅳᆯ 그벼를 알ᄊᆡ ᄒᆞᄫᆞᅀᅡ 나ᅀᅡ가샤 모딘 도ᄌᆞᄀᆞᆯ 믈리시니이다
……

3) [關東別曲(관동별곡)]
이 술 가져다가 四海예 고로 ᄂᆞᆫ화
億萬蒼生을 다 취케 ᄆᆡᆼ근 후의
……

4) [沈靑專(심청전)]
"어늬더시 동방이 발가오니 심쳥이 제의 부친 진지나 망종 지여드리라 ᄒᆞ고 문을 열고 나셔더니 발셔 션인드리 사립박긔셔… …" 들을 들고 있다.

필자는 훈민정음 창제 이후 간접문자[29]가 확대되어 사용되었다고 하면서 훈민정음 창제 이후 특수한 간접문자로는 합용병서에 "ᄢ, ᄣ, ᄤ, ᄥ, ᄦ, ㅂㅅㅌ, ㅆ, ᄩ, ᄪ, ᄶ, ᄷ, ᄸ, ᄹ, ᄪ, ᄻ, ᄵ, ᅍ, ᅔ" 등을 예로 들었고 (ᄢ: 남향ᄢᅴ(1613東醫 1:15a), 년ᄢᅩᆫ즙과(1608胎産 58b)/ ᄣ: ᄣᅢ(1607痘瘡 上:6b), ᄣᅥ리

28) 이 부분은 다른 학자들의 연구 성과와 같으므로 략(略)
29) 간접문자(indirect graphy)는 표음문자에서 종종 발견되는 것인데 한문자가 자기 자신의 음가는 가지고 있되 어느 경우에는 자신의 음가를 실현시키지 못하고 단지 인접문자의 음가를 암시하여 주는 경우의 문자를 말한다.

고(1608胎產 75a)/ ㅵ: 이운 ᄢᅧ에(骨, 杜重 2:65a)/ ㅶ: 사롤 ᄣᅩ고(1612練兵 3a), 벼 사롤 ᄣᅩ고(1612練兵 3b)/ ㅷ: 或 ᄧᅵ거나 或 싀거나(1635焰焇方 3a), ᄧᅳᆷ 마시(1612焰焇方 12a)/ㅄㅌ: ᄡᅡ식 ᄣᅡ(1635焰焇方 8a) 표음문자, 자모문자로서의 훈민정음은 15세기부터 우리말을 기록하고 우리 문화를 전승하는 기능을 남김없이 발휘하였다고 말할 수 있다.

다음으로 한자음을 적기 위해 만든 여러 글자에 대해서도 기술하였다. 첫째로 동국정운 한자음을 적기 위한 글자인데 "搄(긍), 觥(굉), 肱(굉), 公(공), 江(강), 弓(궁), 京(경), 根(근), 昆(곤), 干(간), 君(군), 鞬(건), 簪(즘), 甘(감), 檢(검), 高(공), 鳩(굴), 紫(중), 傀(굉), 佳(갱), 媿(귕), 雞(곙), 孤(공), 歌(강), 拘(궁), 居(겅)"와 이밖에도 동국정음을 표기한 글자들 "考(쿻), 妃(핑), 達(탈), 象(쌍), 族(쪽), 焦(쥽), 彈(딴), 波(방), 阿(항), 勝(셩), 恩(흔), 萬(먼), 濁(똭), 某(뭉), 部(뽕), 西(셍), 每(밍), 開(캥), 階(갱), 括(괋), 尼(닝), 稻(돟), 鳩(궇), 卒(졿)" 등이 더 있다고 하였고 이들에 특성에 대해서도 상세히 기술하였다.

그 다음으로 중국 한어음(운서의 한자음, 번역로걸대, 정음과 속음)을 적은 글자들도 있다고 하면서 홍문정운역훈[30]에 쓰인 글자들 "邊(변), 飜(봔), 費(빙), 蒙(뭉), 敷(부), 無(무), 皮(삐), 分(뿐), 肥(삥), 租(주), 猜(채), 成(찡), 斯(스), 徐(쓔), 紖(찐), 沙(사), 侈(시), 受(씰), 善(쎤), 賾(씍), 高(갛), 東(둥), 聊(럏), 交(갛), 龍(룽), 吉(긴), 沒(묻), 窟(쿧), 照(잜), 精(증), 二(승), 厠(츠), 世(싱), 陌, 逆 (잉), 質(징), 藥(얗)"들에 대해서 그리고 한자교습서에 쓰인 글자[31]들 "安(한/안[32]), 熬(왕/와), 拔(빵/바), 百(빙/버), 抱(뺗/반), 財(쪠/채), 槽(짷/찬), 草(챃/찬), 纏(쪈/천), 晨(씬/친), 成(찡/칭), 遲(찚/치), 次(츠/츠), 達(땅/다), 得(딍/듸), 定(띵/딩), 讀(뚱/두), 兒(슨/

30) ≪홍무정운역훈(洪武正韻譯訓)≫(16권 8책)은 중국 명나라에서 규범적인 운서로 편찬한 ≪홍무정운≫을 한글로 역훈한 운서로서 1455년(단종 3년)에 간행되었는데 이 운서는 ≪홍무정운≫의 중국음을 정음으로 가능한 한 정확히 옮기려고 노력한 최고(最古)의 문헌으로 된다.

31) 리득춘(2000), ≪조선대음문헌표음수책≫흑룡강출판사, ≪번역로걸대(상)≫의 p1-30에서 선택

32) 왼쪽의 한글로 표시한 글자는 정음이고 오른쪽의 한글로 표시한 글자는 속음

슈), 發(밯/바), 繁(빤/반), 隔(궝/겨), 孩(햬/해), 行(헁/힝), 黑(흭/허), 後(髇/후), 畫(홱/화), 或(훽/훠), 及(낑/기), 急(깅/기), 敎(걍/과), 節(졍/져), 嚼(짭/죠), 盡(찐/진)"에 대해서도 상세히 정리하였다.

한자교습서의 중국음에 쓰인 글자들을 종합해보면 우선 초성에서 치두음과 정치음의 구별이 확연히 나타난다고 하면서 ≪훈민정음언해≫에 "中듕國귁 소리옛 니쏘리는 齒칭頭뚷와 正정齒칭왜 굴히요미 잇ᄂ니/ ㅈ ㅊ ㅉ ㅅ ㅆ 字ᄍ는 用·용於헝齒:칭頭뚷ᄒᆞ고/ 이 소리는 우리나랏 소리예셔 열ᄫᆞ니 혓 그티 웃닛머리예 다ᄂᆞ니라, ㅈ ㅊ ㅉ ㅅ ㅆ 字ᄍ는 齒칭頭뚷ㅅ소리예 쓰고/ ㅈ ㅊ ㅉ ㅅ ㅆ 字·ᄍ는 用·용於헝正·정齒:칭·ᄒᆞ·니/ 이 소리는 우리나랏 소리예셔 두터ᄫᆞ니 혓 그티 아랫 닛므유메 다ᄂᆞ니라 / ㅈ ㅊ ㅉ ㅅ ㅆ 字중는 正정齒칭ㅅ소리예 쓰ᄂ니/ 牙앙舌·썷脣쓘喉薑흫之징 字·ᄍ는 通통用·용於헝漢·한音흠·ᄒᆞ·ᄂ니·라/ 엄과 혀와 입시울와 목소리옛 字중는 中듕國귁 소리예 通통히 쓰ᄂ니라" 라는 기록이 이를 설명해준다고 하였다.

다음으로 종성사용에서 특징이 보이는바 미모 종성자 "ㅱ"의 쓰이고, 입성자의 표기로 목구멍소리 "ㆆ"의 쓰이며, 그리고 종성에 "△, ㅸ, ㄴ, ㅇ" 등이 나타나며 모음에서도 우리말에 없는 겹모음 "ퟏ, ퟛ, ퟜ" 등이 보인다고 하였다.

필자는 훈민정음은 만들어진 후 조선한자 교정음, 중국음표기에 쓰였을 뿐 아니라 조선어한자음 즉 통용음의 표기에도 활발히 쓰였다고 하였다. ≪훈몽자회≫는 한학자 최세진이 당시 통용되고 있던 한자교과서인 ≪천자문(千字文)≫과 ≪유합(類合)≫이 아동교육에 적합하지 않다고 생각하여 방법을 달리하여 현실사물과 밀접한 관계가 있는 3360자의 한자에 한글로 음과 훈을 달아놓은 것이라고 하면서 "峯(봉), 壑(학), 谷(곡), 岩(암), 峴(현), 峒(동), 丘(구), 土(토), 郊(교), 野(야), 沙(사), 石(셕), 島(도), 海(해), 淵(연), 川(천), 溪(계), 江(강), 波(파), 津(진), 灘(탄), 浦(보), 井(정), 泉(천), 派(패), 澤(퇴), 潢

(황), 泡(포), 路(로), 堤(데), 牐(잡), 關(관), 又(관), 塞(시), 境(경), 田(던), 場(댱), 苑
(원), 林(림), 畦(규), 畎(견)" 등을 예로 들었다.

필자는 또한 봉건시대에 조선에서는 외국어연구가 국가적 조치에 의하
여 오래전부터 정규화 되고 있었으며 그에 따라 외국어학습서와 사전도
수많이 편찬되어 이용되었었다면서 외국어인 만주어, 몽골어, 왜어 등의
발음을 적어 외국어 단어를 배우는데 사용한 ≪동문유해(同文類解)≫, ≪몽
어유해(蒙語類解)≫, ≪왜어유해(倭語類解)≫ 등의 어음들을 예를 들었다.

    ≪동문유해(同文類解)≫(上, 一):
    天道 압카, 天文 압캐 슈, 天變了 압카 어허러허
    日光 슌이 얼ㅇ 던, 日暈 슌 콰하라, 日蝕 슌졈비
    ≪몽어유해(蒙語類解)≫(上, 一):
    天道 텅거리, 天文 텅거리 연 숟타, 天變 텅거리 연후 빗할ㅇ
    日光 나란 ㅜ 거럴ㅇ, 日暈 나란 쿠레러버, 日蝕 나란 바리뮈

    ≪왜어유해(倭語類解)≫(下, 四):
    禾 아라이네, 穀 고꾸모쯔, 稻 모미 又云 이네, 米 고메,
    粳米 우루시ㅇ고메, 墅 노우사구ㅇ고야, 耳麳 야마무ㅇ기

    마지막으로 필자는 조선어학자들이 만들 글자들을 예로 들어 훈민정음
글자들의 유형을 아래와 같이 기술하였다.

    ≪화동정음통석운고≫는(1747년) 박성원이 조선한자음을 음운론적으로
고찰한 운서인 바 범례에 전에 없던 새로운 글자 ≪◇≫를 제정하였다.
박성원은 ≪◇≫자를 새로 만들기는 하였으나 그것에 대한 구체적인 설
명이 없고 다만 ≪ㅇ, ㅇ, ◇≫의 셋은 소리를 내는 것이 서로 비슷하여
따로 제정하지 않았다고 하였다. 그러나 ≪◇≫자에 대하여 그의 운서에
서 문(文), 문(吻), 문(問), 물(物), 미(尾)자의 중국음을 적는데 ≪◇≫자를 썼
다는 것과 또 ≪ㅇ, ㅇ, ◇≫의 세음은 소리 나는 데가 비슷하다는 설명

을 종합하여 보면 경순음을 인정한다는 것을 말하여준다.

≪훈민정음운해≫는(1759년)에서 신경준은 훈민정음을 음운학적으로 고찰하고 분석하면서 음양오행설을 받아들여 자기의 이론을 내놓았는바 그의 음운론적 이론은 높은 수준에 있다고 말할 수 있다. 신경준은 이 저서에서 5음의 차예를 궁(후음), 각(아음), 치(설음), 상(치음), 우(순음)으로 고치고 자모의 수는 36자모로 하였다. 여기에서 치(설음)을 설두음과 설상음으로 분류하고 설두음 ≪泥, 端, 透, 定≫은 ≪ㄴ, ㄷ, ㅌ, ㄸ≫의 가로획을 길게 하며 설상음은 ≪孃, 知, 徹, 澄≫세로획을 길게 하여 구별하게 하였다. 이것은 조선말 말소리에 설두음과 설상음이 실지로 쓰이고 있다는데 근거를 두고 있는바 ≪나, 너, 노, 누, 느≫의 ≪ㄴ≫은 설두음으로서 [n]에 해당하며 ≪ㄴ≫이 ≪ㅑ, ㅕ, ㅛ, ㅠ, ㅣ≫와 어울린 ≪냐, 녀, 뇨, 뉴, 니≫의 ≪ㄴ≫은 설상음으로서 구개음화된 [ɲ]에 해당한다고 할 수 있다.[33]

그리고 ≪훈민정음도해≫의 중성해에서 "‥"모음을 설정하고 이 음은 방언(우리나라 고유음이라는 뜻)에만 존재한다고 하여 "謂八曰 ᄋᆞ듧"이라고 하였고, 지석영은 표기법의 통일을 기하기 위하여 ≪신정국문≫을 제안하였는데 1905년 7월 19일 학부의 공식법령으로 공포되었다. 그 내용은 9개 항목에 걸쳐 5음의 명칭과 상형제자를 설명하고 중성 11자 중에서 "ㆍ"를 없애는 대신 "="를 새로 쓰자고 하였다.[34]

광복 이후 조선의 문법서인 ≪조선어문법≫(조선어문연구회 1949년)의 제1편 어음론의 제2장 어음과 문자에서는 두 가지 공동성과 차이성을 설명하고 나서 조선어의 자모체계에 'ㄹ(ㄹ변격-위가 김)', '己(르변격-세로 올라감)', 'ㅿ(ㄷ변격)', 'Y(변격-위가 둥글게)', 'ㆆ(ㅅ변격)'와 '1(반모음ㅣ)'의 여섯 개 자모를 더 만들었다.

총적으로 필자는 글에서 글자는 기호이지만 그저 단순한 기호인 것이

---

33) 김병제(1984), ≪조선어학사≫과학백과사전출판사 p134
34) 강신항(1998), ≪국어학사≫보성문화사, p186

아니라 언어적인 기호이며 언어적인 기호란 언어와 직접 관련되어 있고 언어를 시각적으로 나타내기 위하여 언어에 복무하는 기호라고 하였다.

훈민정음 자모는 창제된 후 28자를 기본으로 하고 여러 가지로 복합자를 만들어 우리말을 바르게 적을 수 있었고 또 이에 기초하여 한자음을 정확히 적은 여러 가지 글자들이 나타난다. 즉 동국정운 한자음 그리고 중국 한어음운서의 한자음, ≪번역로걸대≫와 같은 한어 교습서에 기록된 정음과 속음 등이라고 하였다. 조선어 한자음도 훈민정음으로 표시되었는 바 이는 이후 전통한자음 정립에 마멸할 수 없는 큰 공헌을 하였다고 하였다. 이밖에도 외국어인 만주어, 일본어, 몽골어 등 단어들의 발음을 정음자로 적어주어 외국어 어휘를 학습하는데 많은 도움을 주었고 우리 겨레의 언어학자들도 우리말의 음운을 연구하는 가운데서 여러 가지 글자들을 만들었다고 지적하였다.

2.1.2.7. 표기법 및 기타 연구

이 부분에서는 훈민정음이 창제된 후 가장 모범으로 되는 표기법의 실례로 되는 15세기 문헌 ≪월인천강지곡≫에 대한 분석과 15세기 정음문자로 규칙적으로 적은 15세기 계칭형태에 정리, 훈민정음 창제 후 침체기에 들어서게 된 원인 등을 최윤갑 교수, 염광호 교수, 허동진 교수의 연구를 찾아본다.

2.1.2.7.1. <초기조선표기법의 모범-≪월인천강지곡≫>(최윤갑)
조선언어문학논문집, 연변대학출판사, 1988

필자는 ≪월인천강지곡≫은 모두 상, 중, 하 삼권으로 되어 있는데 현재 상권 밖에 전해지고 있지 않고 ≪월인천강지곡≫의 장수는 확실치 않으나 대개 580장 안팎으로 추정된다고 하면서 아래와 같이 기술하였다.

≪월인천강지곡≫의 간행 년대는 확실하지 않다. ≪석보상절≫의 서문에 보면 ≪석보상절≫이 세종 29년(1447년) 7월 25일에 이루어진 것은 확실하며 간행은 그 후 인차 진행된 듯하다. 그런데 ≪월인천강지곡≫의 간행은 ≪석보상절≫의 간행보다 앞선 것으로 보아진다. ≪월인천강지곡≫은 ≪용비어천가≫보다 늦게 나왔지만 표기법으로 말하면 조선 문자 훈민정음이 나온 후 첫 시험 작으로 된 ≪용비어천가≫보다 더 정연하며 과학적이라고 하면서 ≪월인천강지곡≫은 초기조선어표기법의 모범이라 할 수 있다고 하였다.

필자는 ≪월인천강지곡≫의 표기법의 특성을 몇 가지로 개괄하였다.

우선 한자표기에서 조선글(훈민정음)을 주체로 하였다. 조선글자 훈민정음이 나온 후 첫 시험 작으로 된 ≪용비어천가≫에서는 조선글과 한자를 혼용하여 조선어를 표기하였다. 즉 한자어휘는 직접 한자로 표기하였다. 조선고유문자 훈민정음이 창제되었어도 오래 동안 한자사용의 전통을 완전히 버리지 못하고 조선글과 한자를 혼용하였다. ≪용비어천가≫와 ≪석보상절≫에서 한자를 혼용한 것은 같으나 ≪용비어천가≫에는 한자를 조선글 주음이 없으나 ≪석보상절≫에서는 작은 활자로 조선글 주음을 한 것이 다를뿐이다. 그러나 ≪월인천강지곡≫에서는 한자어표기에서 한자를 쓰기는 썼어도 조선글을 주체로 하고 작은 활자로 한자 주를 달아 놓았다고 하였다.

예: 셰世존尊ㅅ일 술ᄫᅩ리니 먼萬리里외外ㅅ일이시나 눈에 보는가 너기ᅀᆞᆸ쇼셔(1)

이렇게 당시에 조선글을 주체로 하였다는 것은 오늘날 표기법과 일치한 것으로서 당시 세종이 조선 문자 훈민정음과 그 사용에 대하여 얼마나 중시를 돌렸으며 그 지위를 높였는가 하는 것을 알 수 있고 조선글을 주

체로 하는 표기법은 벌써 세종 때부터 시작하였다는 것을 알 수 있다고
하였다.

≪월인천강지곡≫에서는 조선글을 주체로 하여 표기하였기에 한자음표
기에서 동국정운식한자음표기 즉 모음 아래에 'ㅇ'를 달아놓는 것을 폐지
하였다. 이는 조선글을 주체로 하였기에 고유조선어표기식으로 표기한 것
이라고 하였다.

다음으로 고유조선어표기에서 불완전하기는 하나 형태주의 철자법을
적용하였다고 하였다. 조선 문자는 자모문자이나 실지 말을 표기할 때에
는 음절을 단위로 묶어서 표기하였기에 표기에서 실제상 음절자로 되었
다. 이런 경우에 형태주의 철자법은 음절자와 형태부를 통일한 것이다.
"집이, 집을, 집에, 집도"로 할 때 실제발음은 "지비, 지블, 지베, 집도"로
되지만 음절자와 형태부를 통일시켜 '집'으로 표기하는 것을 말한다고 하
였다. ≪월인천강지곡≫의 철자법을 놓고 볼 때 이 면에서 자기의 고유한
특성을 가지고 있으면서 비교적 잘 형태주의 원칙을 준수하였고 초기 조
선어표기법의 모범으로 되기에 손색이 없기에 ≪월인천강지곡≫은 세종
이 철자법에서 관철하려는 형태주의 사상을 뚜렷이 엿볼 수 있는 작품이
라고 하였다.

≪월인천강지곡≫에 고유조선어표기는 첫째로, 명사에서 형태부의 말
음 'ㄴ, ㄹ, ㅁ, ㅿ'을 현재의 표기와 같이 아래 모음이 올 경우에는 그대
로 상철하여 표기하였다고 하였다.

먼萬리里외外ㅅ 일이시나 눈에 보논가 너기ᅀᆞᄫᆞ니(2)
몸앳 필 뫼와(4)
뻠梵지志 즁을 보샤(129)
천千구구지載쌍上ㅅ 말이시나(2)

용언에서도 형태부의 말음 'ㄴ, ㅁ'만은 모음 위에서 그대로 상철하였

다고 하였다.

> 그르세 담아(4)
> 목沐욕浴 곰아나니(156)
> 공供양養담ᄋ샤미(87)
> 허튀를 안아(240)
> 아버님이 안ᄋ시니이다(241)
> 고갤 안아 우르시니(57)

　그러나 체언에서 'ㄴ, ㄹ, ㅁ'받침과 용언에서 'ㄴ, ㅁ'받침 외의 기타 받침은 모두 하철하였다. 이 점에서 자기의 고유한 특성이 나타나면서도 형태주의 철자법으로 보면 일관성이 적었고 불완전하였다고 하였다.

> 체언에서:
> 지블 나아 가려터시니(45)
> 다숫 곶 두 고지(7)
> 그르세 담아(4)
> 용언에서:
> 아버님 자ᄇ샤(19)
> 감甘쟈蔗씨氏 니ᅀ샤몰 (5)
> 신信쎄誓 기프실쎄(8)

　《월인천강지곡》이나 《용비어천가》, 《석보상절》, 《월인석보》 등에서 체언 또는 용언에서 'ㄹ'받침을 모음 위에서 상철한 것이 있다고 하였다.
　때大꾸瞿땀曇이 일우시니이다(5)
　《월인천강지곡》에 둘째로 받침을 'ㄱ, ㄴ, ㄷ, ㄹ, ㅁ, ㅅ, ㅇ'뿐만 아니라 'ㅿ, ㅈ, ㅊ, ㅌ, ㅍ' 받침도 썼다는데 이것은 《용비어천가》에서 볼 수 있고 그후 문헌에서는 전혀 볼 수 없다고 하였다.

예:
ᄌᆞᇫ 업스실ᄊᆡ(26)
어느 ᄌᆞᇫ이시리(92)
다ᄉᆞᆺ 곶 두 고지(7)
곶비도 ᄂᆞ리니(81)
ᄒᆞᆫ낱 ᄡᆞᆯ을 좌샤(62)
ᄒᆞᆫ낱 터럭ᄡᅮ늘(92)
세낱 붚ᄡᅢᆫ ᄡᅳ게 여디니(40)
남기 높고도 불휘롤 바히면(99)

≪훈민정음≫ 해례본 종성해에는 "然ㄱ ㆁ ㄷ ㄴ ㅂ ㅁ ㅅ ㄹ 八字可足用也, 如빗곶爲梨花, 엿의 갗爲狐皮, 而ㅅ字加以通用, 故只用八字."라고 하였는바 이렇게 종성 'ㄱ, ㆁ, ㄷ, ㄴ, ㅂ, ㅁ, ㅅ, ㄹ' 여덟 자로써 가히 족하게 쓸수 있다고 하면서도 'ㅿ, ㅈ, ㅊ, ㅌ, ㅍ'의 받침을 쓴 것은 형태를 고정시키려는 형태주의 사상의 표현이라 하지 않을 수 없다고 하였다.

다음으로 둘받침에서도 원형을 밝혀 적었다고 하였는바 이런 표기법은 ≪월인천강지곡≫에서 밖에 볼 수 없다고 하였다. 그러나 둘 받침의 원형을 밝혀 적지 못한 것(앉다-앗다)이 적지 않다고 하였다.

예:
앒뒤헨 아ᄒᆡ 할미러니(70)
부텨 앒셔시니(256)
씹十방方세世개界 ᄇᆞᆰ고(54)
오늘 몯 ᄉᆞᆲ뇌(117)
뎨帝셕釋이 옮겨오니(105)
ᄉᆞᆲ고 애받븐ᄠᅳ디여(143)

둘받침 'ㄺ, ㄼ, ㄻ'은 현대와 같이 어느 한쪽이 발음되지 않은 것을 형태를 고정시키기 위하여 한 것이 아니라 실지발음이 'ㄺ, ㄼ, ㄻ'로 발음되었기에 발음대로 'ㄺ, ㄼ, ㄻ'로 표기한 것이라 하였다.

셋째로, 표기법이 아주 정연하였다고 하였다.

우선 삽입자모 'ㆆ'를 용언규정토 'ㄹ'의 아래에만 썼다. 이리하여 아래 형태부를 원형을 밝혀 적었다.

예:
ᄒᆞ오ᅀᅡ 가싫제(66)
갏길히 이볼씨(164)
나가싫가 저ᄒᆞ샤(46)

'ㄹ'이 아래 말과 어울리어 하나의 토로 전성되어버린 것은 'ㄹ' 아래 'ㆆ'를 쓰지 않고 발음대로 된소리를 표기하였다고 하였다.

예:
ᄒᆞᇙ兄님ᄋᆞᆯ 모ᄅᆞᆯᄊᆡ 발자최 바다(4)
쳬妻권眷 ᄃᆞ외여 셜ᄫᅮ미 이러ᄒᆞᇙᄊᆡ(143)

명사적결합에서 'ㄹ' 받침 아래에도 ≪용비어천가≫와는 달리 용언과 구별하여 모조리 'ㅅ'를 썼다고 하였다.

ᄒᆞᄂᆞᆳ 부피 절로 우니(80)
ᄒᆞᄂᆞᆳ 고지 드르니이다(14)

체언들의 결합에서는 삽입자모를 통일하여 'ㅅ' 썼는바 'ㅅ'가 한자어 아래에 쓰일 경우에는 중간에 따로 썼고 고유어 아래에 쓰인 경우에는 윗 단어의 받침으로 썼다고 하였다. 이것은 'ㅅ, ㅿ'와 'ㄱ, ㄷ, ㅂ, ㆆ'를 써서 법칙적인 것 같으면서도 혼란을 조성한 현상을 극복하고 삽입자모의 사용을 규범화하였다고 하였다.

셰世존尊ㅅ 일 술보리니(2)
먼萬리里외外ㅅ 일어시나(2)
나랏쳔 일버ᅀᅡ(6)
바릿 그르메(15)

필자는 ≪월인천강지곡≫의 표기법과 ≪용비어천가≫, ≪석보상절≫
들의 표기법을 대조하는 가운데서 ≪월인천강지곡≫의 표기법은 형태주
의 철자법의 시초이며 초기조선어표기법의 모범으로 되기에 손색이 없다
는 것을 알았다고 하였다. 그러나 이 표기법은 ≪월인천강지곡≫에서만
실시되었을 뿐 그 후에 실시되지 못했고 그러다가 이상하게 16세기후반
기부터 이러한 표기법이 재생하기 시작이었다고 하였다. 그러나 유감스럽
게 상철표기법은 재생되었으나 형태부의 원형을 밝혀 표기하는 형태주의
철자법은 그 후 영영 자취를 감추고 말았다고 하였다.

2.1.2.7.2. 염광호(1995), <15세기 계칭범주에 대하여>, 조선학연구논문집, 동북조선민족교육출판사

필자는 우선 송서룡(1962)의 "언어행위에 참가한 이야기하는 사람과 이
야기 듣는 사람과의 사이의 각종 등급적 관계 즉 년령, 사회적 지위, 친족
적등급 등등의 제 사회적 관계를 표현한다."는 계칭의 개념을 제기하였다.
그리고 ≪조선전사≫(7권)에서 10~12세기에 벌써 말차림이 있었는데 높
임, 기본말차림, 사이말차림이었다는 견해, 김영황(1987)의 말차림토 '이'에
의한 말차림범주를 설정하고 있는 견해, 홍기문(1966)의 태고대어에서는
존칭형이 바로 존칭이며 어계였을 것이고 간접대화의 'ᅀᆞᆸ', 'ᅀᆞᄫᅡ', 'ᅀᆞᄫᅩ'
가 출현하여 어계의 자리를 차지하자 존칭형은 드디어 존칭의 의미만 표
시하게 되었고 뒤미처 '이'가 발생함에 따라 'ᅀᆞᆸ', 'ᅀᆞᄫᅡ', 'ᅀᆞᄫᅩ'도 결국
존칭으로 되게 되었는데 더구나 거기에 변해져나온 '오'는 거의 'ㅗ, ㅜ'
로의 모음교체와 서로 혼동되기에까지 이르렀으며 이렇게 어계와 존칭의

관계가 복잡한 혼선을 이루어오는 중 '겨시'란 말로부터 '시'와 '샤'가 나오게 되었다는 견해, 염종률(1980)도 중세기의 계칭을 주장하면서 존대의 말차림은 맺웰토 '쇼셔', 'ㅂ새', '이다'를 가첨한 맺음형태와 관련되며 비존대의 말차림은 기타의 모든 맺음토와 관련되어있다고 하면서 객체존칭이 듣는 사람에 대한 존경으로 넘어간 것은 15세기에 일어났으나 결정적인 것은 17세기 이후(첩해신어)이라고 하였음을 기술하였다.

　15시기의 계칭을 인정하지 않는 견해는 최범훈(1985:128)은 "ㅇ는 모음충돌을 피하기 위하여 삽입된 調音素이지만 다음에 오는 어미와 결합하여 恭遜法을 이룬다"고 하면서 존칭법, 겸양법과 더불어 존대법의 하나로만 보고 있는 견해, 이기문(1972:162)도 경어법의 일종으로 보면서 "恭遜法語尾 '-이-'는 尊者에 대한 話者의 공손한 陳述을 표시하는 것이었다. 例, ㅎㄴ이다, ㅎ리이다, ㅎ니잇가, ㅎ리잇고 등 15세기 문헌에는 'ㅎㄴ닝다, ㅎ노닛가' 등이 보이는데 이들은 恭遜의 等級이 조금 낮은 것으로 생각된다. 이 等級의 差異는 命令文에서 보면 하나는 (ㅎ쇼셔)체에 해당되고 하나는 (ㅎ아쎠)체에 해당되는 것이다"라고 하는 견해가 있다고 하였다.

　상술한 견해들은 결국 하나는 어계를(계칭) 인정하는 것인데 이들은 이른바 청자존칭토 '이'도 종결토(종결어미)에 포함시키고 있다. 이리하여 '니이다, 리ㅇ다' 또는 '니잇가, 니잇고' 등 형태가 최고 계칭인 'ㅎ쇼셔'와 맞먹는다고 인정하는데 다르다면 대등계칭(어떤 학자는 반말계칭)이요 하대계칭이요 하는 구체분류의 차이를 보일뿐이라고 한 것이고 다른 하나는 '이'를 독자적인 형태소로 보면서 이른바 '공손법'을 설정하여 존칭법 '시', 겸양법 '습'과 더불어 존대법의 하나로 서술하는 것인데 '이'를 종결토(또는 종결어미)의 한 부분으로 보아서 '-잇가, -잇', '-이다'를 높임의 계칭으로 보는 것은 이론상에서 타당성이 적다는 견해인데 왜냐하면 15세기에 같은 존대법을 나타낸 '시', '습'은 분리적 형태로 보면서 종결토에 넣지 않고 또 종결토와 밀접한 결합관계에 있는 선행토들도 시-태, 감탄,

서법 등으로 인정하여 분리시켜보았음에 하필 '이'만은 꼭 종결토에 귀속시켜 보아야 하는가 하는 것이라고 하였다. 물론 '이'는 위치적토로서 대부분 종결술어에서 더구나 종결토 '-ㅅ가, -ㅅ고', '-다'와만 어울린 밀접한 결합특성이 있었지만 15세기까지는 아직 독립적인 존재로서 그것이 쓰이고 안쓰임에 따라 청자(상태)를 존경하는가 안하는가가 표현되었다. 그러므로 15세기에 '이'를 종결토와 분리된 독립한 청자존칭토라고 해야 더 합리한 것이라는 견해가 있다고 하였다. 그리고 이른바 'ㅎ쇼셔'와 'ㅎ야쎠', '반말체'문제에 대해서도 학자들의 주장을 분석하였다.

필자는 학자들의 견해를 종합하고 15세기 문헌에 대한 분석을 통하여 15세기의 ≪계칭≫에 대해 아래와 같이 지적하였다.

첫째, 15세기의 종결토에서의 계칭은 체계로 존재하지 못했다. 종결토에서 높임을 표시할 수 있는 것은 오직 명령토 '쇼셔'뿐이었고 이것도 이 토가 형성과정의 '높임'의 본의가 보존되었기 때문이다.

둘째, 서술에서나 의문에서 높임을 나타낼 때에는 오직 청자존칭토 'ㅇ'에 의해 표시되었다. 다시 말해서 15세기까지 '이'는 종결토와 비융합적 결합이었다.

셋째, 15세기의 '반말'체란 존재할 수 없었다. 우선 높임의 계칭이 없었으므로 거기에 대등의 반말이란 있을 수 없었으며 김수경, 김백련 (1961:199)이 말한 것처럼 반말이란 대화체가 말하는 사람이나 극히 친밀한 경우 혹은 대화자를 낮추보아 말할 경우에 씌었는가 하면 15세기에 '반말' 형태는 오히려 높임의 대상인 '쇼셔'를 쓴 상대자에게도 씌었다.

넷째, 15세기 조선어에서 청자를 높일 경우에는 청자존칭의 '이'를 첨가했고 종결토 '쇼셔'를 썼다. 청자를 높이지 않을 경우에는 '이'를 뺐고 '쇼셔'를 쓰지 않았다.

2.1.2.7.3. 허동진(1996. 5), <연산군의 언문지란에 대한 재인식>, ≪중국조선어문≫

필자는 글에서 종래의 설법, 언문금지령, 연산군의 언문, 침체의 원인, 죄악적인 후과 등 다섯 개 부분에 나누어 자신의 인식을 기술하였다.

종래의 설법에서 필자는 우리의 훌륭한 문자 훈민정음은 창제된 초기의 흥성기를 지나자 얼마 되지 않아 침체기에 들어섰는데 그 주되는 원인을 지난날에는 연산군의 언문금란 때문이라고 보고 그 책임을 연산군 개인에 들씌웠다고 하였다. 연산군이 자기 어머니 윤씨가 폐비(廢姬)되고 사사(賜死)당한데 대한 복수심으로 폭악, 무도한 짓을 하였는데 그것을 폭로한 익명신이 언문으로 씌어졌다는데서 언문금지령을 내렸다고 보았기 때문이고 언문금지령으로 하여 자유롭게 사용되던 훈민정음이 심산궁곡의 승려들이나 뒤고방에서 아녀자들이 쓰는 글로 되어버렸다고 하였다.

필자는 근래에 일부 학자들은 상술한 견해에 이의를 보이고 있는바 즉 연산군이 내린 언문금지령은 훈민정음연구를 침체상태에 빠지게 한 주요 원인이 못된다고 보면서 그 이유를 당시 사회적배경과 여러 조건에서 찾고 있다고 하면서 "언문금지령", "연산군의 언문", "침체의 원인", "죄악적인 후과" 등 내용으로 필자의 연산군의 언문금란에 대한 자신의 견해를 발표하였다.

이씨조선 제9대와 성종은 원래 후궁(왕의 첩)이었던 윤씨를 중궁(왕의 본처)으로 맞아들였는데 그에게서 연산군이 태어나자 대환영을 하였다고 한다. 그러나 시기질투가 강했던 윤씨는 성종8년에 "이소용과 정소용(왕의 부실들)이 장차 왕비와 원자(세자 되기 전 왕의 큰 아들)를 해치려고 한다"[35])는

---

35) ≪연여실기술≫권 6 윤씨폐사항

　　≪연여실기술≫(燃藜室記述)은 저자 리긍익(李肯翊)(연려실은 그의 호임)이 지은 것으로 리태조때부터 현종때까지의 역대의 중요한 사건(대개 정치적사건)을 가사체형식으로 쓰되 자기의 견해나 비평은 가하지 않고 여러 문헌에 쓰인 말을 출처를 밝혀가면서 인용하여 편찬한 거실의 역사기사책이다.

글을 써 투서함으로써 이, 정 두 숙의를 해치려는 사건을 일으켰다고 한다. 게다가 임금이 윤씨의 방에서 비상과 상자 속에 간수된 방법과 기술을 쓴 책(사람을 해치는)을 발견했다고 한다. 이러한 일로 하여 성종은 윤씨를 폐비시켜 집에 보냈다.36) 그 후에 성종은 윤씨가 허물을 고치고 중궁에 복위되기를 바랐으나 윤씨가 끝내 허물을 고치지 않으므로 마침내 사약을 내려 죽게 하였다고 했다.37)

연산군이 왕위에 오른 후 그의 외할머니가 이 일을 연산군에 알리고 윤씨가 죽을 때 남긴 피 묻은 수건을 드렸다고 한다. 연산군은 비로소 자기의 생모가 폐비 사사 된 일을 알게 되었다. 연산군 10년 3월에 인수대비(연산군의 할머니)가 중태로 눕게 되었을 때 연산군은 자기 생모를 위한 복수심으로 폐비 사사 사건에 관련된 자들을 조사처단하기 시작하였다고 한다. 이 때문에 신흥세력은 물론 선왕의 공신들까지도 화를 입게 되었고 무고한 신하들이 재난을 받게 되었다고 하였다. 게다가 연산군은 정사를 돌보지 않고 방탕한 생활에 빠져 향락만 누렸다고 한다. 이러한 연산군의 비행에 분노하여 어떤 사람이 언문으로 연산군의 비행을 적어 투서한 일이 발생하였다고38) 하는데 투서의 내용은 연산군의 살육, 호색, 방탕한 행위를 비방한 것이었다고 한다.

필자는 연산군은 익명서를 쓴 범인을 잡을 것을 명령하였고 이튿날 20일에 언문금지령을 내렸으며 익명서를 쓴 범인을 사출해내기 위하여 언문을 아는 사람과 갑자사화에서 처형당한 가족 및 그 자제들을 주요대상으로 하는 조사, 신문 사건까지 벌어졌다고 하는데 이것이 후세 사람들이 말한 ≪언문금란≫고 한다고 하였다.

---

36) ≪성종실록≫권 105 성종 10년 10월 6일조 ≪성종실록≫(아래에 나오는 ≪연산군일기≫, ≪중종실록≫ 등도 모두)은 조선사회과학원에서 편찬한 번역된 ≪이조실록≫의 분책임
37) ≪연여실기술≫권 11 윤씨폐사항
38) ≪연산군일기≫권 56 연산군 10년 7월 19일조

필자는 연산군은 그 본성이 원래부터 악랄하였던 것 같다고 하면서 ≪연려실기술≫에서의 이야기들을 아래와 같이 기술하였다.

연산군이 세자로 있을 때 학문에는 전연 마음을 두지 않았다. 그의 선생 조세지가 "학문에 힘쓰지 않으시면 신은 임금께 아뢰겠습니다."라고 엄하게 요구하였다 하여 그가 왕위에 오른 후 갑자사화 시에 먼저 조세지를 베여죽이고 자산을 몰수하였다고 하였다.

연산군이 성종의 후궁인 엄숙의와 정숙의를 안뜰에서 함부로 마구 때려죽이니 소혜왕후(연산군의 할머니)가 병들어 누웠다가 "이 사람들은 모두 부왕(성왕)의 후궁인데 어찌 이렇 수 있습니까."하니 연산군이 왕후의 몸을 머리로써 부딪쳤다고 하였다. 이런 잔폭한 성격이 윤씨의 폐비 사사사건과 자초지종 관계되었던 언문에 시종 연계되어있었다고 하였다.

윤씨의 폐비 사사사건과 언문은 시종 연계되어있었다고 필자는 지적하였다. 인수대비가 언문서로서 성종의 윤씨폐비를 지지함을 나타내었다.[39]

성종이 정승들을 모아놓고 윤비를 사사할 것을 결정지은 후 그것을 삼대비(성종의 할머니, 친어머니, 양어머니)에게 보내어 세대비의 언문으로 "기별을 듣고 깜짝 놀랐다. 그러나 의로써 결단한 것은 나라의 복이다"[40]라고 서한을 받아와 제상들께 돌려주었다.

연산군의 비행을 폭로한 익명서는 언문으로 씌어졌다고 하였다.

이처럼 언문은 윤씨의 폐비 사사사건과 시종 연계되어있었고 또 자기의 비행도 언문으로 폭로되어 연산군은 언문에 각별한 염오를 가진 것 같다고 하였다. 이런 것이 그의 잔폭한 성격에 반영되어 마침내는 언문금지령을 내리기에 이른 것이라고 지적하였다.

물론 그의 이런 돌발적인 명령과 일관된 시책가운데는 모순된 점도 없는 것은 아니라고 하였다. 우선 실록에 쓰인 그의 언문금지령에는 "… 언

---

39) ≪성종실록≫권 105 성종 10년 6월 5일조
40) 같은 책권 144 성종 13년 8월 10일조

문 구결책을 다 불사르되 한어를 번역한 언문책 따위는 금하지 말 것이다"고 하였다고 지적하였다. 그리고 언문사용을 금지하라고 하면서도 일부 자기 수요에 필요한 부분에서는 제약된 언문사용을 허용하였다고 하였다.

즉 ≪연산군일기≫에는 "병조정랑(조선조 5품벼슬)조계형에게 명령하여 언문으로 역서를 번역케 하였다."[41], "새로 뽑아온 홍청이나 운평들이 왕 앞에서 말할 때 간혹 존칭을 부쳐쓸 줄 모르므로 왕 앞에서 서야 할 언어들을 언문으로 번역하여 찍어서 여러 원에 나누어줄 것이다" 등[42]이라고 하였다.

필자는 연산군은 언문에 대하여 탄압적인 금지령을 내렸지만 부분적인 사용을 허용하였다고 하였는바 이런 금지와 사용의 모순된 시책이 언문 금지령의 후과에 대하여 의문을 갖고 여론이 일어나게끔 한 근거를 주게 된다고 하였다.

필자는 훈민정음 연구의 침체상태에 빠지게 된 근본원인을 다음과 같은 세 가지 측면에서 찾아보았다.

우선 훈민정음 연구가 침체상태에 빠져 장기간 저조기에 머물러 있게 한 것은 무엇보다 먼저 이씨조선조의 숭유정책 및 지배층의 숭한문 사상과 관계된다고 하였다.

이조는 초기부터 숭유정책을 썼으며 중국의 모든 것을 숭배하고 유교 개념이나 사대모화에 배치되는 일체를 용납하지 않았다. 한문은 중국에서 전래되었으며 유교를 전파한 주요수단이었고 따라서 유교와 불가분리의 관계에 있는 한문은 유교와 함께 숭상되어 한문만이 참글이라 보게 되었다고 하였다.

숭한문 사상은 오로지 한문만이 나라의 주요서사수단이라 보고 훈민정

---

41) ≪연산군일기≫권 56 연산군 10년 12월 10일조
42) 같은 책 연산군 12년 6월 1일조

음은 극도로 도외시하였다. 나라 대사에 관계되는 사건의 기사는 한문으로 되어야지 언문으로 되어서는 안된다고 보았다고 하였다. 성종실록에는 "두 대비께서 내리신 언문서를 승지에게 지령하여 한문을 번역케 하여 토의하게 하였다"[43]라고 기록되어 있는데 이는 고관들이 언문을 경시하여 몰랐거나 언문으로 쓴 것은 지배층의 토의에 의거할 문건으로 인정하지 않았다는 것을 말해준다.

다음으로 필자는 적절한 언어정책을 확고히 세우지 못했기에 훈민정음의 보급과 연구가 침체상태에 있었다고 하였다.

한문숭상의 언어정책을 바로잡아 훈민정음을 국가적공용문자의 지위에 올려놓는 정책을 확립하지 못했다. 세종은 훈민정음을 창제하고 그것을 보급시키기 위해 왕권으로 반대파들을 누르면서 일련의 조치를 취하였으나 훈민정음으로 한문을 대치하여 그것을 나라의 주되는 공용문자로 되게 하는 국책을 확립하지 못했으며 튼튼한 정책적 보장을 받는 기반을 닦아놓지 못했다고 보았다. 나라의 공용문자는 한문이므로 지배들에게 있어서 언문은 그들의 정사와 승급에 하등의 영향도 주지 않는, 있으나 없으나 관계없는 글로 되어있었다고 하였다. 이 때문에 훈민정음연구기관인 정음청과 같은 기관도 있으나 없으나 관계 찮는 천시의 대상으로 되어 지배층의 반대를 받아 마침내 국가적인 관심과 보장을 받지 못하는 기관으로 밀려나게 되었다고 하였고 세종이 돌아가자 단종 2년에 정음청은 혁파되어 책방으로 되어버렸다고 하였다.

7대왕 세조 2년에는 책방은 간경도감으로 탈바꿈하는데 간경도감은 그래도 언문으로 불경을 언해케 하는 언문사업기관으로 되어있었으나 그것마저 척불숭유정책에 배치되므로 세조가 서거하자 성종 2년에 유학자들의 반대와 압력으로 폐지되고 말았다고 하였다.

---

43) 《성종실록》권 271 성종 23년 11월 23일조

성종 대에는 언문연구기관으로서의 정음청이 내면적으로 다시 존속되어 있은 듯하여 많은 언해본이 출간되었지만 한시나 한문을 크게 장례하였음으로 정음연구기관은 완전히 유명무실한 것으로 되어버려 마침내 중종 원년 9월 3일에 언문청은 폐지되고 말았다고 하였다.[44] 훈민정음연구나 사업에 관계되는 기관이 폐지되니 훈민정음에 대한 국가적 차원에서의 관심과 관리가 더더욱 소외되었다고 하였다.

마지막으로 부단한 당쟁과 정권다툼은 훈민정음의 연구와 보급을 묵살하여버렸다고 하였다.

부단한 정권다툼은 정음연구에 조예 깊은 학자들을 정계에로 내몰았으며 학자들을 당쟁싸움에 말려들지 않을 수 없게 하였다. 정린지, 신숙주와 같은 훈민정음해례의 편찬골간들이 후에는 영의정이란 최고급관료가 되었고 정권다툼은 훈민정음연구대오를 흩어지게 하거나 희생되게 하였다고 하였다.

세조 2년의 단종복위 사건에 정음연구학자들이 휘말려 들어가 훈민정음해례본의 골간편찬자였던 성삼문, 이개, 박팽년 등이 사육신으로 되어 희생되었다. 이처럼 훈민정음해례본의 편찬에 참가하여 세종에 충실했던 학자 대오는 혹은 세조를 따라 고관으로 되고 혹은 그를 반대하여 사육신이 되었으니 원래의 도사(導師) 자들이 대립되고 분열되었다고 하였다.

연산군 4년 7월에는 무오사화가 일어나 신흥사립파(유교학파)와 훈구파(세조왕위찬탈의 공신들)의 싸움으로 번져 많은 학자들이 싸움 속에 휘말려 들어갔고 6년 후에 갑자사화가 일어나 일부 언문을 알거나 관계되는 자들도 죄인으로 몰려 살육당했기에 무시무시한 살육바람에 학문연구가 기대될 수 없었다고 하였다.

불과 몇 년 사이에 정권이 빈번히 갈라지고 그때마다 일어나는 숙청과

---

44) ≪중종실록≫권1 중종원년 9월 3일 ≪언문청을 폐지하였다≫

반숙청으로 또 사회의 빈번한 산생으로 학자들은 정권다툼에 말려들어 적아로 분열되었으니 안정된 환경에서 학문을 연구한다는 분위기가 조성될 수 없었다고 하고 하면서 실로 당쟁과 정권다툼은 훈민정음연구대오를 무너뜨려 훈민정음연구의 대를 끊게 하여 훈민정음을 침체상태에 빠져들어가게 한 또 하나의 비극적 근원이었다고 하였다.

필자는 언문금지령은 왕권으로 훈민정음에 공개적인 탄압을 가하여 훈민정음으로 하여금 더 급속히 침체상태에 빠져들어가도록 하는 데서 노골적이며 급진하는 계기로 되게 하였다고 하였다. 언문금지령은 순 숭유, 숭한문 사상으로 지배되어 내린 것이라고 볼 수 없겠지만 그것은 숭한문 사조에 뒤힘을 입어 왕권으로써 훈민정음을 반대하여온 지배층의 숭한문세력을 지지한 전환점이 되었었다고 하였다.

필자는 언문금지령은 침체기에 빠져들어가는 훈민정음에 치명적인 타격을 주었으며 단순히 익명서의 주모자를 잡기 위한 일시적 시령이 아니라고 하였다. 워낙 중한경언문사상이 있는데다가 언문이 윤씨의 사건과 관계되고 또 익명신도 언문으로 써 자기 죄악을 폭로하였음을 연산군은 언문에 대하여 염오를 느끼고 일종 배타적정서까지 생겼고 그것이 익면신으로 일시에 폭발되어 언문사용을 금하고 언문을 아예 폐지해버리려고 했던 것이라고 하였다. 그러므로 언문금지령은 단순히 죄인을 잡기 위한 림시적 조치가 아니라 영구성적 의미를 띤 지령이었다고 필자는 지적하였다. 금지령에는 "이후로는 언문을 … 쓰지 못하게 할 것이다"라고 한바와 같이 장래에도 쓰지 말 것을 강조하고 있다고 하였다. 실제로 그 후부터는 무릇 언문으로 쓴 것을 발견하면 모두 잡아다 조사하고 신문했던 것이라고 하였다.

연산군 11년 5월에 한 서리가 지나가던 사람을 수색하다가 언문으로 쓴 쪽지를 발견한 것을 상급에 보고한 기록이 있다. "…언문으로 쓴 죄의 법조문은 경하지 않은 것만큼 한곤이 도망칠까봐 걱정됩니다. 의금부에 지시하여 잡아다 신문하게 할 것입니다"45)

보다시피 언문으로 쓴 죄가 경하지 않다고 하였다.

연산군 12년 78월에

"뢰영원 홍청 둘이 밥그릇 속에 언문으로 쓴 편지를 몰래 넣어서 서로 내통하"46)다가 들키운 사건으로 처벌을 당해 홍청에게 장형 120대를 치게 하였다는 기록이 있는데 편지내용도 중시되었겠지만 언문으로 썼기 때문에 조사대상이 되었다고 하였다.

금지령은 임시적이 아니라 적어도 연산군 재위기간까지는 지속되었으니 영구적 성격을 부여하려 했음이 짐작된다고 하였다.

끝으로 필자는 언문금지령은 왕권과 국책으로 유신계층이며 지배계층인 관료들의 숭한문, 경언문 사상과 훈민정음을 배척하는 사조에 키질하였으며 공개적으로 지지하여 훈민정음 침체화를 표면화하고 가속화시키는 계기로 되게 하였다고 지적하였다. 언문금지령으로 하여 훈민정음은 한때 배우지도 쓰지도 못하게 되었으며 더구나 우리 민족의 보귀한 유산으로 될 많은 문헌과 자료가 재더미로 되게 하였다고 하였다. 이것은 훈민정음의 발전에 준 큰 타격이었으며 우리 민족 문화유산의 계승에 끼친 미봉할 수 없는 큰 손실을 가져다준 비참한 죄악이었기에 훈민정음이 침체상태에 빠진 모든 책임은 연산군 개인에게 전가시켜서는 안되겠지만 그가 내린 언문금지령이 훈민정음에 준 치명적인 타격으로 훈민정음 발전에 미친 악영향은 절대로 과소평가할 수 없고 연산군은 마땅히 역사의 질책을 받아야 한다고 명확히 지적하였다.

---

45) ≪중종실록≫권58 연산군 11년 5월 22일조
46) ≪중종실록≫권63 연산군 12년 월 28일조

2.2. 연구방향 모색을 위한 제언

중국에서 ≪훈민정음≫에 대한 연구의 가장 큰 성과는 1950년 초 연변 대학에서 교편을 잡은 오봉협 선생이 처음으로 ≪훈민정음≫에 대한 학술적 가치가 있는 장편 연구 논문 <한글하도기원설>이었을 뿐이다. 그러나 해방 후 특히는 1980년대부터 중국에서의 ≪훈민정음≫에 대한 연구가 급속히 부상하였는바 양적으로나 질적으로 보아도 전시기에 비해 많은 성과를 거두었다.

주요 연구성과는 우선 조선어발전역사를 가르치기 위한 대학교 교재에서의 나타났고, 다음으로 잡지나 논문집에 조선어발전역사에 관심이 있는 몇몇 학자와 지식인들이 자신의 연구성과를 단편학술논문의 형식으로 발표하였을 뿐이다. 총적으로 지금까지 중국에서의 ≪훈민정음≫에 대한 연구를 종합해보면 연구범위가 넓지 못하고 연구의 양도 많지 않으며 심도가 깊지 못하다고 개괄할 수 있다.

남과 북의 서로 다른 정치, 경제 및 문화의 차이로 ≪훈민정음≫에 대한 연구에서도 서로 다른 특성을 보이고 있다.

북은 조선어의 단일성을 깊이 있게 밝히어 우리 민족의 예로부터 하나
의 핏줄과 언어를 가진 단일민족이라는 것을 과학적으로 논증하는데 목
적을 두고 ≪훈민정음≫에 대한 연구와 같은 조선어역사 연구가 활발히
진행되었다.

광복 이후 ≪훈민정음역해≫(홍기문, 전몽수, 조선어문연구회, 1949), <우리
글자의 본질과 그 발전방향>(김종오, ≪조선어연구≫ 1권 7호, 1949), <훈민정
음의 음운조직>(전몽수, ≪조선어연구≫ 1권 1호, 1949), <정음자에 반영된 15
세기의 어음현상>(홍기문, ≪조선어문≫ 1957년 3호), <조선어자음체계에 대
한 역사어음론적연구시론>(김영황, ≪조선어문≫ 1959년 6호), <[·]에 대한
고대언어학자들의 견해>(류렬, ≪조선어학≫ 1961년 4호), <≪훈민정음≫ 창
제자들의 음운에 대한 견해>(한영순, 최정우, ≪조선어학≫ 1963년 4호), <≪훈
민정음≫의 음운이론>(김영황, ≪조선어학≫ 1965년 1호), ≪<훈민정음>에
대하여≫(렴종률, 김영황, 김일성종합대학출판사, 1982년), <≪훈민정음해례≫에
서 설정하고 있는 8종성과 음절끝자음의 내파음화>(렴종률, ≪김일성종합대
학학보≫, 1985년 4월), <훈민정음 [△]는 음운이 아니라 어음의 특수한 표
기>(렴종률, ≪조선어문≫ 1987년 1호), <훈민정음은 독창적인 글자이론에 기
초하여 만든 가장 과학적인 글자>(김인호, ≪조선어문≫ 1994년 1호), <≪훈
민정음해례≫에 반영된 훈민정음창제자들의 음운이론의 몇 가지 문제>
(렴종률, ≪언어학논문집≫ 11권, 과학, 백과사전출판사, 1994년), <초기의 정음표
기법과 [ㅸ], [△]의 음운성문제(1, 2)>(김영황, ≪김일성종합대학학보(사회과
학)≫ 1991년 4호), <[·]자의 음가와 그 설정의 근거(1,2)>(김영황, ≪김일성종
합대학학보(사회과학)≫ 1990년 4호, 6호) 등 학술적 가치가 높은 연구성과들이
적지 않게 나왔다.

남에서는 "훈민정음의 창제 배경과 동기 및 목적 그리고 창제자에 관한
연구, 훈민정음 사용과 보급 및 정책" 등 다양한 연구방면에서 서로 다른
학술적인 견해에 기초하여 많은 연구 성과를 거두었음도 긍정할 수 있다.

총적으로 필자는 남과 북의 ≪훈민정음≫에 대한 연구는 그 연구범위가 넓고 연구의 심도 역시 깊으며 연구도 량도 아주 많은 것으로 보아 연구사적으로 개괄하는 것이 아주 중요한 학술적 가치가 있는 사업이라고 본다. 이러한 상황에서 금후 중국에서의 ≪훈민정음≫에 대한 연구는 조선어의 본체론 연구에 모를 박고 보편적 연구 의의를 가지는 중국특색의 ≪훈민정음≫ 연구 모식을 구축하여 조선어문자 창제와 음운체계에 나타나는 모든 중요한 문제를 해결하여야 하는 한편 중국이라는 지역적 우세를 남김없이 발휘하여 한국, 조선, 중국, 일본, 러시아 등에서의 ≪훈민정음≫ 연구에서의 대비연구 및 국제화를 위한 ≪훈민정음≫ 연구의 문헌정보 자료기지를 건립하여야 한다고 생각한다.

이렇게 하자면 아래 몇 가지 방면에서 힘을 기울려야 한다.

첫째로, 중국에서의 ≪훈민정음≫의 연구는 선차적으로 우리말 역사에 대한 교육과 함께 훈민정음의 창제원리와 어음조직의 과학성에 대한 교육과 연구에 중시를 돌려야 한다. 이는 해외에 사는 우리 겨레의 민족적인 자부심을 높여주는데 아주 유조하다. 그리고 남북과의 적극적인 학술교류를 통하여 ≪훈민정음≫ 연구 성과를 객관적이고 공정한 시각에서 적극적으로 받아들이고 주로 문자창제원리, 어음형태와 어음구성과 체계에 대한 연구를 적극적으로 진행하여 중국특색의 조선어 연구 성과를 거두어야 한다. ≪훈민정음≫ 연구와 함께 모어로서의 조선어교육에 이용하는 방법론을 진일보 탐구하여 교육내용과 과정체계개혁을 가강하며 중국조선어의 건강한 발전을 도모하고 국제적으로 조선어교류에 적합한 적용방법을 모색한다.

둘째로, 중국에서의 ≪훈민정음≫의 연구는 훈민정음의 문화사적 의의를 전수하는 사업도 함께 진행하여야 한다. 훈민정음은 단순히 문자나 책으로서의 ≪훈민정음≫인 것이 아리라 겨레의 산물이고 우리 겨레정신의 소산이다. 우리민족 정신이 있는 곳에 말과 글이 있고 말과 글이 가는 곳에 또한 얼이 간다. 말하자면 말씨는 겨레와 지극히 긴밀한 깊은 관계를 가지고 있어 말과 글이 흥성하면 우리의 정신이 맑아지고 삶도 따라 흥성한다. 만약 세종대왕이 우리에게 주신 훈민정음의 힘과 그에 담겨진 겨레정신의 힘이 없었다면 우리 민족은 이미 주변 국가들의 종이 되고 말았을 것입니다. 따라서 ≪훈민정음≫의 연구와 함께 우리말과 글 삶을 같이 하고 갈고 닦아야 한다는 정신을 심어주어야 한다.

셋째로, ≪훈민정음≫ 연구와 기타 언어와의 관련연구를 깊이 있게 진행해야 한다. 즉 언어학의 구조, 의미, 기능 3개 평면에서 인근 언어 간의 공성과 차이를 밝히고 심리언어학과 인지언어학의 각도에서 공성과 개성이 이루어지게 되는 근본원인을 분석하고 언어지간의 내재적 연결을 찾아 언어지간의 변화규칙을 탐구한다. 특히 조선어와 중국의 음운학, 송학, 이학, 문화 간의 관련연구와 서로가 미치는 영향을 깊이 있게 탐구하고 국내 제2언어로서의 조선어(한국어)교육에 발전추세에 맞추어 ≪훈민정음≫ 연구를 한국어교육에 잘 응용하여야 한다.

넷째로, 국제화를 목표로 한 ≪훈민정음≫의 문헌 자료와 연구자료 기지를 건설해야 한다. ≪훈민정음≫에 대한 창제동기와 목적, 보급과 교육관련, 정책관련 등은 한국, 조선, 중국, 일본, 러시아 등 세계 여러 나라들에서 다방면에서 연구가 되었을 것이므로 금후 중국이라는 지역적 우세를 남김없이 발휘하여 ≪훈민정음≫에 대한 연구의 풍부하고 근거가 있는 문헌 정보 자료 즉 "훈민정음과 훈민정음연구사" 자료를 구축해야 한다.

다섯째로, 중국에서의 조선어사 연구인재 양성에 모를 박아야 한다. 지금까지의 중국에서 조선어사 연구는 주로 오봉협선생과 최윤갑 교수, 안병호 교수, 이득춘 교수 등과 같은 일부 학자와 연구자들이 우리말에 대한 관심을 가지고 각고의 노력과 자습으로 조선어 발전역사를 배우고 연구를 많이 진행하였으며 조선어사 연구 인재를 배양하였었다. 현재에 들

어와서 중국에서의 조선어사 연구대오는 많이 줄어들었는바 적지 않은
학자들이 제2외국어로서의 한국어교육 사업에 많이 종사하게 되다나니
전문적으로 조선어사를 연구하는 인재가 많이 부족한 실정이다. 즉 ≪훈
민정음≫에 대한 연구와 같은 조선어사에 대한 전문적인 연구 분야는 더
욱 그러하다. 반드시 대학에서 학부 교육으로부터 시작하여 석사, 박사과
정에 조선어어사를 연구는 전문인재를 양성하여 우리말의 역사연구와 보
급에 대한 관심을 가지게 하고 또한 이러한 사업에 대한 긍지를 키워주어
야 한다.

참고 문헌

단행본

안병호(1983), ≪조선어발달사≫, 료녕인민출판사.

최희수(1986), ≪조선한자음연구≫, 흑룡강조선민족출판사.

최윤갑(1987), ≪중세조선어문법≫, 연변대학출판사.

리득춘(1988), ≪조선어어휘사≫, 연변대학출판사.

리득춘(1992), ≪한조언어문자관계사≫, 동북조선민족교육출판사.

강은국(1993), ≪조선어접미사의 통시적연구≫, 연변대학출판사.

리득춘(1994), ≪조선어한자음연구≫, 한국 서광학술자료출판사.

안병호(1995), ≪중국조선어발달사≫, 언어사, 민족출판사.

북경대학 조선문화연구소(1995), ≪언어사≫, 민족출판사.

리득춘(1996), ≪고대조선어 급 중세조선어개요≫, 연변대학출판사.

허동진(1998), ≪조선어학사≫, 한국 도서출판 박이정.

염광호(1998), ≪종결어미의 통시적연구≫, 한국 도서출판 박이정.

리득춘(1998), ≪韓文与中國音韻≫, 흑룡강조선민족출판사.

김영수(1999), ≪조선중세기 한문번역의 언어사 연구≫, 한국 역락출판사.

강보유(2000), ≪15세기 한국어의 관형구조 연구≫, 태학사.

리득춘(2001), ≪조선어어휘사≫, 한국 도서출판 박이정.

김광수(2001), ≪조선어계칭의 역사적 고찰≫, 한국 도서출판 역락.

김영수(2001), ≪조선중세 한문번역본의 언어사적 연구≫, 한국 도서출판 역락.

리득춘(2003), ≪중한언어문자관계사연구(상, 하)≫, 연변교육출판사.

이승자(2003), ≪조선왕조운서한자음의 계승과 정리≫, 한국역락출판사.

김철준(2004), ≪화어류초(華語類抄)어휘연구≫, 한국 역락출판사.

리득춘(2006), ≪중한언어문자관계사연구(상, 하)≫, 연변교육출판사.

강용택(2007), ≪中世朝鮮語文体研究≫, 한국 보고사.

김광수(2008), ≪조선고문헌선독≫, 연변대학출판사.

김 일(2012), ≪중조 한자음의 음운관계연구≫, 연변대학출판사.

김철준(2012), ≪"류해"류 문헌중의 한조 어휘연구≫, 인민출판사.

학술논문

오봉협(1951), <한글하도기원론>, 교육통신.

리민창(1957.11), <우리글에 대하여>, 연변일보(단행본).

호명양(1963.3), <≪老乞大諺解≫和≪朴通事諺解≫中所見的漢語朝鮮語對音>, 중국어문.

리득춘(1980.2), <한어의 혀끝모음과 대응되는 조선어한자음 및 그 연변>, 연변대학학
　　　　　보.

황유복(1981. 8), <정음문자와 그 문헌>, 중국사연구동태.

리득춘(1982), <한자어가 증가된 역사적 실태에 대한 고찰>, 연변대학학보(특집호).

리득춘(1982. 1), <우리 문자의 창제에 대하여>, 연변청년.

허동진(1982. 2), <조선어에서의 어음교체수법에 대하여>, 민족어문.

김기종(1983), <조선어고전작품에 반영된 문체론적수법의 역사적고찰>, 조선김일성종
　　　　　합대학출판사.

선덕오(1984), <조선 문자의 변천>, 중국소수민족고문자연구.

허동진(1984), <"훈민정음"의 창제와 "中原音韻">, 조선문제연구총서.

허태일(1984.2), <훈몽자해 "도서해제">, 조선어 학습과 연구.

리득춘(1984.3), <"훈민정음" 창제이전의 조선어서사수단에 대하여>, 조선어 학습과 연
　　　　　구.

최희수(1986), <"이조한자음"중의 몇가지 문제에 대하여>, 연변대학학보(증간).

최희수(1986), <조선어한자음의 형성>, 조선어문석사논문집, 료녕민족출판사.

최윤갑(1987), <關于朝鮮文字訓民正音的創制>, 朝鮮語言學論文集.

최윤갑(1988), <초기조선어표기법의 모범─≪월인천강지곡≫>, 조선언어문학논문집,
　　　　　연변대학출판사.

최윤갑(1988), <조선어의 형성(1, 2)>, 중국조선어문(2-3).

최윤갑(1989.1), <후기중세조선어>, 중국조선어문.

김병운(1989.2), <이조후반기 조선국문책에 반영된 "·"음의 변화에 대하여>, 조선학연
　　　　　구.

김영옥(1989.3), <"훈민정음" 창제 이후 조선글자체계의 변화발전>, 중국조선어문.

리득춘(1989.5), <훈민정음기원의 이설 하도기원론>, 중국조선어문.

허동진(1990.1), <훈민정음의 창제문제>, 중국조선어문.

리득춘(1992), <로걸대, 박통사 언해 차용어와 그 연역>, 한글.

전학석(1992), <중세조선어문헌자료에 반영된 방점의 본질에 대하여>, 중국조선족소장
　　　　　학자 조선어연구논문집, 민족출판사.

전학석(1992), <중세조선어문헌자료에 반영된 방점과 함경도방언의 음조의 대응관계>,
　　　　　연변대학 제2차 조선학학술토론회 논문집.

최희수(1992), <15세기 조선어모음체계에 대하여>, 국어학연구백년사(1), 한국 일조각.

리득춘(1992.1), <老乞大、朴通事諺解朝鮮文注音>, 연변대학학보.

권오선(1993), <조선어와 몽골어의 모음조화대비>, 학술논문집, 흑룡강조선민족출판사.

리득춘(1993), <중국에서의 훈민정음의 생명력>, 93한국국제학술토론회 논문집,

리득춘(1993), <朝鮮學者對明淸漢語音韻硏究>, 朝鮮學-韓國學与中國學,

리득춘(1993), <훈민정음모음순위와 하도기원론>, 중국조선족문화연구, 연변대학출판사.

김진용(1994), <현대어 67자모와 고어 34자모에 따르는 조선 문자코드통일제안>, 94 Korean 컴퓨터처리국제학술토론회 논문집.

리득춘(1994), <중국음운학과 차자표기법>, 한국문화.

리득춘(1994), <中國漢字在韓國的傳播>, 한자어음연구.

리득춘(1994.1), <훈민정음창제의 이론기초와 중국음운학>, 한국어한자음연구논문집.

리득춘, 김기석(1995), <訓民正音与中國文化>, 중외언어문화비교연구, 항주사범대학.

리봉집(1995), <關于17世紀以前利用訓民正音學習漢語的歷史考察>, 코리아학연구(제4기), 민족출판사.

렴광호(1996), <15세기 조선어종결토에 반영되는 문법적범주에 대하여>, 국제고려학.

허동진(1996.5), <연산군의 언문금지란에 대한 재인식>, 중국조선어문, (3).

김광수(1997), <≪번역로걸대≫와 ≪로걸대언해≫의 비교로부터 본 우리말의 변화>, 조선언어문학논문집, 료녕민족출판사.

김기종(1997), <조선어 문체론적 수단과 수법의 역사적발전>, 조선 과학백과사전종합출판사.

리득춘(1997), <향가해독중의 "·"음 한자어에 대하여>, 조선언어문학논문집, 료녕민족출판사.

김호웅(1997.4), <훈민정음창제의 문화사적의의>, 중국조선어문.

렴광호(1997.4), <훈민정음제자와 관련된 몇가지 문제>, 중국조선어문.

리승자(1997.5), <이조초기의 한자음고찰>, 중국조선어문.

리홍매(1997.6), <훈민정음 친제설과 비친제설>, 중국조선어문.

렴광호(1998.1), <15세기 이전 조선어경음표현형식고찰>, 민족어문.

류은종, 김기종(1998.2), <"조선어문체론적 수단과 수법의 역사적발전"에 대하여>, 중국조선어문.

김광수(1998), <≪화음계몽언해≫의 정음자표기에 반영된 한어음 운모체계의 몇가지 특징적현상에 대하여>, 조선어학논문집.

김광수(1998.3), <≪화음계몽언해≫의 정음자표기에 반영된 중국음성모체계에 대한 고찰>, 김일성종합대학학보.

김철준(1998.3), <조선어사의 시대구분에 대하여>, 중국조선어문.

리홍매(1998.4), <이두에 나타난 격형태>, 중국조선어문.

황대화(1999), <역사적모음 "·"의 변화에 대하여>, 중국조선어문.

리득춘(1999), <훈민정음 창제설과 비창제설>, 중국조선어문.

김 일(2000), <훈몽자회 자석에 대한 고찰>, 김일성종합대학학보(2).

리승자(2001), <중철표기법에 대한 검토>, 중국조선어문.

김영수(2002), <≪화음계몽언해≫의 언어적특징과 번역에 대하여>, 중국조선어문.

김 일(2002), <조선어음운체계의 역사적 변천에 대한 재인식>, 중국조선어문.

김광수(2002.3), <후기 중세조선어 의문문유형에 대한 고찰>, 중국조선어문.

김기석(2003), <조선조시기 조선학자들의 언어학시각대비>, 한국어 전파와 연구(7).

김병운(2003), <16~17세기 문헌의 어휘사용에서 나타난 변화와 그 특징>, 조선학, 민족출판사.

김광수(2003.5), <조선어계칭 역사연구 평설>, 중국조선어문.

리승자(2003.6), <중국음의 기록과 ≪삼운성휘≫의 효용문제>, 우리 民族語의 硏究와 傳播, 한국 도서출판 역락.

강용택(2004), <시조의 문체적특징에 대하여>, 조선학(2003).

리승자(2004), <조선어발달사의 시대구분에 관한 제 관점>, 조선어연구(4), 흑룡강조선민족출판사.

장흥권(2003), (2004), <조선어계통론과 알타이 제 언어 및 그 주변언어에 대한 예.데.뽈리와노브의 연구>, 조선학.

김병운(2005), <이조 후반기 차용어의 양상과 그 특징>, "황해권 중, 한 교류의 역사, 현황과 미래" 국제학술회의 논문집.

김성란(2005), <"老乞大"류 언해본에 나타난 명령법 종결어미에 대하여>, 조선-한국학연구.

김영수(2006), <"용비어천가"의 문체적 특징과 번역기교에 대하여>, 조선-한국언어문학연구(3).

리승자(2006.1), <15세기 조선한자음의 실제와 16~17세기 현실한자음>, 조선언어역사연구, 흑룡강조선민족출판사.

김광수(2007.8), <17세기 한국어 청자존칭법 연구>, 제8차 한국전통문화국제학술회의.

리득춘(2007.11), <고구려어와 한국어형성 문제>, 민족어발전의 현황과 전망 국제학술회.

리득춘(2007.12), <로걸대가 조선왕조의 중국어교육에 대한 공헌>, 제2기 중국알타이학 학술회.

김광수(2008), <훈민정음 창제후 조선어 글자체유형 연구>, 조선-한국언어문학연구(6).

리득춘(2008), <한국어계통과 중한초기대응사>, 세계를 향한 한국학술회의.

류은종(2009.12), <훈민정음과 음양 5행설>, 동방학술논단, 한국학술정보.

김광수(2011), <중세조선어문법에 대한 전문용어의 남북학자들의 견해>, 조선-한국언어문학연구(8).

김하나·이기남(2012), <훈민정음을 통한 중국어발음연구>, 조선어문(3).

문련희(2012), <고려가요에 쓰인 "-시-"에 대한 고찰>, 조선어문(1).

박영애(2012), <후기중세 조선어선어말어미 "-ᄂ-"에 대하여>, 조선어문(4).

손 영(2012), <조선어 종성표기의 역사적변천>, 조선어문(6).

정의향(2012), <"ㅅ"계 합용병서의 음가에 대한 연구>, 조선어문(1).

최송호(2013), <≪두시언해≫ 초중간본의 철자표기 비교>, 조선어문(4).